Küstenhandbuch Schweden 2

Kullen-Kråkelund, Öland, Gotland

Luftbilder und Hafenbeschreibungen

Edition Maritim

Vorwort zur schwedischen Ausgabe

Das vom Sjöfartsverket, der Schwedischen Schiffahrtsbehörde, herausgegebene „Küstenhandbuch Schweden", Teil 2, ist eine Kombination von Küsten- und Hafenbeschreibungen für kleinere Yachten mit einem Tiefgang von weniger als 3 m.
Die Belange der Sportschiffahrt wurden dabei besonders berücksichtigt. Im „Küstenhandbuch Schweden" werden deshalb solche Fahrwasser und Häfen beschrieben, die in der Regel nicht in den Veröffentlichungen für die Großschiffahrt beschrieben werden.
Das „Küstenhandbuch Schweden" soll die vorhandenen Seekarten und Bootssportkarten ergänzen und ist in fünf Teile gegliedert.
Das „Küstenhandbuch Schweden" ist unter anderem mit Hilfe von Luftaufnahmen erarbeitet worden. Die Angaben zu den Häfen stammen im allgemeinen von den Vertretern der Häfen, die auch für die sachliche Richtigkeit der entsprechenden Abschnitte stehen.
Rat und wertvolle Mitarbeit bei der Bearbeitung des „Küstenhandbuchs Schweden" ist von vielen Behörden und Organisationen, so von den für die Häfen Verantwortlichen, den Kommunen, vom Schwedischen Hydrographischen Dienst, von der Naturschutzbehörde, der Marine, von der Bootssportabteilung der schwedischen Touristenvereinigung und vielen anderen geleistet worden. Hierfür ist herzlich zu danken.
Die redaktionelle Bearbeitung wurde von der Redaktion der Seekartenabteilung durchgeführt.

F. Hallbjörner   Åke Magnusson
Sjökartedirektör

Vorwort zur deutschen Ausgabe

Dieser zweite Band des offiziellen, von der schwedischen Schiffahrtsverwaltung herausgegebenen Küstenhandbuches für die schwedische Südwest- und Ostküste umfaßt das Gebiet von Kullen am Nordeingang des Öresundes bis zur Nordspitze Gotlands.
Besonders zu beachten sind die Schutz- und Kontrollgebiete mit ihren Bestimmungen für Ausländer. Eine Verletzung dieser Bestimmungen kann empfindliche Strafen nach sich ziehen. Die für Ausländer gesperrten Häfen dürfen aber im Notfall angelaufen werden. Man setze sich jedoch vorher mit der Küstenwache oder einer anderen Behörde in Verbindung, um unnötige Schwierigkeiten zu vermeiden.
Weiter sind eine große Anzahl von Naturschutzgebieten unterschiedlicher Art zu berücksichtigen.
Das berühmte schwedische „Allemansrätt" garantiert zwar das freie Betreten des Landes, verlangt aber auch Rücksichtnahme auf die örtliche Bevölkerung. Einmal mehr fragen kann nicht schaden!
Verlag und Übersetzer haben sich bemüht, der schwedischen Originalausgabe so weit wie möglich zu folgen, was auch darin zum Ausdruck kommt, daß die in einem Hafenführer sonst nicht zu findenden Hinweise zu Geschichte und Entwicklung einzelner Orte und Landschaften mit aufgenommen wurden.
Erweitert wurde diese Ausgabe durch Hinweise zu den deutschen Seekarten (D)
Als zusätzliche Literatur sei empfohlen:
DHI-Seehandbücher 2002, 2003, 2004.
DHI-Leuchtfeuerverzeichnis, (Nr. 2100 B und 2101.)
Jachtfunkdienst Nord- und Ostsee (Nr. 2155)
Hafenhandbuch Ostsee, Bd. 1 u. 2, DSV-Verlag, Hamburg
W. D. v. Heimburg, Rund Schweden, Bielefeld 1986
Seekarten und nautische Fachbücher erhalten Sie bei den Fachbuchhandlungen
Bade & Hornig, Stubbenhuk 10, 2000 Hamburg 11,
Tel. 0 40 - 36 45 87 und
Eckardt & Messtorff, Rödingsmarkt 16, 2000 Hamburg 11,
Tel. 0 40 - 37 13 34.

Inhalt

Revierübersicht 7
Erklärung der Symbole 8
Entfernungstabelle 9
Seenotrettung 10
Seefunkfeuer / Flugfunkfeuer 12
Wetter / Windverhältnisse 14
Strömungen / Vorhersagegebiete 16
Decca / Seekarten, Fachbücher 17
Rundfunkfrequenzen 18
Seekartenübersicht 19
Zollvorschriften 20

Revier und Hafenberschreibungen
- Kullen – Falsterborev 22
- Falsterborev – Lägerholmen 56
- Lägerholmen – Torhamnsudde 80
- Torhamnsudde – Kråkelund 130
- Gotland 168

Hafenregister 209

1 KULLEN – FALSTERBOREV   Seite 22 – 55

Mölle	30	Domsten	36	Borstahusen	43	Limhamn	49
Lerhamn	31	Råå	37	Lundåkrahamnen	44	Klagshamn	50
Nyhamn	32	Ålabodarna	38	Barsebäckshamn	45	Falsterbokanal	51
Höganäs	33	Norreborg	40	Vikhög	46	Höllviken	53
Lerberget	34	Kyrkbacken	41	Lomma	47	Skanör	54
Viken	35	Bäckviken	42	Lagunen	48		

2 FALSTERBOREV – LÄGERHOLMEN   Seite 56 – 78

Skåre	62	Abbekås	66	Brantevik	71	Kivik	75
Gislövsläge	63	Ystad	67	Simrishamn	72	Vitemölla	76
Smygehamn	64	Kåseberga	68	Baskemölla	73	Åhus	77
Hörte	65	Skillinge	69	Vik	74		

3 LÄGERHOLMEN – TORHAMNSUDDE   Seite 80 – 129

Tosteberga	92	Krokås	102	Ronnebyhamn	112	Tallebryggan	121
Edenryd	93	Pukavik	103	Göholm	113	Drottingskär	122
Hermans Heja	94	Gunnön	104	Hallarna	114	Ekenabben	123
Sölvesborg	95	Karshamn	105	Garpahamnen	115	Sanda	125
Torsö	96	Väggahamnen	106	Tromtö Nabb	116	Torhamn	126
Hällevik	97	Tjärö	107	Tallholmen	117	Ungskär	127
Nogersund	98	Järnavik	109	Åslätten	118	Stenshamn	128
Hanö	99	Karön	110	Dragsö	119	Utklippan	129
Hörvik	101	Ekenäs	111	Saltö	120		

4 TORHAMNSUDDE – KRÅKELUND   Seite 130 – 167

Sandhamn	138	Färjestaden	144	Skärlöv	149	Grankullavik	154
Svanhalla	139	Mörbylånga	145	Bläsinge	150	Byxelkrok	155
Kristianopel	140	Degerhamn	146	Kårehamn	151	Sandvik	156
Bergkvara	141	Grönhögen	147	Källa hamn	152	Borgholm	157
Kalmar	142	Gräsgård	148	Böda	153	Stora Rör	158
Revsudden	159						
Saltor	160						
Timmernabben	161						
Varvet	162						
Mönsterås	163						
Påskallavik	164						
Oskarshamn	165						
Figeholm	166						
Blå Jungfrun	167						

5 GOTLAND   Seite 168 – 208

Visby	176	Herrvik	193
Själsö	178	Sysne	194
Likershamn	179	Ljugarn	195
Kappelshamn	180	Närshamn	197
Bläse	181	Ronehamn	198
Lauterhorn	182	Vändburg	200
Fifang	183	Burgsvik	202
Fårösund	184	Djupvik	203
Valleviken	186	Klintehamn	204
Kyllaj	187	Västergarn	205
Sankt Olofsholm	188	Gnisvärd	206
Slite	189	Karlsö	207
Botvaldevik	191	Gotska Sandön	208
Katthammarsvik	192		

Erklärung der Symbole

Deutsch	Schwedisch	Deutsch	Schwedisch
Apotheke	Apotek	Liegeplätze für Gäste (STF Gasthafen, siehe unten!)	Plats för gästande båtar (STF gästhamn)
Abfallkübel	Avfall	Polizei	Polisstation
Badeplatz	Badplats	Postamt	Postkontor
Bank	Bank	Reserviert für Fähre	Reserverat för färja
Sauna	Bastu	Restaurant	Restaurang
Briefkasten	Brevlåda	Bedienung	Servering
Bushaltestelle	Busshållplats	Krankenhaus/Arzt	Sjukhus/Läkare
Campingplatz	Camping	Spirituosen	Systembolag
Trinkwasser	Dricksvatten	Telefon	Telefon
Treibstoff (Diesel/Benzin)	Drivmedel (diesel/bensin)	Trockentoilette	Torrklosett
Dusche	Dusch	Trailerbahn Schlipp	Trailerramp Slip
Eintritt verboten	Ej tillträde	Zoll	Tull
Elektrizität	Eluttag	Touristenbüro	Turistbyrå
Flaschengas	Gasol	Waschmaschine	Tvättstuga
Hafenamt	Hamnkontor	Information	Upplysningar
Sehenswürdigkeiten	Historik/sevärdheter	Aussichtspunkt	Utsiktsplats
Hotel	Hotell/Logi	Jugendherberge	Vandrarhem
Bahnhof	Järnvägsstation	Warnung	Varning
Kran	Kran	Toiletten	Vattenklosett
Lebensmittel	Livsmedel	Motorwerkstatt Werft	Verkstad/Varv
Mastkran	Mastkran		

Einführung Kullen – Gotland 9

Entfernungstabelle

Entfernung in sm	Kullen	Haken (Ven)	Falsterbokanalen	Falsterborev	Sandhammaren	Hanö	Utlängan	Ölands rev	Kalmar	Blå Jungfrun	Kråkelund	Visby	Hoburgen	Östergarn	Fårösund	Gotska Sandön
Kullen		26	60	67	106[1]	150[1]	172[1]	193[1]	218[1]	256[1]	268[1]	304[1]	247[1]	292[1]	336[1,3]	359[1,6]
Haken (Ven)	26		34	41	80[1]	124[1]	146[1]	167[1]	192[1]	230[1]	242[1]	278[1]	221[1]	266[1]	310[1,3]	333[1,6]
Falsterbokanalen	60	34		-	46	90	112	133	158	196	208	244	187	249	276[3]	299[6]
Falsterborev	67	41	-		54	98	120	141	166	204	216	252	195	257	284[3]	307[6]
Sandhammaren	106[1]	80[1]	46	54		44	66	87	112	150	162	198	141	203	230[3]	253[6]
Hanö	150[1]	124[1]	90	98	44		32	54	78	116	128	165	107	170	197[3]	220[6]
Utlängan	172[1]	146[1]	112	120	66	32		22	46	84	96	133	97	138	165[3]	188[6]
Ölands rev	193[1]	167[1]	133	141	87	54	22		35	73	85	111	75	116	143[3]	166
Kalmar	218[1]	192[1]	158	166	112	78	46	35		38	50	93	96[2]	141[2,5]	127	143
Blå Jungfrun	256[1]	230[1]	196	204	150	116	84	73	38		12	55	58	103[5]	89	105
Kråkelund	268[1]	242[1]	208	216	162	128	96	85	50	12		52	57	102[5]	85	100
Visby	304[1]	278[1]	244	252	198	165	133	111	93	55	52		48	65[4]	38	57
Hoburgen	247[1]	221[1]	187	195	141	107	97	75	96[2]	58	57	48		45	72[3]	104[7]
Östergarn	309[1]	283[1]	249	257	203	170	138	116	141[2,5]	103[5]	102[5]	65[4]	45		27	64
Fårösund	336[1,3]	310[1,3]	276[3]	284[3]	230[3]	197[3]	165[3]	143[3]	127	89	85	38	72[3]	27		35
Gotska Sandön	359[1,6]	333[1,6]	299[6]	307[6]	253[6]	220[6]	188[6]	166	143	105	100	57	104[7]	64	35	

1. Durch den Falsterbokanal
2. Nördlich um Öland
3. Östlich um Gotland
4. Durch den Farösund
5. Südlich um Gotland
6. Östlich um Öland
7. Westlich um Gotland

Orte in der Entfernungstabelle

Seenotrettung

Seenot ist eine unmittelbar den Seefahrer bedrohende Gefahr, die sofortige Hilfe notwendig macht. Die Aufgabe des Seenotrettungsdienstes besteht deshalb darin, Menschen aus Seenot zu retten, nicht das Fahrzeug zu bergen. In manchen Fällen kann jedoch die beste Art der Rettung von Menschenleben die Bergung des Fahrzeuges sein.

Organisation Das Sjöfartsverket trägt die Hauptverantwortung für die Rettung Schiffbrüchiger sowie für den Transport von Kranken vom Fahrzeug. Außer dem Sjöfartsverket beteiligen sich an der Aufgabe die Küstenwache, die Seenotrettungsgesellschaft, Marine, Luftwaffe, Telefonamt, Polizei und die örtlichen Rettungsdienste. Informationen über den schwedischen Rettungsdienst erhält man von der Informationszentrale des Sjöfartsverket, Tel. 011 - 10 35 35.

Seenotrettungszentralen (MRCC) Göteborg Radio, Stockholm Radio und Härnösand Radio sind Seenotrettungszentralen. Sie haben die Aufgabe, Seenotrufe entgegenzunehmen, sie auszuwerten und durch Alarmierung anderer Einheiten geeignete Maßnahmen zu ergreifen und zu leiten. MRCC ist jederzeit auf allen internationalen Notfrequenzen und aus allen schwedischen Küstengewässern zu erreichen. Die nächste Seenotrettungszentrale erreicht man auch unter der gebührenfreien Notrufnummer 900 00.

Seenotrettungsunterzentralen (RSC) sind bei der Malmö-Seezentrale sowie bei den Küstenfunkstellen der Marine, Karlskrona Radio und Tingstäde Radio eingerichtet. Sie haben die Aufgabe der Koordination, wenn diese auf sie von der Seenotrettungszentrale delegiert worden ist. RSC hört rund um die Uhr auf UKW-Kanal 16 und CB-Kanal 11A.

Lotsenstellen mit Hörwache auf UKW-Kanal 16 oder CB 11A. Hörzeiten s. Tabelle der CB-Stationen.

Helsingborg	042 - 11 00 35
Malmö	040 - 15 26 9
Åhus	044 - 24 00 27
Karlshamn	0454 - 1 41 02
Kalmar	0480 - 1 07 19
Oskarshamn	0491 - 1 00 36
Västervik	0490 - 2 80 41
Visby	0498 - 1 01 38

Küstenwache Die Einsätze der Küstenwache werden von einer rund um die Uhr besetzten Einsatzzentrale geleitet. Fahrzeuge und andere Einrichtungen sind an etwa 40 Küstenplätzen verteilt. Einsatzzentralen mit laufender Hörwache auf UKW-Kanal 16 und CB 11A:

Malmö	040 - 12 43 30
Karlskrona	0455 - 1 10 63
Visby	0498 - 10 24 5, 1 19 50
Gryt	0123 - 4 01 14

Küstenwachen:

Landskrona	0418 - 2 02 12
Höllviksnäs	040 - 45 18 04
Ystad	0411 - 1 77 30, 1 10 57
Simrishamn	0414 - 1 24 45
Sölvesborg	0456 - 1 13 45, 1 19 11
Karlshamn	0454 - 14 570, 1 19 06
Karlskrona	0455 - 1 51 83
Kalmar	0480 - 2 64 58, 8 59 45
Färjestaden	0485 - 3 06 10, 1 01 93
Oskarshamn	0491 - 1 71 71
Fårösund	0498 - 2 17 29
Slite	0498 - 2 07 30

Seenotrettungsgesellschaft (SSRS)

Station	Fahrzeug
Mölle	R/k Lions, R/b Mölle
Barsebäckshamn	R/k Jarl Malmros
Skåre	R/k Emanuel Högberg
Kåseberga	R/k N A Båth
Simrishamn	R/k Wilh R Lundgren
Kivik	R/b Kivik
Sölvesborg	R/k Nymölla, R/b Sölvesborg
Hasslö	R/k Hans Hansson, R/b Lions 2
Grönhögen	R/k Hugo Hammar
Bergkvara	R/k Rödkallen
Bäda	R/k Helge Axson Johnsson
Herrvik	R/k Östergarn

Hilfsradiostationen Das Sjöfartsverket hat auf etwa 90 Inseln und Schären entlang der Küste Hilfsradiostationen eingerichtet. An der beschriebenen Küstenstrecke gibt es in folgenden Orten Hilfsradiostationen: St. Ekön in den Ronnebyschären Furö im N-lichen Kalamarsund.

CB-Stationen des Sjöfartsverket Die Haupt- und Hilfsradiostationen des Sjöfartsverket sind zur Sicherheit der Sportschiffahrt und zur Erleichterung der Arbeit des Seenotrettungsdienstes eingerichtet worden. Jede Kommunikation geschieht auf Kanal 11A.

Der Anruf der Hauptstation soll möglichst von einem Selektivton eingeleitet werden. Die Wahrscheinlichkeit, eine Antwort zu bekommen, ist für Fahrzeuge ohne Selektivruf in der Zeit von 3 Min vor bis 3 Min nach dervollen oder der halben Stunde am größten. Eine 100%-Sicherheit, die Hauptstation zu erreichen, kann das Sjöfartsverket aber nicht garantieren, teils wegen der Störanfälligkeit von CB und teils deshalb, weil das Personal mit anderen Aufgaben beschäftigt sein kann.

Anruf	Dienstzeit
Lotsarna Helsingborg	H 24
Karlskrona	H 24
Malmö Sjöcentral	H 24
Falsterbokanalen	H 24
Polisen Simrishamn	zeitweilig
Lotsarna Åhus	05 00 - 21 00
Lotsarna Karlshamn	H 24
Karlskrona Radio	H 24
Kustbevakningen	H 24
Karlskrona	H 24
Lotsarna Kalmar	H 24
Lotsarna Oskarshamn	H 24
Hoburgs Fyrplats	zeitweilig
Lotsarna Visby	06 00 - 22 00
Tingstäde Radio	H 24
Fyrplatsen Gotska Sandön	zeitweilig

Die meisten Hauptradiostationen senden zweimal am Tag einen Küstenwetterbericht. Außer den CB-Stationen des Sjöfartsverket gibt es eine große Anzahl von privaten CB-Stationen der verschiedenen Bootsorganisationen und Bootsclubs.

Einführung Kullen – Gotland 11

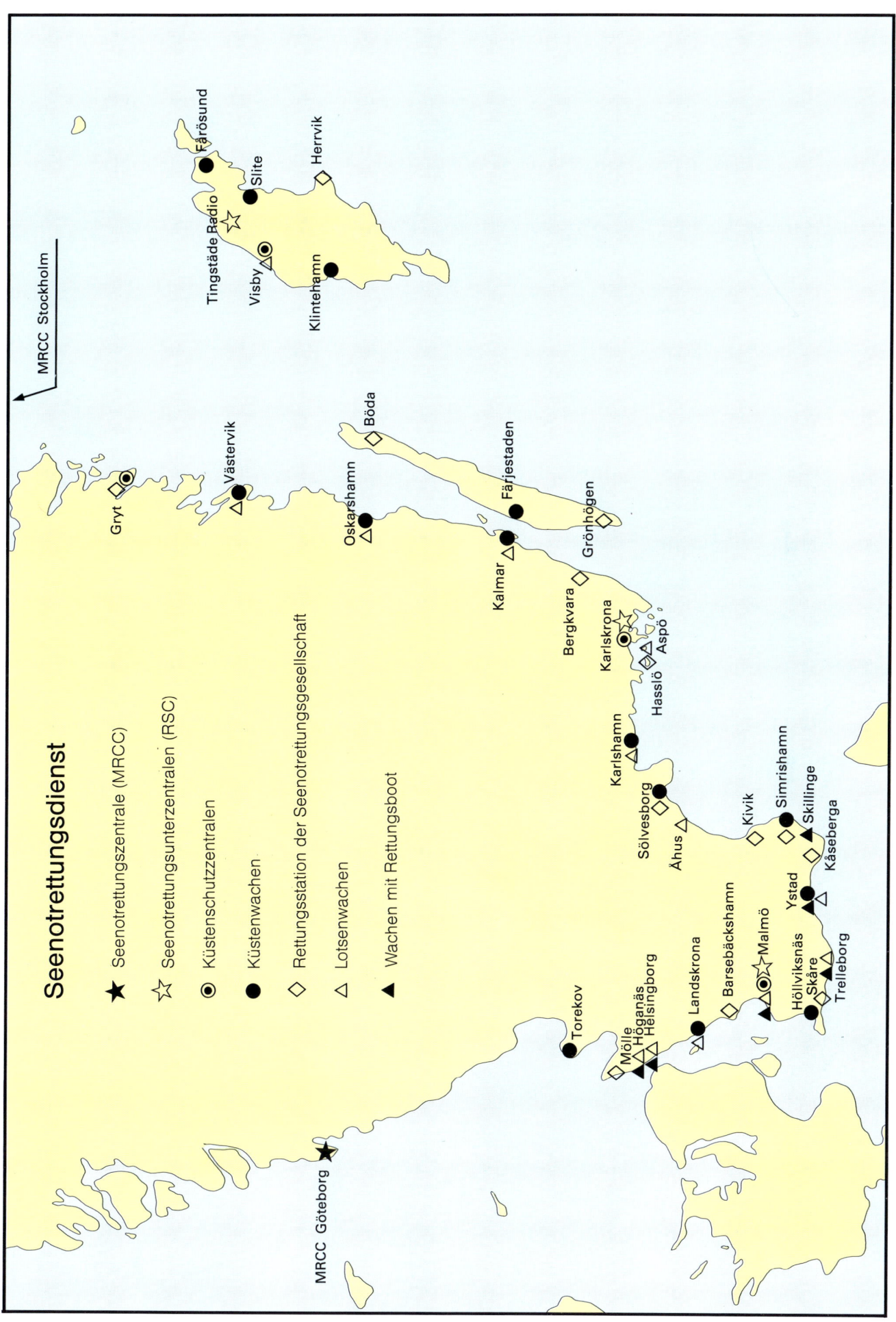

Seefunkfeuer

Name / Kennung	Breite	Länge	Frequenz KHz	Sendeart [1]	Reichweite	Sendefolge [2]
Fladen FL · – · · – · ·	57°13'	11°50'	294,2	A0/A2	30 M	2. 5.
Nakkehoved NA – ·	56°07'	12°21'	294,2		50 M	1. 4
Sjælland Rev N SG · · · – – ·	56°06'	11°12'	287,3		30 M	2. 5
Halmstad HS · · · · · · · ·	56°18'	12°27'	344,0	A0/A2	100 M	ununterbrochen
Kullen KUL – · – · · – · ·	55°32'	12°43'	308,0		20 M	1. 4.
Drogden DG – · · – – ·	54°50'	12°10'	308,0		30 M	2.
Hestehoved [3] HE · · · · ·	55°22'	13°09'	308,0	A0/A2	30 M	3. 6.
Trelleborg TR – · – ·	55°17'	12°27'	308,0		50 M	5.
Stevns ST · · · –	55°19'	12°40'	289,6	A0/A2	40 M	2. 4. 6.
Falsterborev FV · · – · · · · –	55°57'	15°42'	298,8	A0/A2	50 M	1.
Utklippan UK · · – – · –	55°22'	17°06'	298,8	A0/A2	70 M	2.
Ölands N Udde NO – · – – – –	56°12'	16°24'	298,8	A0/A2	50 M	3.
Ölands S Udde SÖ · · · – – –	55°18'	14°46'	298,8	A0/A2	70 M	4.
Östergarn ÖN – – – – ·	57°27'	18°09'	298,8	A0/A2	40 M	5.
Hoburg OB – – – – · · ·	56°55'	14°12'	298,8	A0/A2	70 M	6.
Sandhammaren SM · · · – –	55°23'	16°41'	308,0	A0/A2	40 M	1. 4.
Ölands S Grund ÖG – – – – – ·	56°04'	17°58'	308,0	A0/A2	20 M	3. 6.
Stora Karlsö KS – · – · · · ·	57°17'	16°24'	308,0	A0/A2	50 M	5. 6
Ölands S Udde SÖ · · · – – –	56°12'	14°46'	305,7	A0/A2	10 M	ununterbrochen
Östergarn ÖN – – – – ·	57°27'	18°59'	406,0	A0/A2	50 M	1.
Visby VY · · · – – · – –	57°38'	18°17'	294,2	A0/A2	50 M	2.
Fårö FÅ · · – · · –	57°58'	19°21'	294,2	A0/A2	40 M	3.
Landsort [3] LO · – · · – – –	58°44'	17°52'	294,2	A0/A2	30 M	4.
Gustaf Dalén [3] GD – – · – · ·	58°36'	17°28'	294,2	A0/A2	50 M	5.
Kungsgrundet KT – · – –	57°41'	16°54'	294,2			
Gotska Sandön GS – – · · · · ·	58°24'	19°12'	294,2			

[1] Nach einem internationalen Abkommen werden ab 1992 alle Seefunkfeuer den Wellentyp A1 benutzen.
[2] Die Zahlen geben an, zu welcher Minute in jeder 6-Minuten-Periode die Sendung beginnt.
[3] Das Funkfeuer liegt außerhalb des Gebietes der Karte.

Flugfunkfeuer

Name / Kennung	Breite	Länge	Frequenz KHz	Sendeart	Reichweite
Anholt ANT · – – ·	56°43,0'	11°31,1'	400,5	A2	30 M
Halmstad LT · – · · –	56°47,8'	12°50,6'	336,0	A2	25 M
Halmstad HS · · · · · · · ·	56°40,3'	12°49,2'	258,5	A2	15 M
Ängelholm LB · – · · – · · ·	56°20,8'	12°46,1'	370,5	A2	25 M
Ängelholm AH · – · · · · · ·	56°16,0'	12°54,2'	268,0	A2	15 M
Malmö/Sturup SS · · · · · · · · ·	55°27,6'	13°23,7	277,0	A2	15 M
Kristianstad/Everöd KD – · – – · ·	55°52,6'	14°04,8'	375,0	A2	15 M
Kristianstad/Everöd OE – – – ·	55°59,3'	14°06,3'	363,0	A2	25 M
Ronneby LF · – · · · · – ·	56°11,7'	15°15,0'	380,0	A2	25 M
Ronneby N – ·	56°17,5'	15°16,5'	340,0	A2	25 M
Kalmar KM – · – – –	56°44,9'	16°13,9'	366,0	A2	15 M
Oskarshamn OO – – – – – –	57°22,5'	16°30,3'	325,0	A2	15 M
Västervik VA · · · – · –	57°48,1'	16°30,3'	359,0	A2	15 M
Visby (Saltham) OV – – – · · · –	57°43,9'	18°23,9'	351,0	A2	25 M

Flugfunkfeuer senden ununterbrochen und sind deshalb leicht zu peilen. Im allgemeinen sind sie nicht in den Seekarten eingezeichnet, aber die Positionen sind in der Tabelle enthalten. Man trage sie in die Karten ein und setze Frequenz und Kennung daneben. Man muß jedoch beachten, daß Peilfehler entstehen können, wenn das Flugfunkfeuer nicht direkt an der Küste liegt.

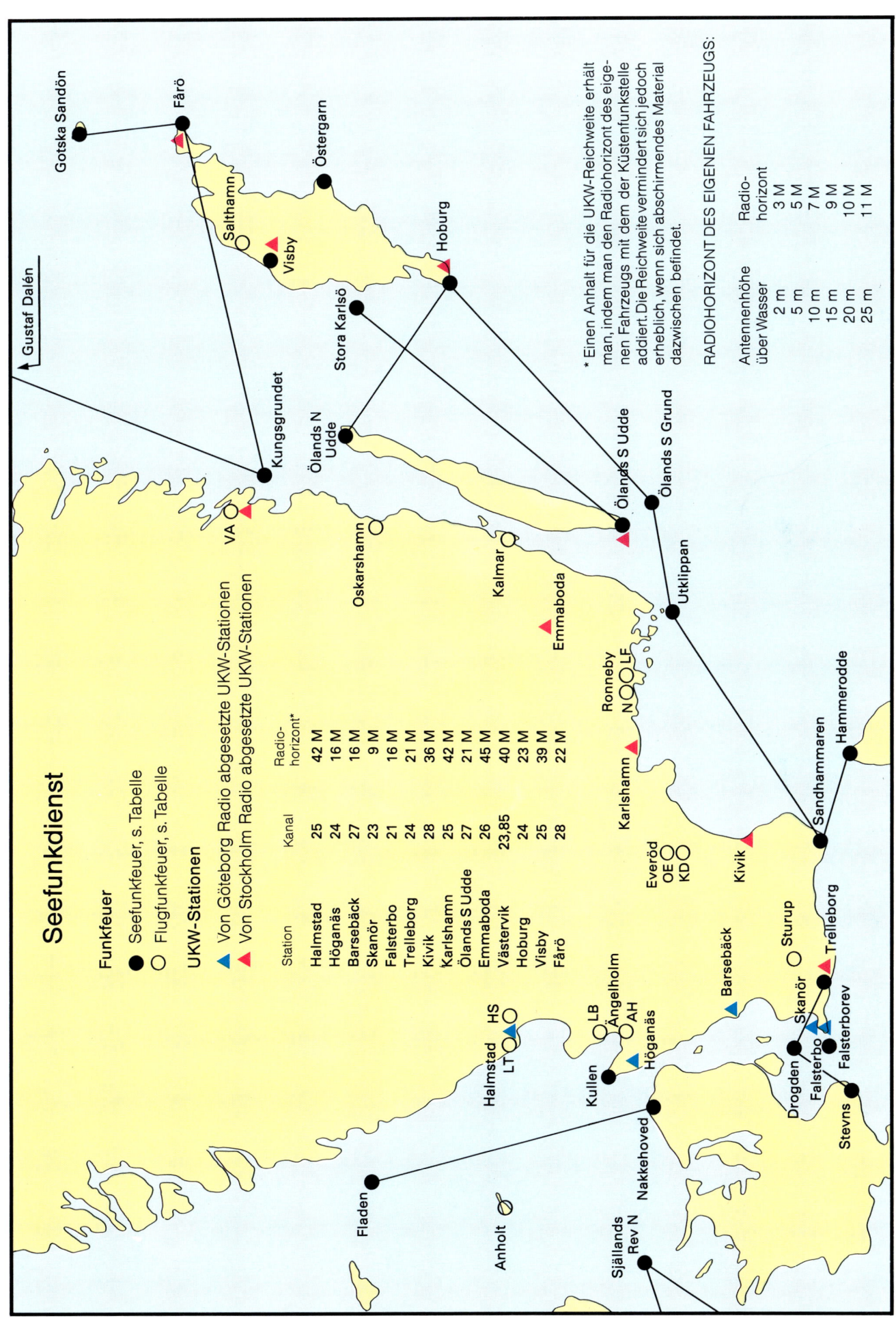

Wettervorhersage

Wettervorhersagen im Rundfunk

Zeit[1]	Tag	Typ[2]	Bemerkung[3]
0620	Mo.–Sa.	L+S	Progr. 1 keine Stat.-meld.
0630	Mo.–Sa.	L	Progr. 1 nach Echo d. Tages
0700	Mo.–Sa.	L	Progr. 1 nach den Nachr.
0800	tägl.	L+S	Progr. 1 nach den Nachr.
0900	Mo.–Fr.	L	Progr. 3 nach den Nachr.
1300	tägl.	L+S	Progr. 1
1630	tägl.	S	Progr. 1
1645	tägl.	L	Progr. 3 nach Echo d. Tages
1830	tägl.	L	Progr. 1
2150	tägl.	L+S	Progr. 1
2300	tägl.	L	Progr. 3

1) Zeiten können sich ändern. Am Anfang der Saison werden sie in den Tages- und Sportbootzeitungen bekanntgegeben und die Tabelle muß entsprechend korrigiert werden.

2) L = Landwetterbericht   S = Seewetterbericht

3) In der Mittagssendung der Lokalradiostationen wird während der Sommermonate ein besonderer Wetterbericht für die betreffende Küstenregion gesendet.

Telefonbeantworter

Wetterberichte kann man ununterbrochen von folgenden automatischen Telefonbeantwortern erhalten:

Skälderviken – Utklippan . . . . 040 – 50 03 50
Utklippan – Landsort. . . . . 011 – 17 08 00
Gotland Fahrwasser . . . . 04 98 – 4 85 70

Windstatistik

Erklärung der Windrose

Die Windstatistik beruht auf Beobachtungen, die in den 60er und 70er Jahren gemacht worden sind. Die Richtung der Balken gibt an, aus welcher Richtung der Wind kommt. Die Länge der Balken gibt die Beständigkeit der Richtung an, der innere Kreis für 10 % und der äußere für 20 %.
Die Zahlen im Kreis geben an, zu wieviel % Stille herrschte.
Die Stärke der Balken ist ein Maß für die Windstärke, je stärker sie sind, desto größer die Windstärke.

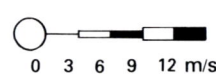

Aus der unten stehenden Windrose kann man folgendes ablesen:

– während der 20 Jahre wurde zu 0,8 % Stille beobachtet

– etwa 60 % der Beobachtungen hatten Wind aus NW-SW-lichen Richtungen

– bei 10 % der Beobachtungen wehte es aus S

– der W-liche Wind hatte genauso oft 12 - 15 m/s wie 3 - 6 m/s

– nur bei etwa 5 % der Beobachtungen war O-licher Wind vorhanden

– der O-liche Wind hatte selten mehr als 9 m/s.

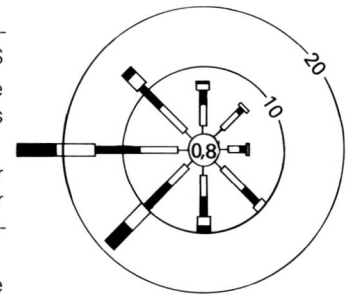

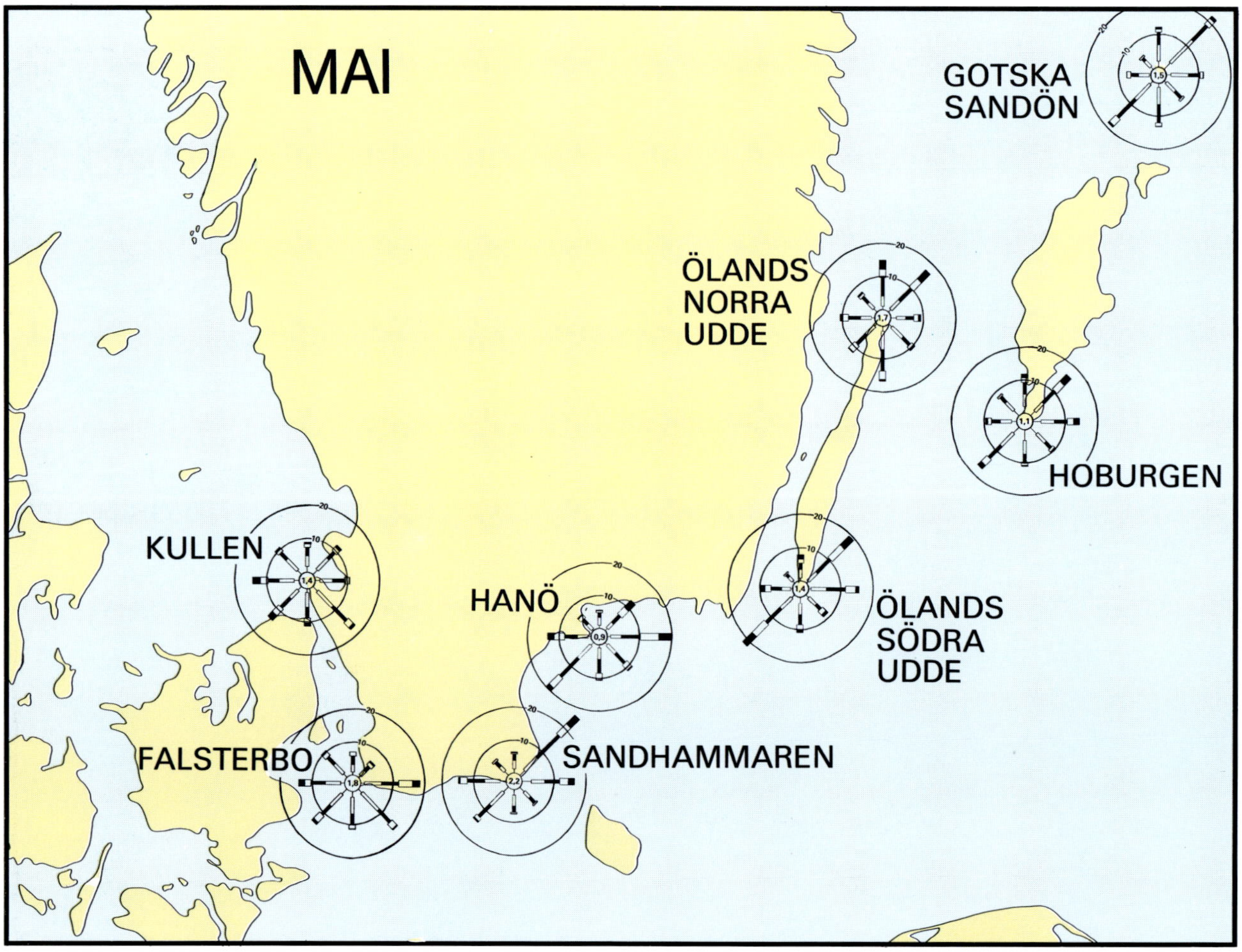

Einführung Kullen – Gotland 15

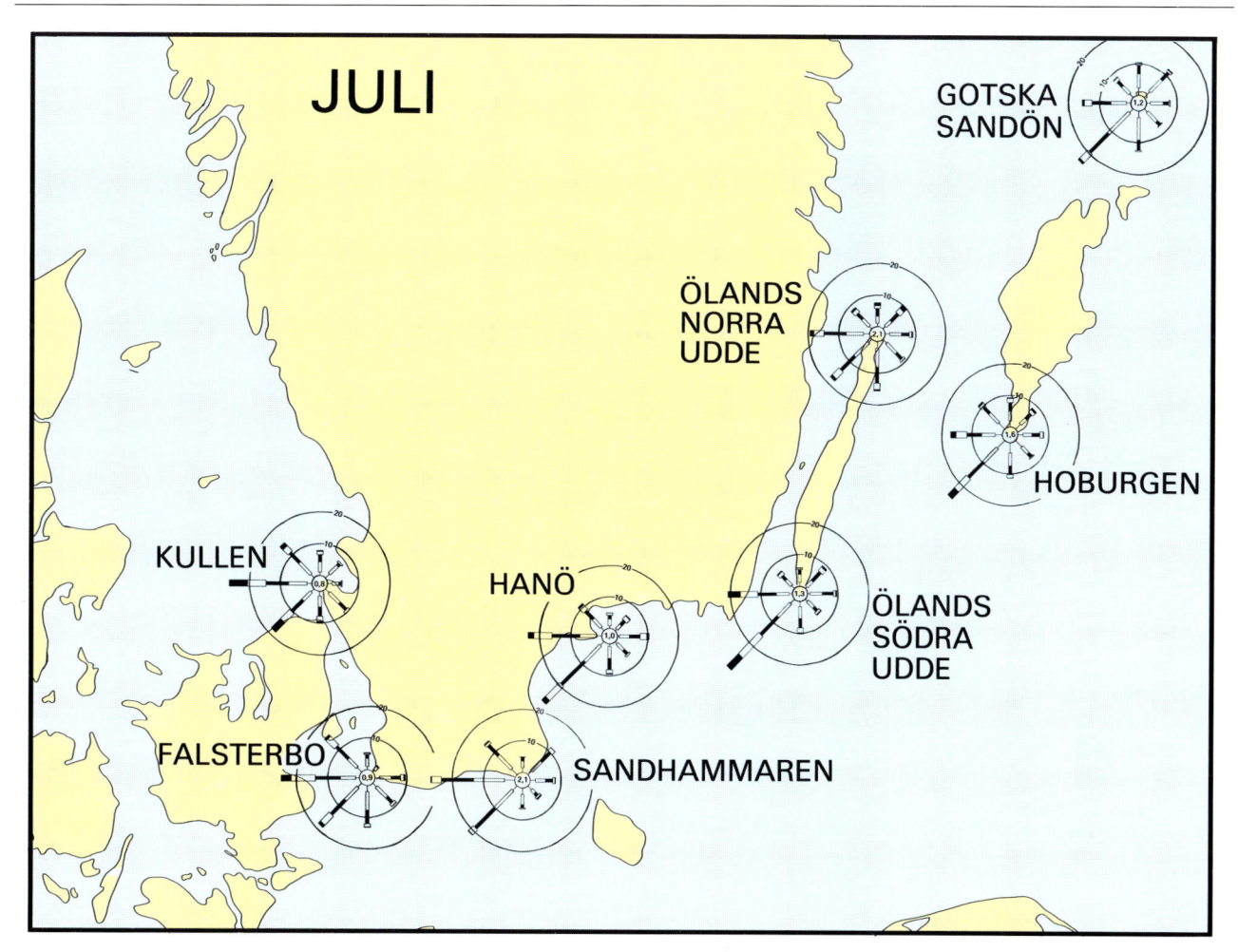

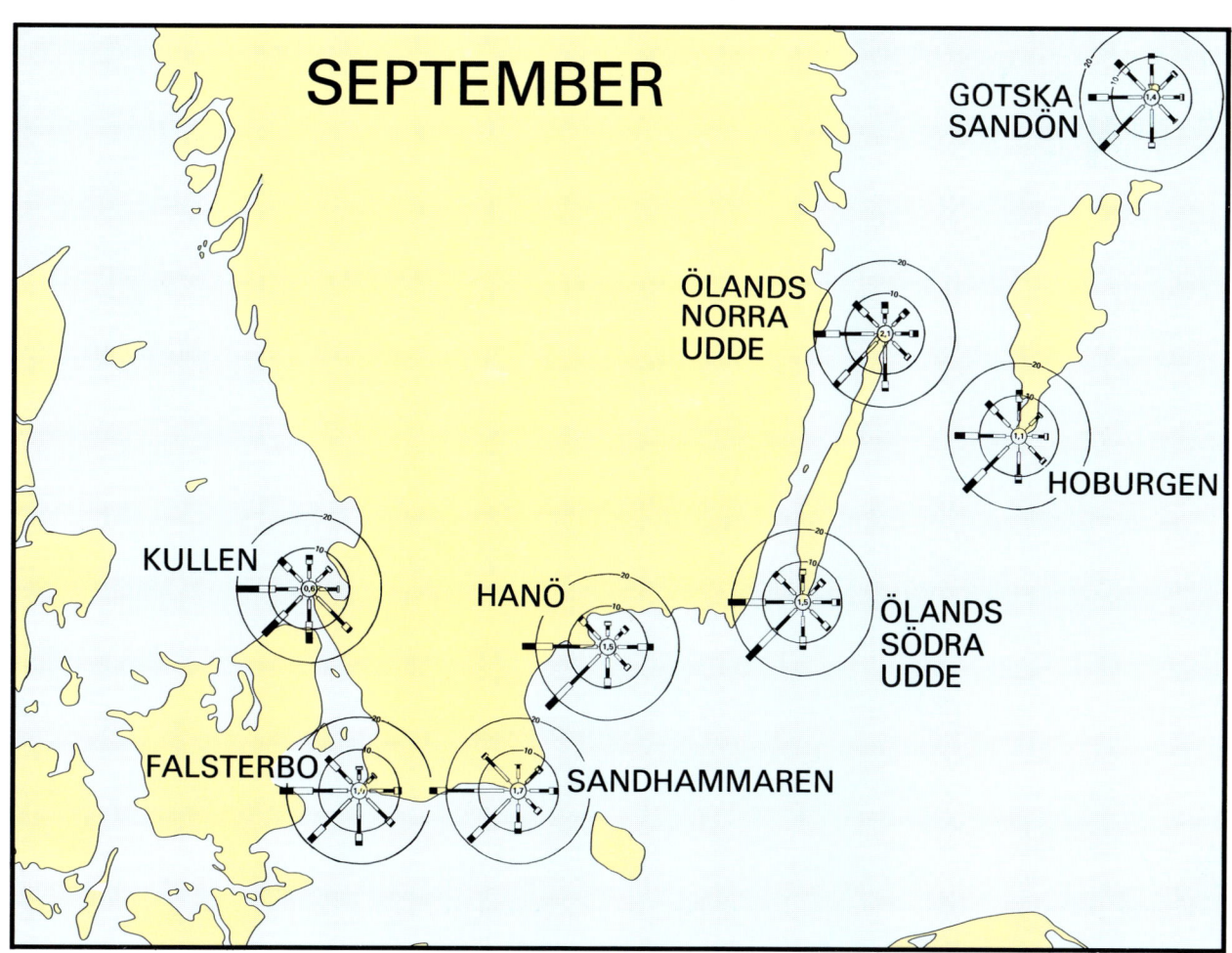

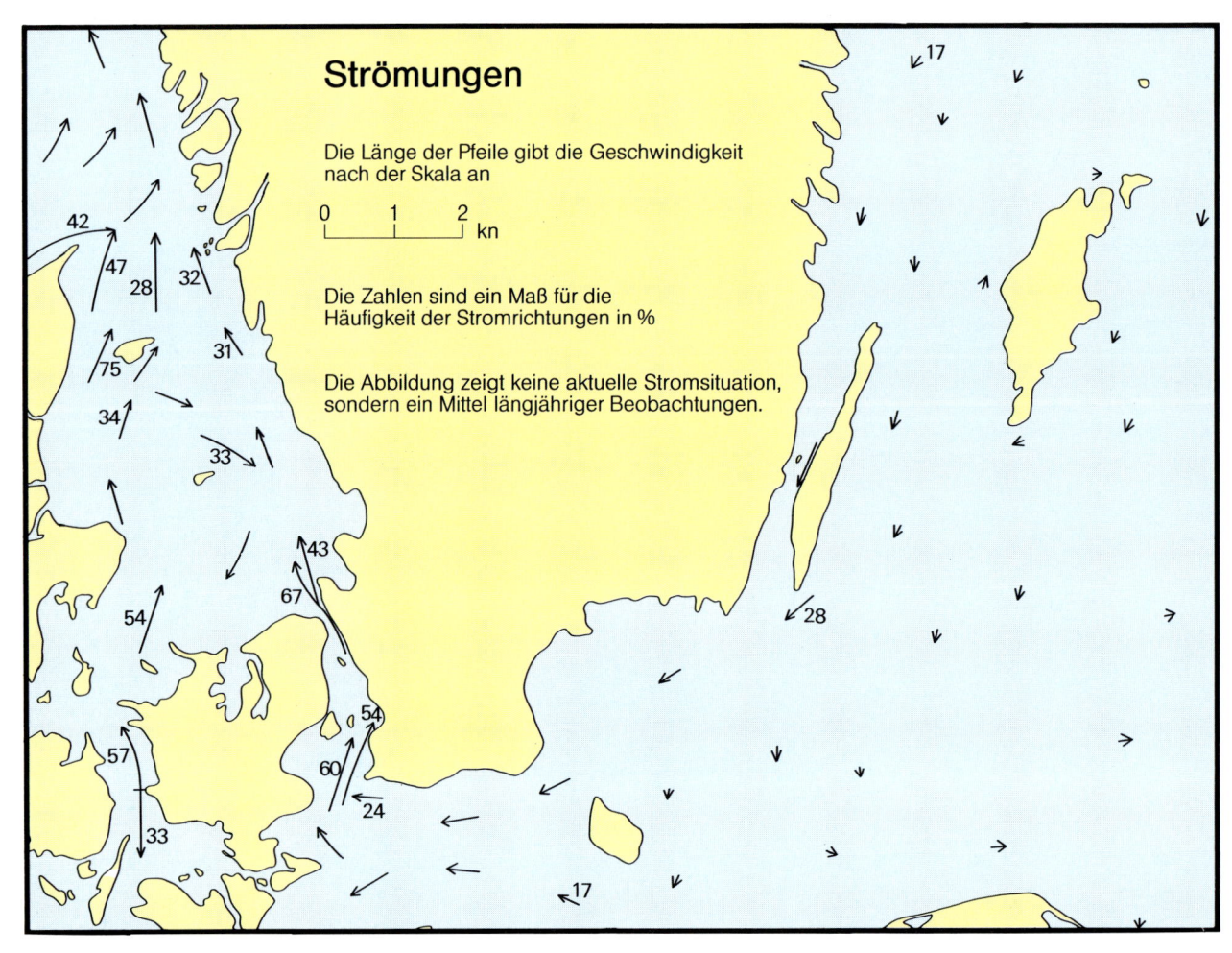

16 Einführung Kullen – Gotland

Strömungen

Die Länge der Pfeile gibt die Geschwindigkeit nach der Skala an

0   1   2 kn

Die Zahlen sind ein Maß für die Häufigkeit der Stromrichtungen in %

Die Abbildung zeigt keine aktuelle Stromsituation, sondern ein Mittel längjähriger Beobachtungen.

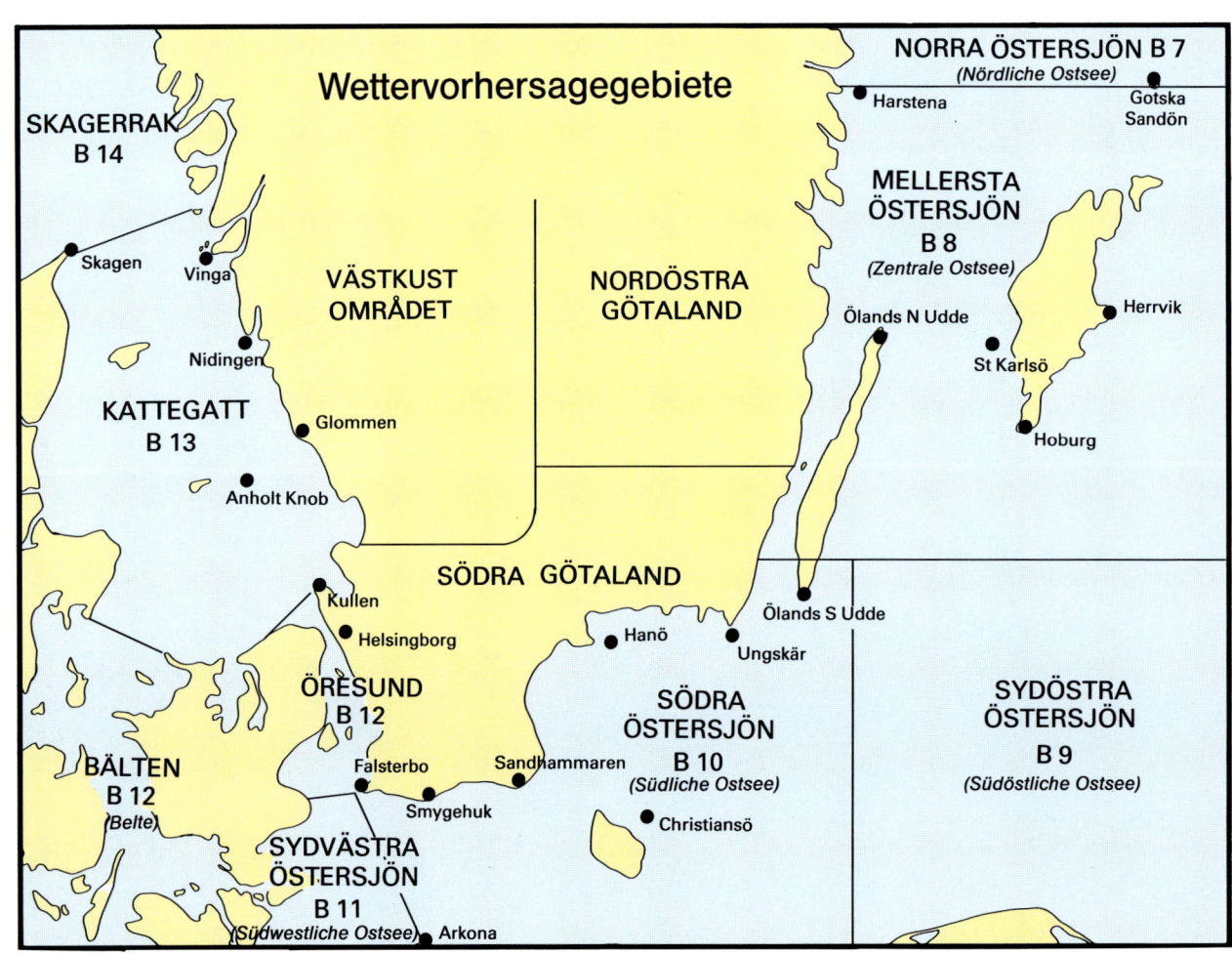

Wettervorhersagegebiete

- SKAGERRAK B 14
- KATTEGATT B 13
- VÄSTKUST OMRÅDET
- NORDÖSTRA GÖTALAND
- SÖDRA GÖTALAND
- ÖRESUND B 12
- BÄLTEN B 12 (Belte)
- SYDVÄSTRA ÖSTERSJÖN B 11 (Südwestliche Ostsee)
- SÖDRA ÖSTERSJÖN B 10 (Südliche Ostsee)
- SYDÖSTRA ÖSTERSJÖN B 9 (Südöstliche Ostsee)
- MELLERSTA ÖSTERSJÖN B 8 (Zentrale Ostsee)
- NORRA ÖSTERSJÖN B 7 (Nördliche Ostsee)

Orte: Skagen, Vinga, Nidingen, Glommen, Anholt Knob, Kullen, Helsingborg, Falsterbo, Smygehuk, Sandhammaren, Christiansö, Arkona, Hanö, Ungskär, Ölands S Udde, Ölands N Udde, St Karlsö, Hoburg, Herrvik, Harstena, Gotska Sandön

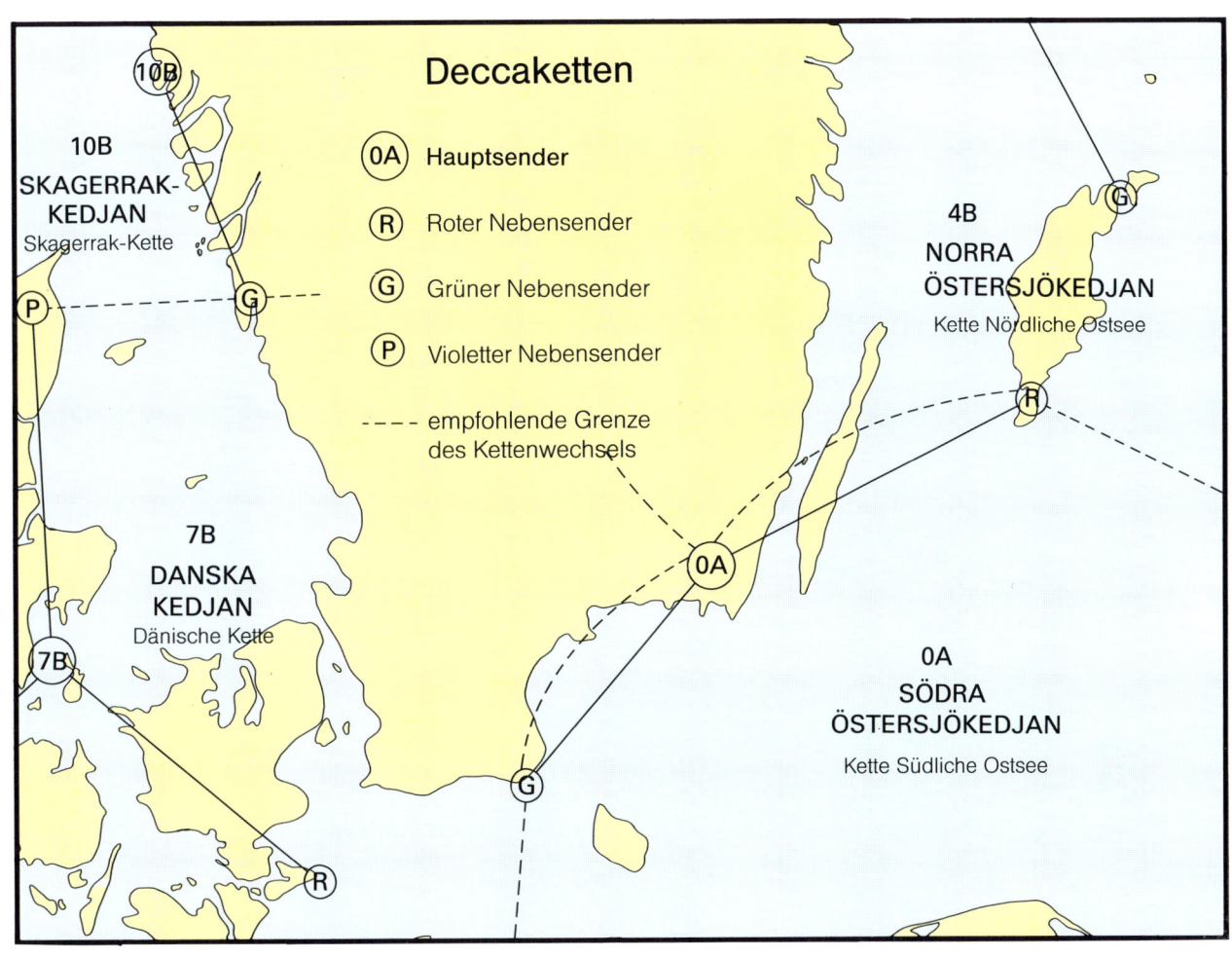

Seekarten/Fachbücher

Der Kauf von Seekarten und Fachbüchern ist in den meisten der größeren Hafenstädte möglich.

Åhus:	Andersson & Flood, Skeppsmäkleri - Spedition, Tullhuset, Tel. 0 44 - 24 00 03
Borgholm:	Borgholms Bokhandel, Storgatan 19, Tel. 04 85 - 1 01 91
Byxelkrok:	Byxelkrok Bensin & Service, Tel. 04 85 - 2 80 89
Helsingborg:	AB Killbergs Bokhandel, Stortorget 4, Tel. 0 42 - 12 00 85
	Lund & Pettersons Eftf AB, Hamntorget 1, Tel. 0 42 - 11 00 29, 11 05 91
Kalmar:	AB Kalmar Skeppshandel, Kaggensgatan 2, Tel. 04 80 - 1 54 25
	Baltic Skeppsfournering, Ölandskajen, Tel. 04 80 - 1 06 00
Karlshamn:	AB Lundins Bokhandel, Drottinggatan 65, Tel. 04 54 - 1 44 30
	AB Karlshamns Skeppshandel, Ågatan 12, Tel. 04 54 - 1 95 15
Karlskrona:	Bojen Marin, Saltö, Tel. 04 54 - 1 91 40
	Berg Marin AB, Skeppsbrokajen, Tel. 04 55 - 8 20 80
Landskrona:	Landskrona Bokhandel AB, Rådhustorget 6, Tel. 04 18 - 2 60 15
Limhamn:	Limhamns Skeppshandel, S:a fiskehamnen Tel. 0 40 - 15 06 70
Lund:	AB Gleerupska Bokhandeln, Stortorget 2, Tel. 0 46 - 11 72 60
Mölle:	Mölle Turist- och Resebyrå, Hamnhuset, Tel. 0 42 - 4 73 50
Mönsterås:	Mönsterås Bokhandel AB, Storgatan 21, Te. 04 99 - 1 01 37
Oskarshamn:	Melchiors Bokhandel, Lilla Torget 1, Tel. 04 91 - 1 00 09
	Skeppsfourneringen AB, Hamngatan 25, Tel. 04 91 - 1 15 77
Ronneby:	Berlings Bok- & Pappershandel, Kungsgatan 14 Tel. 04 57 - 1 50 20
Simrishamn:	Bokvaruhuset Österlen AB, Storgatan 14, Tel. 04 14 - 1 02 50
	AB Simrishamns Skeppshandel, Hamngatan 23, Tel. 04 14 - 1 07 55
Sölvesborg:	AB Wennerlunds Bokhandel, Södergatan - Köpgatan, Tel. 04 56 - 1 00 10
Trelleborg:	Malmöhus Läns Ålfiskares, Andelsförening, C Beck-Friisgatan 8, Tel. 04 10 - 1 14 01
Visby:	Fribergs Färghall - Båtshop AB, Byrumsgatan 2 Tel. 04 98 - 1 04 63
Vägga-hamnen:	Karlshamns Marin & Fiske AB, Tel. 04 54 - 1 25 79
Växjö:	Esselte Bokhandel, Storgatan 30, Tel. 04 70 - 4 55 80
Ystad:	Ystads Bok & Pappershandel, Stortorget 3, Tel. 04 11 - 1 00 36

Rundfunkfrequenzen

FM

Sendestation	ungefährer Deckungsbereich über See	Frequenzen MHz				Leistung kW
		P 1	P 2	P 3[1]	P 3[2]	
Hörby	Die Küste rund um Skåne	88,8	92,4	97,0 [3] 89,5 [4]	101,4	60 5
Helsingborg	N-licher Öresund	89,8	95,7	98,4	103,2	3
Malmö	S-licher Öresund	87,9	93,3	98,0	102,0	6
Trelleborg	Gebiet um Trelleborg			98,7		0,3
Ystad	Gebiet um Ystad			99,0		0,4
Karlshamn	Hanöbucht, Blekinge	90,3	93,4	98,3	100,4	3
Karlskrona	Ost-Blekinge	89,1	95,0	97,7	100,7	10
Emmaboda	Blekinge, Kalmarsund, Öland	93,0	96,7	95,6	101,8	60
Oskarshamn	Gebiet um Oskarshamn			94,4		0,03
Västervik	N-licher Kalmarsund, Småland- und S-liche Östgöta-Schären Zwischen dem Festland und Gotland	88,3	91,8	96,0	102,7	60
Visby	Gotland, Gotska Sandön Zwischen Gotland und Festland/Öland	87,6	94,1	97,2	100,2	60

1) Auch Lokalradio (Ortsradio). Die Lokalradiostationen in dem Gebiet heißen: „Radio Malmöhus", „Radio Kristianstad", „Radio Blekinge", „Radio Kalmar" und „Radio Gotland".

2) Zusätzliches Programm 3 und Lokalradiofrequenzen
3) Radio Kristianstad
4) Radio Malmöhus

AM

Sendestation	ungefährer Deckungsbereich über See	Frequenz kHz	Wellenlänge m	Leistung kW
Motala LV	Sendet Programm 1 und überdeckt die See, Süd- und Mittelschweden, sowie Dänemark und SW-Finnland	189	1587	300
Sölvesborg LV	Sendet Programm 1 am Tag und das Auslandsprogramm am Abend (GMT 1600 – 0000 Uhr). Am Tag hört man den Sender im O-Teil der Nordsee, im Skagerrak, Kattegat und im größten Teil der Ostsee. Nachts wird die gesamte Ostsee, Nordsee, die meisten Teile der norwegischen Küste, die Britischen Inseln und die N-Küste Frankreichs abgedeckt.	1179	254	600

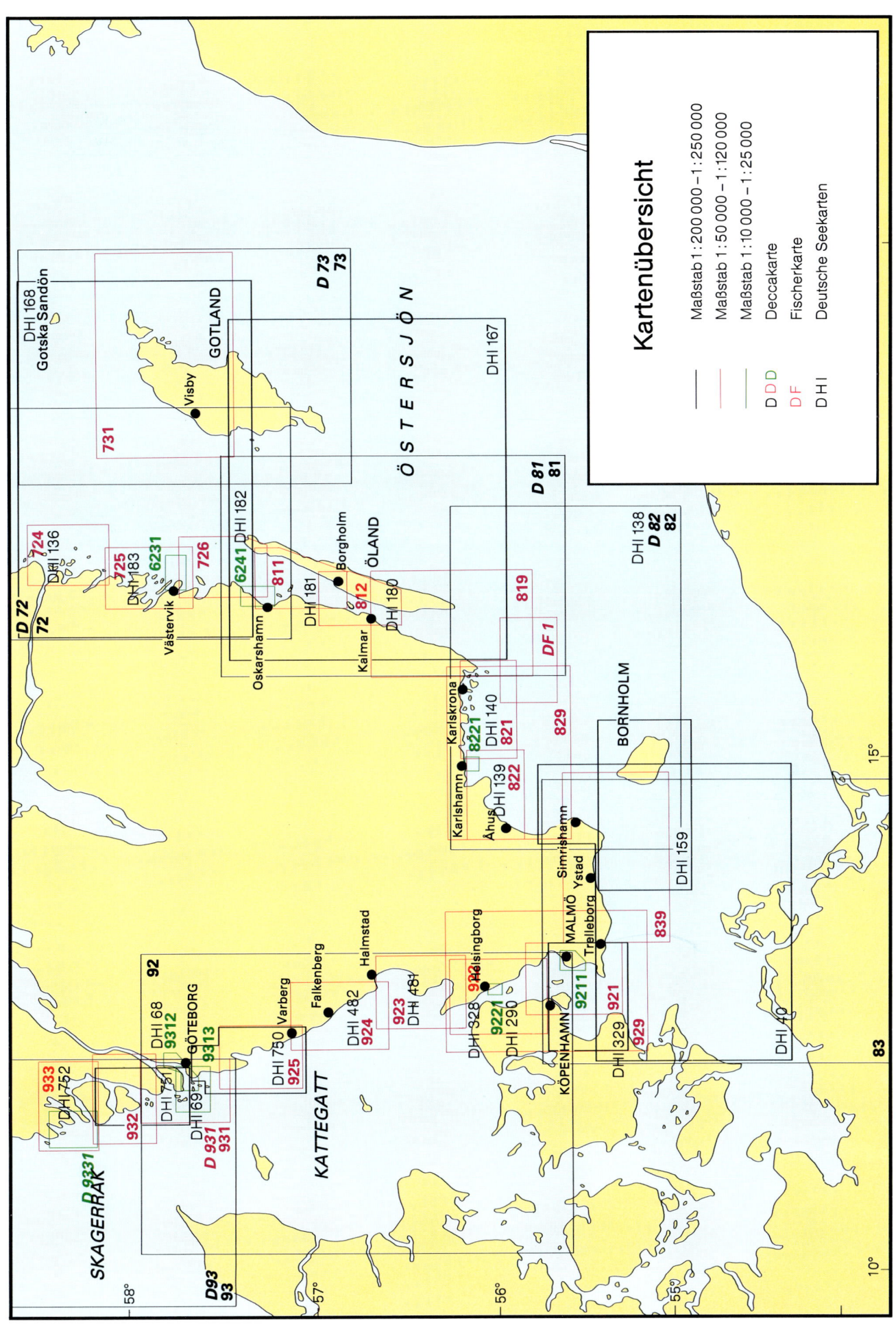

Zollvorschriften für Privatyachten
Eine Information der Schwedischen Zollverwaltung

Privatyachten

Die folgenden Seiten enthalten Vorschriften, die der Schiffsführer einer auf eigenem Kiel einlaufenden Privatyacht zu beachten hat. Zu den Privatyachten zählen alle nicht zu Handelszwecken dienenden Boote und Schiffe, die außer reisenotwendigem Bootszubehör und Proviant sowie Gegenständen für den persönlichen Gebrauch der Mitreisenden keine weiteren Waren mitführen.

Einreise

Bei der Ankunft in Schweden vom Ausland her ist auf direktem Weg ein Zollplatz (Hafenort mit Zollamt) anzulaufen. Nicht unbedingt erforderliche Aufenthalte und Umwege sind also nicht zulässig. Das Boot ist in den zur Abfertigung des Auslandsverkehrs vorgesehenen Teil des Hafens (sogenanntes Deklarationsgebiet/tullklareringsområde) zu bringen. Nach dem Anlegen dort ist die Ankunft umgehend mündlich beim Zollamt zu melden. Falls der „Göta älv" bzw. der „Göta kanal" befahren werden soll, muß die zollamtliche Meldung noch vor der Einfahrt in das Binnengewässer erfolgen.

Eine Ankunft außerhalb der Abfertigungszeiten ist telefonisch der nächsten Einsatzzentrale (sambandscentral) anzuzeigen. Eine Liste der Zollplätze und Einsatzzentralen finden Sie am Ende dieser Hinweise.

Ist die Privatyacht im Ausland zur Einfuhr und dauernden Benutzung in Schweden gekauft oder von einer Person mit Wohnsitz in Schweden im Ausland gechartert oder geliehen worden, muß sie zum Klarieren angemeldet werden (siehe auch „Einfuhrabgaben").

Die zollamtliche Meldung ist nicht erforderlich, wenn das Boot als solches nicht zum Klarieren angemeldet werden muß und wenn sich nur solche Waren an Bord befinden, die von der Besatzung frei eingeführt werden dürfen. In diesem Fall dürfen auch andere Orte als die Zollplätze angelaufen werden. Wegen Paßkontrollorten und Grenzübergangsstellen siehe „Sonderbestimmungen für Ausländer".

Unter frei einzuführenden Waren sind solche Güter zu verstehen, die nach den „Zollvorschriften für Reisende" abgabenfrei eingeführt werden dürfen und die keinen Einfuhrbeschränkungen unterliegen (siehe auch „Wareneinfuhr – Waren an Bord").

Wareneinfuhr – Waren an Bord

Pro Person dürfen abgabenfrei (d.h.: frei von Zoll, Mehrwertsteuer und sonstigen Steuern bzw. Abgaben) eingeführt werden: 1 l Spirituosen (max. 60 Vol. % Alkoholgehalt), 1 l Wein (2 l Wein, falls keine Spirituosen), 2 l Bier (Bier mit mehr als 2,8 Gew. % Alkohol) sowie 200 Zigaretten oder 250 g sonstige Tabakwaren. Abgabenfreiheit wird allerdings erst ab bestimmten Altersgrenzen gewährt: 20 Jahre bei Spirituosen, Wein und Bier bzw. 15 Jahre bei Tabakwaren. Personen mit Wohnsitz in Schweden müssen sich außerdem mehr als 24 Stunden im Ausland aufgehalten haben, sofern die Waren nicht in Dänemark, Finnland oder Norwegen versteuert werden. Außer Spirituosen, Wein, Bier (mit mehr als 2,8 Gew. % Alkohol) und Tabakwaren dürfen Waren bis zu einem Gesamtwert von 1000 schwed. Kronen abgabenfrei eingeführt werden. Lebensmittel sind, soweit ihr Wert 1000 Kronen nicht übersteigt, bis zu 15 kg abgabenfrei. Bei der Abgabenbefreiung von Lebensmitteln, die als Proviant für befristete Besuche in Schweden auf Privatyachten mitgebracht werden, gelten für die Mitreisenden keine Altersgrenzen.

Für die Yacht dürfen Treibstoff und betriebsnotwendige Ausrüstung ebenfalls frei eingeführt werden. Außerdem dürfen abgabenpflichtig pro Person eingeführt werden: 5 l Wein oder Spirituosen (max. 60 Vol. % Alkoholgehalt) und 5 l Bier (Bier mit mehr als 2,8 Gew. % Alkohol). Einige Waren unterliegen Einfuhrbeschränkungen (bestimmte Fleischwaren wie z.B. Wurst, Pflanzen, Schußwaffen und Munition, bestimmte gesundheitsschädliche Chemieprodukte, Drogen u.a.). Die Einfuhr dieser Waren ist also nicht frei. Lebende Tiere dürfen in der Regel ohne Genehmigung der schwedischen Landwirtschaftsbehörde (lantbruksstyrelsen) nicht eingeführt werden. Hunde und Katzen, die mit Privatyachten vom Ausland her eintreffen, werden umgehend und zu Lasten des Schiffsführers außer Landes geschickt, sofern eine Einfuhrgenehmigung nicht vorgelegt werden kann.

Ausführlichere Informationen für Reisende im Grenzverkehr enthält die Broschüre „Rot oder grün am Zoll?". Bei der Anmeldung am Zollamt sind Angaben über an Bord befindliche Proviantmengen und sonstige Waren zu machen. Hierunter fallen auch die von einzelnen Personen mitgebrachten Waren. Auf Verlangen des Zollbeamten ist eine schriftliche Proviantaufstellung zu machen.

Sonstige Waren und Proviant, die nicht frei eingeführt werden dürfen, sind im Normalfall zu verzollen, im Zollager zu deponieren oder wiederauszuführen. In bestimmten Fällen – wenn ein Barbetrag in Höhe der sonst fälligen Abgaben hinterlegt wird und im übrigen die Einfuhrvorschriften für die Waren erfüllt sind – dürfen die Waren auch an Bord verwahrt werden. Spirituosen, Wein und Bier (Bier mit mehr als 2,8 Gew. % Alkohol) jedoch dürfen nur in den abgabenfreien bzw. abgabenpflichtigen Mengen an Bord verwahrt werden. Der hinterlegte Betrag wird zurückgezahlt, wenn die Waren binnen drei Monaten unter Zollaufsicht wieder ausgeführt werden.

Einfuhrabgaben

Schwedische Privatyachten – d.h. in Schweden hergestellte bzw. dort verzollte und versteuerte Boote – dürfen nach der Ausfuhr aus Schweden im allgemeinen auch ohne Zoll und Mehrwertsteuer (Einfuhrabgaben) wieder eingeführt werden. Einfuhrabgaben werden dagegen erhoben, wenn die Yacht im Ausland ausgebaut oder zusätzlich ausgestattet worden ist. Ausgenommen hiervon sind Instandsetzungen nach Havarien oder Unfällen. Abgaben werden ebenfalls fällig, wenn die Yacht von einem anderen als dem Exporteur wiedereingeführt wird (Beispiel: Lieferung durch den Hersteller ins Ausland, Einfuhr durch einen in Schweden wohnhaften Käufer).

Eine Person mit Wohnsitz in Schweden darf eine ausländische Privatyacht nicht abgabenfrei einführen. Bei der Ankunft sind also Einfuhrabgaben zu entrichten, wenn die Yacht im Ausland gekauft, gechartert oder geliehen wurde.

Daher ist bei dem Zollamt, dem die Ankunft der Yacht angezeigt wird (siehe „Einreise"), zugleich auch die Anmeldung zur Verzollung zu tätigen. Diese Vorschrift gilt auch für schwedische Privatyachten, falls gemäß vorstehender Ausführungen Einfuhrabgaben zu zahlen sind.

Eine Person mit Wohnsitz im Ausland, die eine ausländische Privatyacht in Schweden einführt, genießt – für jeweils höchstens ein Jahr – zeitlich begrenzte Zollfreiheit und damit auch zeitlich begrenzte Befreiung von anderen Einfuhrabgaben wenn
– die Person sich nur vorübergehend in Schweden
  aufhalten und
– die Yacht ausschließlich zu privaten Zwecken
  benutzt wird.

Mit zeitlich begrenzter Zollfreiheit eingeführte Yachten dürfen in Schweden nicht zu gewerblichen Zwecken benutzt werden. Verkauf, Vercharterung und leihweise Überlassung sind ebenfalls nicht zulässig. Mieter dürfen das Schiff allerdings verchartern oder leihweise überlassen, wenn der Begünstigte seinen Wohnsitz im Ausland hat und sich nur vorübergehend in Schweden aufhält.

Die Yacht ist binnen eines Jahres, spätestens jedoch, wenn Sie selbst das Land verlassen, wieder auszuführen. Falls Sie die Yacht nicht ausführen oder Ihren Wohnsitz nicht mehr im Ausland haben oder das Boot an eine in Schweden wohnhafte Person verchartern oder verleihen, sind dafür die Einfuhrabgaben zu entrichten. Wintereinlagerung in Schweden begründet keinen Anspruch auf begrenzte Zollfreiheit. Schiffseigner, die Schweden verlassen und die Yacht nur zur Wintereinlagerung geben, haben die Einfuhrabgaben zu zahlen.

Soll dagegen das Schiff (ggf. auch in Verbindung mit der Wintereinlagerung) zum Zweck der Reparatur, der Bearbeitung oder des Ausbaus in Schweden zurückbleiben, kann die Zollbehörde befristete Zollfreiheit gewähren. Bei der Zolldienststelle sind dann aber zunächst die Abgaben zu zahlen. Sind nach Inanspruchnahme der befristeten Zollfreiheit Einfuhrabgaben für die Yacht zu entrichten, so muß spätestens bei Ablauf der Frist der Zollfreiheit das nächste Zollamt benachrichtigt werden.

Ausreise

Das Verlassen Schwedens mit einer Privatyacht in Richtung Ausland ist dem nächsten Zollamt mündlich mitzuteilen. Auch die Ausreise muß ohne unnötige Aufenthalte oder Umwege erfolgen.

Wenn Sie lediglich Waren mitführen, die frei ausgeführt werden dürfen, können Sie auch von anderen als nur Orten mit Zollamt auslaufen. Auch dann ist eine Meldung beim Zoll nicht erforderlich. Wegen der Paßkontrollorte und Grenzübergangsstellen siehe „Sonderbestimmungen für Ausländer".

Unversteuerte Waren dürfen nur dann als Proviant an Bord genommen werden, wenn aus den Umständen klar ersichtlich ist, daß das Schiff mit einem anderen Zielland als Dänemark, Finnland, Norwegen oder Schweden auslaufen soll, und wenn das Schiff ferner einen je nach Warenart besonders vorgeschriebenen Mindest-Bruttoraumgehalt hat (Spirituosen und Tabakwaren: 75; sonstige Waren 25).

Zollkontrollen

Beamte des Zolls sind zum Anhalten von Schiffen im Zollgebiet berechtigt. Der Aufforderung zum Anhalten ist umgehend Folge zu leisten. Bei der Zollkontrolle sind alle an Bord befindlichen Personen verpflichtet, die von ihnen verlangten Angaben zu machen bzw. Unterlagen vorzulegen.

Die Aufforderung zum Halten erfolgt entweder durch das Signal SO oder L mit Signalflaggen, durch Licht- oder Tonmorsezeichen, Funk oder Winken mit der Stoppkelle.

Sie kann ferner gegeben werden durch mündliche Übermittlung, langgezogene Töne aus Sirenen oder anderen akustischen Geräten.

Zur Nachprüfung der gemachten Angaben sind die Zollbeamten auch zur Durchsuchung aller Räume und Hohlräume an Bord berechtigt.

Die Beamten können die Verbringung des Schiffes an bestimmte Plätze zwecks eingehender Durchsuchung verlangen. Dabei sind Sie zur erforderlichen Hilfeleistung verpflichtet.

Falls für die Zollkontrolle notwendig, können die Zollbeamten Räume oder Hohlräume an Bord versiegeln oder verschließen.

Sonderbestimmungen für Ausländer

Die Ein- und Ausreise von Ausländern ist nur zulässig über Paßkontrollorte oder – im Grenzverkehr mit Dänemark, Finnland, Island und Norwegen – über Ort mit Grenzübergangsstellen. Zollplätze, an denen auch eine Paßkontrolle durchgeführt wird, sind im Verzeichnis am Schluß dieser Hinweise durch ∗ gekennzeichnet.

Für die Einreise in Schweden ist ein Paß erforderlich. Vom Paßzwang ausgenommen sind Personen, die bei der Einreise von einem anderen nordeuropäischen Land her mit einem Personalausweis die dänische, finnische, isländische bzw. norwegische Staatsangehörigkeit nachweisen können.

Der jeweilige nationale Personalausweis der Staaten Belgien, Bundesrepublik Deutschland, Frankreich, Italien, Liechtenstein, Luxemburg, Niederlande, Österreich und Schweiz sowie der Paßersatz von Asylberechtigten gelten als Reisepaß.

Nach der Einreise von einem nicht-nordeuropäischen Staat her dürfen Sie sich erst dann in Schweden aufhalten, wenn Sie Ihren Paß/Paßersatz der Polizei oder ggf. der Zollbehörde vorgezeigt haben.

Angehörige bestimmter Staaten benötigen für Schweden eine Einreiseerlaubnis. Nähere Auskünfte hierzu erteilen die schwedischen Auslandsvertretungen.

Ausländer dürfen nicht ohne weiteres schwedische Sperr- und Kontrollgebiete betreten. Fremde Schiffe müssen sich in diesen Gebieten an bestimmte Fahrrinnen und festgelegte Ankerplätze halten. Das Aufnehmen (Messen, Fotografieren oder sonstiges Abbilden) von Verteidigungsanlagen sowie das Mitbringen von Sprengstoffen in diese Gebiete ist untersagt. Der Aufenthalt in diesen Gebieten ist in der Regel zeitlich begrenzt.

Die Sperr- und Kontrollgebiete sind in fast allen Seekarten verzeichnet. An den Zufahrtswegen befinden sich Hinweistafeln. In den in diesen Gebieten gelegenen Häfen sind Aushänge mit Auszügen aus den einschlägigen Vorschriften angebracht.

Schiffe, die ihrem Verwendungszweck und ihrer Ausrüstung nach nicht als Privatyachten anzusehen sind, müssen bei der Ankunft in Schweden stets und direkt einen Zollplatz anlaufen. Außerdem ist das Schiff spätestens 24 Stunden vor der Ankunft bei der zuständigen Zollstelle oder Einsatzzentrale anzumelden. Auch die Ausreise darf nur von einem Zollplatz aus stattfinden. Ankunft und Abreise sind der Zollstelle schriftlich anzuzeigen.

Verstöße gegen die hier aufgeführten Bestimmungen werden strafrechtlich (Zollverordnung, Zollhinterziehungsgesetz, Ausländergesetz und Naturschutzgesetz) verfolgt.

Schwedens Gewässer vor Schäden bewahren!

In Schweden ist es sowohl auf dem Land als auch zu Wasser verboten, Abfall wegzuwerfen.

Vom Schiff aus dürfen weder Öle, Benzin noch andere Schadstoffe ausgegossen werden – und zwar weder in Häfen, Binnengewässer noch auf See. Desgleichen darf man keinen Festmüll wie Kehricht, Küchenabfälle, Gläser, Kartons, Papier, Plastikgegenstände oder Blechbehälter über Bord werfen.

Zum Schutz der Tier- und Pflanzenwelt haben die zuständigen Länsregierungen an bestimmten Küstenabschnitten die Durchfahrt, den Aufenthalt bzw. das Anlandgehen verboten. Diese gesperrten Gebiete sind durch besondere Hinweistafeln gekennzeichnet wie auch in den Bootssportkarten vermerkt.

Einsatzzentralen:

Malmö	040 – 12 43 30
Karlskrona	0455 – 1 10 63
Visby	0498 – 1 02 45

Die Einsatzzentralen und die Schiffe der Küstenwache sind auch über CB-Funk Kanal 11 A (27,095 MHz) bzw. VHF-Funk Kanal 16 (156,80 MHz), ausgenommen Haparanda, zu erreichen. Die Funksprüche sind an die „Kustbevakningen" abzusetzen.

Stand der Rechtsvorschriften: 1. April 1988.

Zollplätze:

Höganäs	042 – 4 02 59
Helsingborg* – Råå*	042 – 17 08 02
Landskrona*	0418 – 2 02 12
Malmö*	040 – 12 43 30
Limhamn*	040 – 7 31 41
Trelleborg*	0410 – 1 51 00
Ystad*	0411 – 1 77 30
Simrishamn[1]	0411 – 1 77 30
Åhus	044 – 24 00 26
Sölvesborg	0456 – 7 01 55
Karlshamn*	0454 – 1 47 70
Ronneby*	0457 – 7 00 84
Karlskrona*	0455 – 1 51 83
Kalmar*	0480 – 2 64 58
Oskarshamn	0491 – 1 71 71
Visby*	0498 – 1 02 45
Slite*	0498 – 2 07 30

[1] nicht besetzt, Anmeldung in Ystad
* auch Paßkontrolle

Kapitel 1

Kullen – Falsterborev

Häfen

Mölle 30	Borstahusen 43
Lerhamn 31	Lundåkrahamnen 44
Nyhamn 32	Barsebäckshamn 45
Höganäs 33	Vikhög 46
Lerberget 34	Lomma 47
Viken 35	Lagunen, Malmö 48
Domsten 36	Limhamns Sportboothafen 49
Råå 37	Klagshamn 50
Ålabodarna 38	Falsterbokanal 51
Norreborg 40	Höllviken 53
Kyrkbacken 41	Skanör 54
Bäckviken 42	

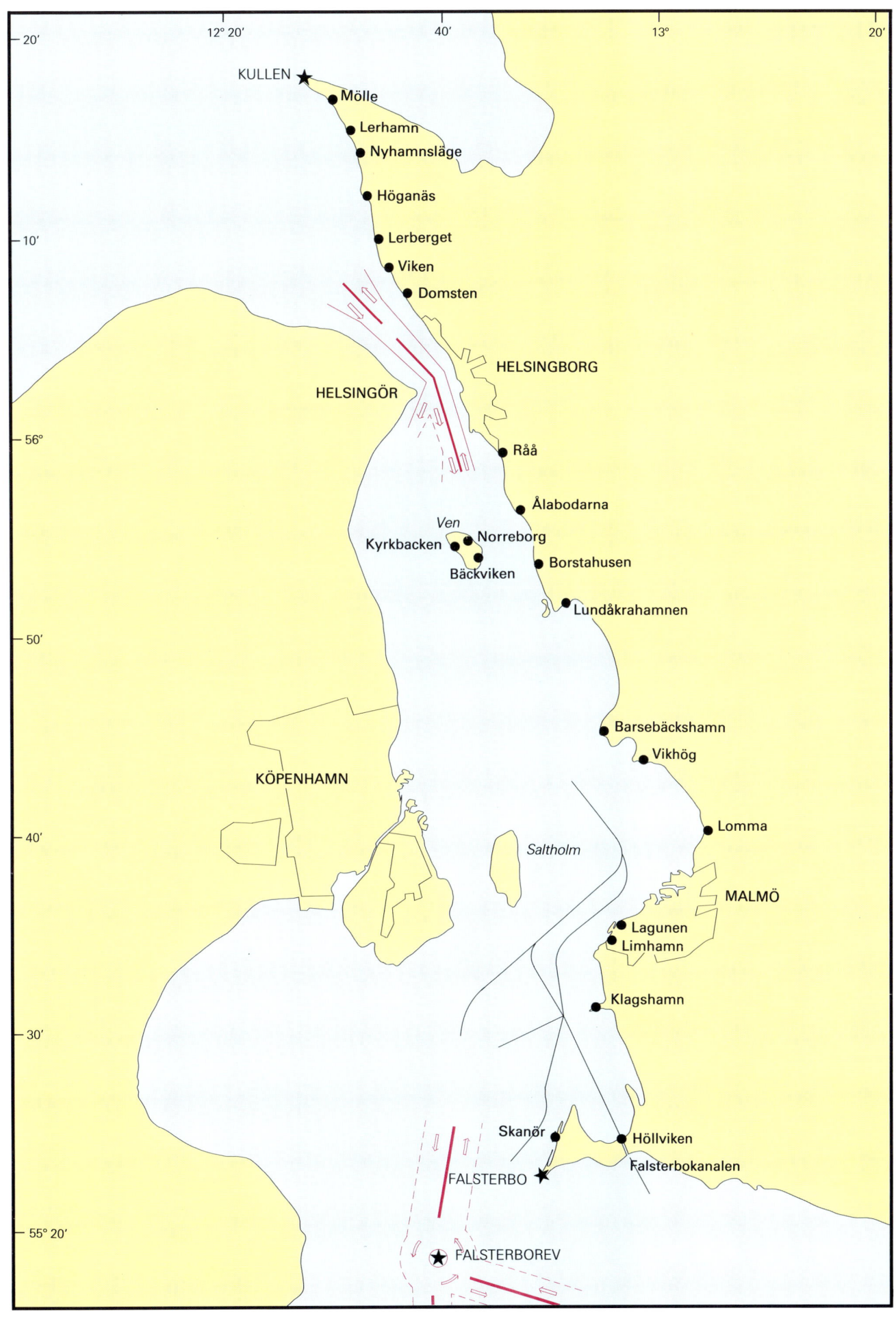

Allgemeines

Ankerverbot
Im allgemeinen gilt Ankerverbot in der Nähe von Unterwasserkabeln und Rohrleitungen. Verbotstafeln sind an den Stränden aufgestellt.
Außerdem ist Ankern, Tauchen und Fischen in den folgenden verminten Gebieten verboten:
- Einfahrt nach Kopparverkshamn
- Einfahrt nach Råå
- Malmö, Fahrwasser zum Ölhafen
- Einfahrt nach Malmö
- S-Einfahrt zum Falsterbokanal.

Verkehrsvorschriften
Die Vorschriften sind gewöhnlich in den Beschreibungen der Häfen näher erläutert
Landskrona 5 kn
Landskrona-Einfahrt 7 kn
Lödde å 3 kn
Limhamn, Centralhamn 4 kn
Limhamn, Sportboothafen 3 kn

Fischerei
N-lich von Sofiero (bei Helsingborg) liegen Aalstellnetze von Juli bis Oktober aus. Sie erstrecken sich im rechten Winkel zum Strand bis etwa 600 m Abstand, oft bis über die 6-m-Tiefenlinie hinaus. Der äußerste Pfahl des Stellnetzes ist durch eine Laterne mit violettem Licht gekennzeichnet.
Von September bis November liegen Netze vor der dänischen Küste zwischen Helsingör und Rungsted aus. Die Netze erstrecken sich von Land bis in etwa 13 m Wassertiefe. Das äußerste Ende wird durch Spieren mit grünen Flaggen gekennzeichnet.
Zwischen Ven und dem schwedischen Festland sowie im S-lichen Öresund wird von Juni bis Mitte November Heringsfang mit Treibnetzen betrieben. Es wird von der Dämmerung bis etwa Mitternacht gefischt.
Im N-lichen Öresund darf in der Nähe des Verkehrstrennungsgebietes nicht vom treibenden Boot aus geangelt werden. In Flintrännan ist Treibnetzfischerei verboten.

Fähren
Regelmäßiger Fährverkehr mit Auto-, Eisenbahn- und Passagierfähren sowie mit Tragflügelbooten gibt es auf folgenden Linien: Helsingborg – Helsingör, Landskrona – Bäckviken (Ven), Landskrona – Kopenhagen, Malmö – Kopenhagen und Limhamn – Dragör. Die Fähre Limhamn – Dragör kreuzt Flintrännan beim Leuchtturm Oskarsgrundet SV.
Luftkissenboote verkehren zwischen Malmö und dem Kastrup-Flughafen. Die Linie paßt sich den Wetterverhältnissen an und verkehrt N-lich oder S-lich von Saltholm. Die Boote machen 35 – 40 kn Marschfahrt und führen Lichter und Warnsignale. Sie folgenden den Regeln der SeeStrO., weichen aber dem übrigen Verkehr aus. Auch Land und Eis bilden für sie kein Hindernis.

Küstenbeschreibung
Nachstehend eine kurzgefaßte Beschreibung von Landmarken, die für die Ansteuerung und Identifizierung der Küste von Nutzen sein können:

- der Leuchtturm Kullen steht etwa 70 m über MH und ist 15 m hoch und grau. Das Feuer kann bei manchen Wetterlagen durch Nebel verdeckt sein, obwohl an der Wasseroberfläche gute Sicht herrscht.

- in Höganäs sieht man die Kirche, den Wasserturm, Fabrikgebäude, Schornsteine und einen Containerkran im Hafen.

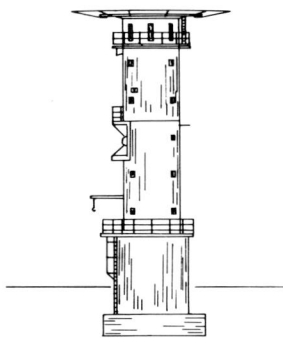

- der Leuchtturm Svinbådan ist 25,5 m hoch, schwarz mit orangefarbenem Band und organefarbener Laterne

- die Insel Ven besteht aus einem 35 m hohen Plateau mit steilen Stränden, besonders an der N- und W-Seite

- Leuchtturm Ven aus NW

- Leuchtturm Haken aus Süd

- in Landskrona sieht man u.a. den Wasserturm, der einem Pilz ähnelt, und die großen Fabrikgebäude mit hohem Schornstein

- der Leuchtturm Pinhättan ist 13 m hoch, oben schwarz, unten orangefarbig mit weißer Laterne

- die beiden 60 m hohen Reaktorgebäude von Barsebäcksverket sind weit von See zu sehen
- dicht N-lich von Lomma steht ein weißes Silogebäude mit orangefarbiger Spitze
- in Lund, NO-lich von Lomma, sieht man die Domkirche und das große, hochliegende Krankenhaus
- in Malmö sieht man viele Gebäude und den großen Bockkran der Werft
- die dänische Insel Saltholm hat keinen Wald und ist sehr flach
- in Limhamn sieht man die großen Gebäude der Zementfabrik, die Tanks des Ölhafens und S-lich des Hafens ein hellgrünes Hochhaus
- der Leuchtturm Kalkgrundet ist 11 m hoch, weiß mit rotem Band auf grauem Sockel
- der Leuchtturm Oskarsgrundet NO ist 15 m hoch, unten rot, mit vertikalen weißen Bändern und grauem Sockel
- der Leuchtturm Flinten SV ist 13 m hoch, weiß mit grünem Band und grauem Sockel
- der Leuchtturm Oskarsgrundet SV ist 12 m hoch, weiß mit rotem Band und grauem Sockel
- der dänische Leuchtturm Drogden besteht aus einem weißen, viereckigen Turm mit zwei roten Bändern. Das Feuer steht auf einem breiten etwa 6 m hohen grauen Sockel
- Falsteronäset ist flach. Der Leuchtturm Falsterbo besteht aus einem gelben, 25 m hohen Turm mit schwarzem Band. NO-lich des Leuchtturms steht ein großes, gut sichtbares Gebäude
- Måkläppen s. Foto S. 60
- der Leuchtturm Falsterborev ist 30,5 m hoch, orangefarben mit zwei breiten schwarzen Bändern.

Leuchtturm Kalkgrundet

Leuchtturm Oskarsgrundet NO

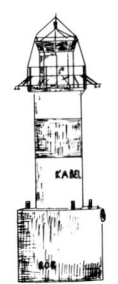
Leuchtturm Flinten SV

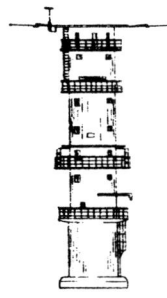
Leuchtturm Falsterborev

Strömung

Durch die Flüsse von Norrland hat die Ostsee einen Wasserüberschuß, was dazu führt, daß die Strömung im Öresund nach Norden gerichtet ist.

Metereologische Einflüsse sind jedoch im großen Maße für das Strömungsverhalten maßgebend. Bei W-lichem Wind, der in diesem Gebiet überwiegt, ist die Strömung im allgemeinen nach Süden gerichtet. Die normale Stromgeschwindigkeit im Sund beträgt 0,5–1,5 kn und erreicht maximal etwa 5 kn.

Die Stromverhältnisse in Flintrännan, zwischen Saltholm und Limhamn, müssen sorgfältig beachtet werden. N- oder S-Strom setzt gewöhnlich etwa in Richtung 40° bzw. 220°, d.h. der Strom weicht etwa 10° von der Fahrwasserrichtung ab.

S-Strom kann jedoch bis 50° von der Fahrwasserrichtung abweichen. Man muß dabei besonders vorsichtig die Leuchttürme passieren, damit man nicht mit ihnen kollidiert.

Die örtlichen Stromverhältnisse werden im Anschluß an den jeweiligen Hafen beschrieben. Man beachte auch die Stromkarte am Anfang des Buches, S. 16.

Wasserstand

Das Untiefengebiet zwischen Malmö und Kopenhagen wirkt als kräftige Bremse für den Wassertransport durch den Sund. Deshalb ist hier der Wasserstand oft 0,5 m unterschiedlich zu dem hinter der Schwelle. Wasserstandsunterschiede bis zu 1,6 m sind beobachtet worden.

N-lich der Schwelle steigt der Wasserstand bei NW-Sturm und sinkt bei SO-Sturm. S-lich der Schwelle steigt der Wasserstand bei S-lichem und sinkt bei N-lichem oder NW-lichem Sturm.

Typischer Wasserstand für Klagshamn S-lich von Malmö:

Höchstes Hochwasser (HHW) . . . . + 140 cm
Mittleres Hochwasser (MHW) . . . . + 86 cm
Mittelwasser (MW) . . . . ± 0 cm
Mittleres Niedrigwasser (MLW) . . . . – 74 cm
Niedrigstes Niedrigwasser (LLW) . . . . – 102 cm

In Viken, N-lich von Helsingborg, gelten die folgenden typischen Wasserstände:

Höchstes Hochwasser (HHW) . . . . + 160 cm
Mittleres Hochwasser (MHW) . . . . + 90 cm
Mittelwasser (MW) . . . . ± 0 cm
Mittleres Niedrigwasser (MLW) . . . . – 70 cm
Niedrigstes Niedrigwasser (LLW) . . . . – 120 cm

Angaben über den aktuellen Wasserstand im Verhältnis zu dem jährlichen Mittelwasserstand erhält man von folgenden automatischen Telefonbeantwortern:
Viken . . . . 042 – 23 77 33
Klagshamn . . . . 040 – 46 84 58
Angaben über den aktuellen Wasserstand beim Leuchtturm Flinten SV erhält man von der Lotsenstation Malmö.

Gezeiten

Der durch Gezeiten verursachte Strom und die Wasserstandsänderung sind sehr gering und unbedeutend. Die größten Wasserstandsänderungen treten zwei Tage vor Neu- oder Vollmond auf (Springzeit) und betragen etwa 24 cm bei

Viken, 12 cm bei Flinten SV und 14 cm bei Klagshamn.
Die geringsten Wasserstandsänderungen treten zwei Tage vor Halbmond (Nippzeit) auf.
Die Gezeit ist halbtägig, d.h. zweimal täglich gibt es Ebbe und Flut. Das eine Hochwasser tritt in Viken etwa 8,5 Stunden nach dem Monddurchgang durch den Meridian von Greenwich ein, d.h. wenn GH (Stundenwinkel von Greenwich) ungefähr 120° beträgt. Das nächste Hochwasser folgt etwa 12 Stunden und 25 Minuten später.

Verkehrstrennungsgebiet
Im N-lichen Teil des Öresunds und bei Falsterborev sind von der IMO anerkannte Verkehrstrennungsgebiete eingerichtet. Der Verkehr in den Verkehrstrennungsgebieten muß Regel 10 der SeeStrO. folgen.
Segelfahrzeuge und alle anderen Fahrzeuge von weniger als 20 m Länge dürfen andere Fahrzeuge, die sich im Verkehrstrennungsgebiet befinden, nicht behindern. Im N-lichen Öresund müssen die Fahrzeuge die Küstenverkehrszone befahren, die zwischen der Küste und dem Verkehrstrennungsgebiet liegt. Diese Zone darf von Fahrzeugen über 20 m Länge nicht für die Durchfahrt benutzt werden.

Naturschutz

Naturschutzgebiete

1 Kullaberg s. Mölle

2 Möllehässle Offene Landschaft mit Weideflächen. Rollsteinfelder aus der Zeit des Litoriameeres, reiches Vogelleben und artenreiche Flora, flache Wasserstellen mit der äußerst seltenen Hackenkröte.

3 Strandwiesen Nyhamnsläge – Lerhamn s. unter Lerhamn

4 Küstenheide Nyhamnsläge – Strandbaden Reste der früheren Weidefläche Kulla Fälad, die einst die ganze Kullahalbinsel bedeckte. Die Heide ist von großem botanischen Wert. Schöner Badestrand.

5 Väsby-Strand Unerschlossene Küstenheidelandschaft. Reste von Kulla Fälad, s. auch unter Viken.

6 Die Heidelandschaft Viken – Domsten bietet ein attraktives Bade- und Wandergebiet

7 Kulla Gunnarstorp Mit Laubwald bewachsener Landrücken entlang des Strandwalles des Litoriameeres. Schloß mit schönen Parkanlagen, Funde aus der Vorzeit, attraktives Wandergebiet.

8 Hilleshögs Dalar s. unter Ålabodarna.

9 Järvavallen Weideflächen am Strand, die am Strandwall enden, der vom Litoriameer gebildet worden ist. Oberhalb des Walles gibt es Wald, der angepflanzt wurde, um die Wanderung der Sanddünen zu verhindern. Eines der wichtigsten Erholungsgebiete an der W-Küste Schonens.

10 Löddeåns-Mündung Vogelschutzgebiet. Der S-Teil ist ein populäres Erholungsgebiet. Dort kann man einen bezeichneten Strandwall des Litoriameeres studieren.

11 Eskiltorps Wiesen und Schären. Das Strandgebiet zwischen Klagshamn und Foteviken gehört zu den wichtigsten Feuchtgebieten Schwedens. Wichtiger Nist- und Rastplatz für viele Sumpfvögel. Überwinterungsplatz für eine große Anzahl von Raubvögeln. Kleine Wassertümpel mit seltenen Gewächsen und Kröten.

12 Kämpinge Strandbad Strandpartie mit Dünen und Kiefernwald. Große Bedeutung als Badeplatz und Wandergebiet.

13 Skanörs Ljung s.u. Höllviken und Vogelschutzgebiet Nr. 5.

14 Flommen, ein zusammenhängendes Gebiet von Sandbänken, Lagunen, Meeresbuchten und Strandwiesen, das besondere Lebensbedingungen für Flora und Fauna bietet. Hohe „klitter" (Sanddünen) entlang der Küste. Sehr beliebtes Bade- und Erholungsgebiet. Vogelschutzgebiet.

Vogelschutzgebiete

1 Gråen Alte Festung aus dem 18. Jahrhundert, umgeben von Wällen und Bastionen. Schilf, Grasflächen und Büsche beherbergen ein reiches Vogelleben. Betreten verboten vom 15.3. bis 1.8.

2 Saxaåns-Mündung Beweidete, flache Strandwiesen mit wertvollem Vogelbestand und Strandflora, die sich mit dem Salzgehalt des Bodens ändert. Wassergefüllte Gruben zeigen Spuren früheren Torfabbaus. Betreten verboten vom 1.4. bis 31.7.

3 Löddeåns-Mündung s. unter Vikhög. Betreten verboten vom 15.4. bis 15.7.

4 Lilla Hammarnäs Wichtiger Nist- und Rastplatz für viele Sumpfvögel, s. auch unter Naturschutzgebiet Nr. 11. Betreten verboten vom 15.4. bis 15.7.

5 Ängsnäset, S-Teil von Skanörs Ljung Besonders an warmen Herbsttagen sammeln sich hier große Scharen von Raubvögeln, um weiter nach Süden zu ziehen, s. auch Höllviken. Betreten verboten vom 1.4. bis 15.7.

6 Flommen N-Riff Einer der wichtigsten Rastplätze des Landes für viele Vogelarten, s. auch Naturschutzgebiet Nr. 14. Betreten verboten vom 1.4. bis 15.7.

Robbenschutzgebiet

1 Måkläppen Die Insel besteht aus Sand über einem Moränenhügel und ist ein wichtiger Nistplatz für die Küstenvögel und Rastplatz für Sumpfvögel. Die Insel ist auch von Bedeutung als Geburts- und Aufenthaltsplatz für Graurobben und Seehunde. Betreten verboten vom 1.3. bis 31.10.

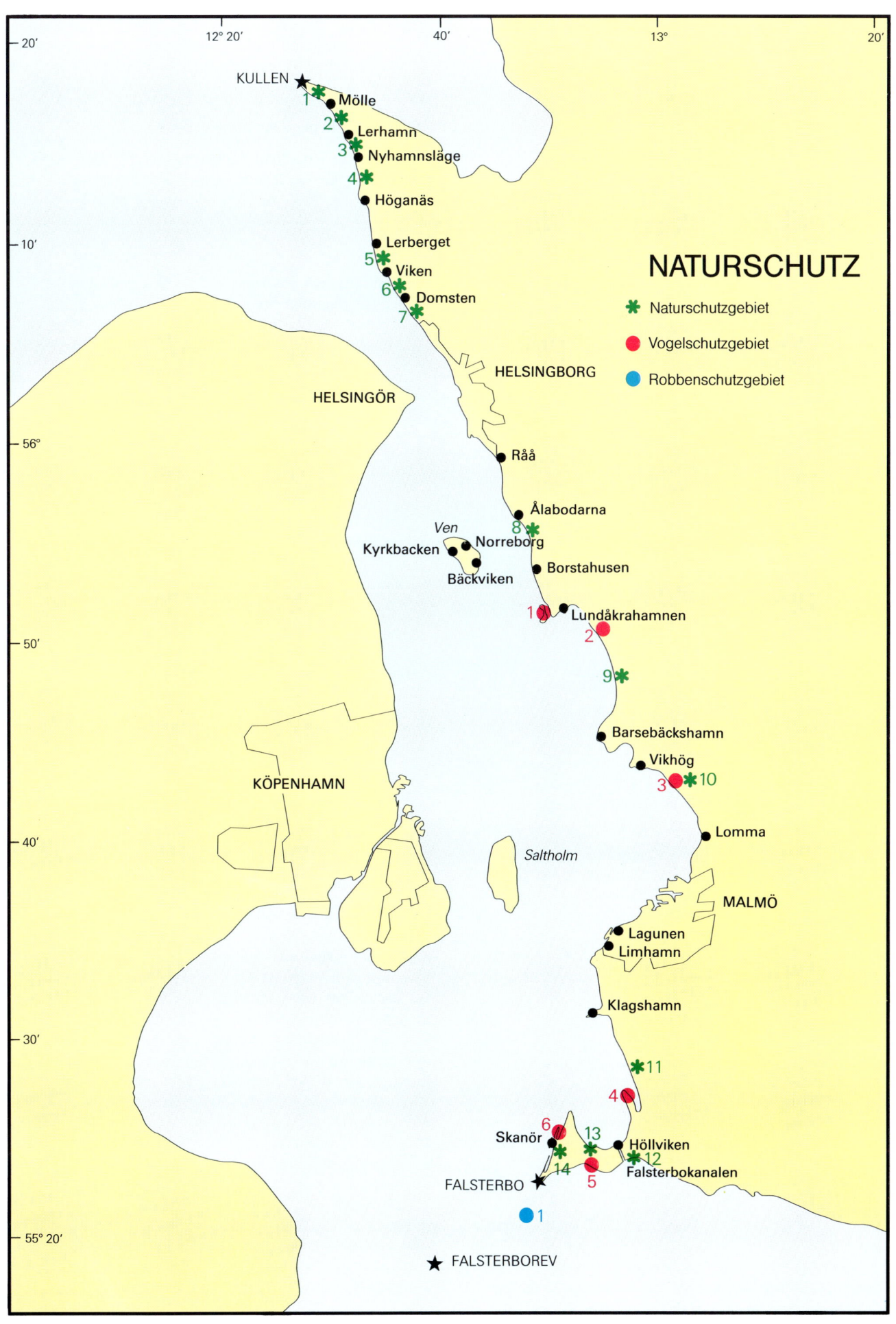

Mölle

Fischer- und Sportboothafen etwa 2 sm SO-lich Kullen

56°17′N 12°29,6′E   D 328, S 929, 922, 923

Service in der Nähe

Ansteuerung mit Hilfe des Leitfeuers Mölle und der Richtfeuer Mölle Hamn. Das Fahrwasser in den Hafen kann mit 2 m Tiefgang befahren werden. W-lich des Hafens liegt ein Riff, das sich etwa 200 m vom Wellenbrecher aus seewärts erstreckt.
Man beachte die 1,9 m tiefe Unterwasserklippe etwa 500 m O-lich des Wellenbrecherkopfes.

Warnung Bei starken W-lichen und NW-lichen Winden findet man schwierige Stromverhältnisse und starken Schwell vor der Einfahrt. Es wird davon abgeraten, den Hafen dann anzulaufen.

Hafenbeschreibung Die Wassertiefe im äußeren Hafenbecken beträgt am 160 m langen, winkelförmigen Wellenbrecher etwa 3 m und an den übrigen Kaianlagen 2 – 2,7 m. Bei starken W-lichen und NW-lichen Winden kann im Hafenbecken unangenehmer Seegang stehen.
Das innere Becken ist nur etwa 1 m tief und hat private Anleger.

Festmachen Vor Heckanker.

Gastplätze Im Hafen sind etwa 40 Gastplätze vorhanden. Gastboote dürfen auch an vermieteten Plätzen festmachen, wenn diese durch grüne Schilder gekennzeichnet sind, oder auch längsseits der Fischer.

Hafenamt Tel. 042-440 94.

Sonstige Einrichtungen Die Schlippanlage kann nur kleine Boote aufnehmen. Lebensmittelgeschäft und Apotheke sind vorhanden. Busverbindung mit Helsingborg. Der nächste Gesundheitsdienst befindet sich im 10 km entfernten Höganäs.

Geschichte Das Gebiet um Mölle wurde bereits im 15. Jahrhundert von Heringsfischern bevölkert, und ziemlich bald entstand ein kleines Fischerdorf. Etwa um die Jahrhundertwende wurde der Fischerort zu einem beliebten Seebad. Mölle war nämlich einer der ersten Plätze, wo das gemeinsame Baden von Frauen und Männern zugelassen wurde, wodurch das Bad skandalumwittert und natürlich sehr populär wurde.
In Mölle sind noch Gebäude aus der Zeit des alten Fischerortes vorhanden, aber prägend ist die Badeortarchitektur, die den besonderen Charme des Ortes ausmacht. Der Ort ist von Kullabergs Naturschutzgebiet umgeben. Das Gebiet hat eine

besondere Bodenformation mit hohen Spitzen und steilen Klippen. Vom höchsten Punkt, Håkull 187,5 m ü. MH, hat man eine weite Aussicht über Land und See. Flora und Fauna im Naturschutzgebiet sind vielfältig, und es sind auch Wohnplätze, Grabhügel und Gerichtsplätze der Ureinwohner zu sehen. Ein Golfplatz liegt im Naturschutzgebiet, und in Konstnärsgården in Mölle wird eine der größten Modelleisenbahnanlagen Europas gezeigt.

Lerhamn

Kleiner Sportboothafen etwa 3,5 sm SO-lich von Kullen

56°15,4′N 12°31,3′E   D 328, S 929, 922, 923

Ansteuerung des Hafens wegen der vielen bezeichneten Untiefen schwierig. Ohne Ortskenntnis kann der Hafen nur von flachgehenden Motorbooten angelaufen werden. Mit Ortskenntnis ist es bei günstigen Wetterverhältnissen möglich, den Hafen mit bis zu 1,5 m Tiefgang zu erreichen. Heringsfischerei mit Treibnetzen findet vor dem Hafen statt, aufmerksamer Ausguck ist erforderlich. Vor dem Hafen läuft oft N-licher oder S-licher Strom.
Um die Untiefen vor dem Hafen zu meiden, steuert man in einer gedachten Linie, die von der Verlängerung der Ortsstraße nach See gebildet wird. Dicht vor dem Wellenbrecher dreht man nach Stb. und läuft auf den Wellenbrecherkopf zu, den man ziemlich nahe umrundet.

Gastplätze sind im Hafen nicht vorhanden.

Festmachen an Bojen oder vor Heckanker.

Hafenbeschreibung Der Hafen ist klein, der äußere Teil ist etwa 2 m tief, während der innere Teil sehr flach ist.

Hafenamt Tel. 042-452 97

Sonstige Einrichtungen Trailerrampe für maximal 700 kg. Der Ort ist klein und hat keine Versorgungseinrichtungen. Eine Bushaltestelle der Linie Mölle – Helsingborg liegt 700 m vom Hafen, s. Nyhamnsläge.

Geschichte Das Gebiet S-lich von Lerhamn gehört zu einem Naturschutzgebiet. Es ist mit Heide bewachsen und hat eine große Anzahl von Steinsetzungen, Grabhügeln und Gerichtsplätzen der Ureinwohner. Die Heidelandschaft N-lich des Hafens gehört auch zum Naturschutzgebiet.

32 Kullen – Falsterborev

Nyhamn

Fischer- und Sportboothafen etwa 5 sm SO-lich Kullen

56°14,7′N 12°32′E   D 328, S 929, 922, 923

Service in der Nähe

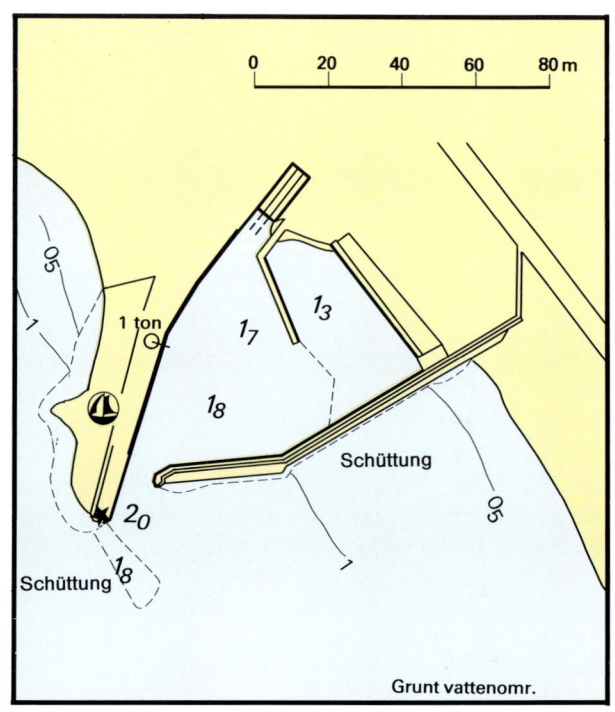

Ansteuerung   Der Hafen kann bei günstigen Verhältnissen von Booten mit einem Tiefgang bis zu 1,7 m angelaufen werden. Vor dem Hafen befinden sich mehrere unbezeichnete Untiefen. Bei der Ansteuerung ist besondere Aufmerksamkeit erforderlich. Bei NW-Sturm versandet die Einfahrt leicht. Sie wird mehrere Male pro Jahr auf 2 m Wassertiefe gebaggert.
Bei der Ansteuerung von Norden bleibt man innerhalb der Untiefen „Gäddebådarna". Die innere Begrenzung der Untiefen ist gewöhnlich durch kleine, von den Einwohnern ausgelegte Spieren bezeichnet.
Bei der Ansteuerung von SW hält man das Feuer von Nyhamnsläge mit dem Vorderteil des weißen Hauses (Pfeil auf dem Foto) in Linie. Man passiert dann die Sandbank 70 m SW-lich des Hafens, dicht N-lich.

Warnung   Versandung führt dazu, daß sich die Tiefenverhältnisse vor dem Hafen schnell ändern können. N-licher oder S-licher Strom ist vor dem Hafen vorherrschend. Der Hafen ist eng und die Einfahrt nur knapp 8 m breit. An allen Kaianlagen und Brücken, außer am äußeren Teil der N-lichen Hafenpier, sind private Liegeplätze mit Festmachemöglichkeiten vorhanden.

Gastplätze Am äußeren Teil der N-lichen Hafenpier sind Gastplätze vorhanden. Der Platz vor dem Kran darf jedoch nicht blockiert werden. Der Hafenmeister kann auch private Plätze anweisen.

Festmachen An den Gastplätzen längsseits der Pier, an den übrigen Plätzen an Heckbojen.

Sonstige Einrichtungen Der Kran für Handbetrieb kann 1 t heben und wird auch als Mastenkran mit 250 kg Hebevermögen benutzt. Die Schlippanlage nimmt Boote bis zu 1 m Tiefgang auf.
Es besteht eine Busverbindung mit Mölle und Helsingborg. Die Heidelandschaft S-lich des Ortes gehört zu einem Naturschutzgebiet von botanischem Wert. Dort sind auch gute Badestrände vorhanden.

Höganäs

56°11,9′ N 12°33′ E   D 328, S 929, 922

Fischer- und Sportboothafen sowie Industriehafen etwa 7 sm S-lich Kullen

Service in der Nähe

Ansteuerung Die gut bezeichneten Fahrwasser sind ohne Schwierigkeiten bei Tag und Nacht zu befahren. N-licher oder S-licher Strom setzt jedoch quer zum Fahrwasser. Der N-Strom ist der schwierigere. Da es auch außerhalb des Fahrwassers tief ist, sollen sich Sportboote außerhalb des Fahrwassers halten, wenn dieses durch große Fahrzeuge befahren wird. Der Sportboothafen darf von Booten mit einem Tiefgang bis 2 m befahren werden.

Hafenbeschreibung Das W-liche Becken gehört zum Handelshafen. Im O-lichen Becken liegt ein großer kommunaler Sportboothafen mit vermieteten Plätzen, der aber auch Einrichtungen für Gastboote hat. Die Wassertiefe im Sportboothafen beträgt 1,7 bis 4 m.

Gastplätze Der Hafen hat keine festen Gastplätze, aber vermietete Plätze, die durch grüne Schilder gekennzeichnet sind, können benutzt werden.

Festmachen an Pfählen, Bojen oder vor Heckanker.

Hafenamt Geöffnet von 16.30 – 17.30 Uhr. Tel. 042-440 94.

34 Kullen – Falsterborev

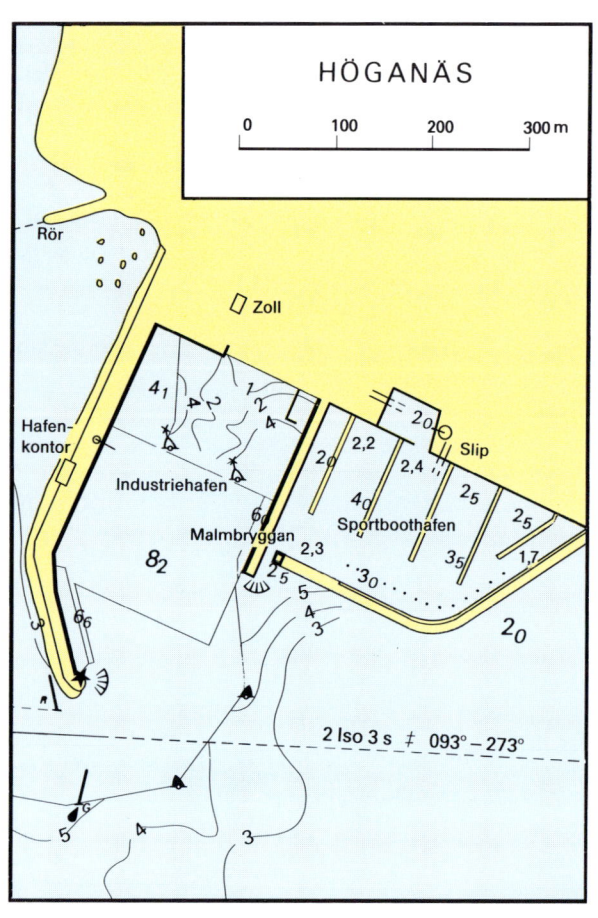

Sonstige Einrichtungen Frischwasser und Strom an vielen Plätzen im Sportboothafen. Der Kran hat 9 t Hebevermögen und die Schlippanlage 5 t. Die Werft verkauft Bootszubehör. Das Zentrum des Ortes liegt in 500 m Entfernung vom Hafen. Es besteht eine Busverbindung mit Mölle und Helsingborg. Zum nächsten Hotel und zur Touristeninformation sind es etwa 2 km.

Geschichte Anfangs war Höganäs ein kleiner Fischerort. Ende des 18. Jahrhunderts wurde hier Steinkohle gefördert. Die Steinkohle liegt in Schichten zusammen mit dem feuerfesten Ton, der der Rohstoff für die Keramikindustrie des Ortes ist. Ende des 19. Jahrhunderts legte man den Industriehafen an.
Erst 1936 bekam Höganäs das Stadtrecht. Sehenswert sind die Reste des alten Fischerortes, die alten Häuser der Grubenarbeiter und das Museum, das die Geschichte der Industrie zeigt und eine große Keramiksammlung hat. Die Keramikfabrik Höganäs AB kann besichtigt werden. Man kann dort günstig Keramik kaufen.

Lerberget

56°10,6′N 12°33,4′E   D 328, S 929, 922

Kleiner Fischer- und Sportboothafen etwa 9 sm N-lich von Helsingborg

Ansteuerung Zum Hafen führen zwei sparsam bezeichnete Fahrwasser. Die Fahrwasser und die Hafeneinfahrt sind der Versandung ausgesetzt. Die größten Probleme bestehen in der Hafeneinfahrt, wo mehrere Male im Jahr gebaggert werden muß. Unter günstigen Verhältnissen kann der Hafen von Booten mit bis zu 1,3 m Tiefgang angelaufen werden.

Warnung Im Seegebiet um Lerberget liegen viele Untiefen und Sandbänke, die bei der Ansteuerung beachtet werden müssen. Durch Versandung können sich die Tiefenverhältnisse schnell ändern.

Hafenbeschreibung Ein etwa 100 m langer Kai an der Innenseite des Wellenbrechers hat im äußeren Teil etwa 2 m Wassertiefe und Liegeplätze für Gastboote. Der innere Teil ist für die Fischer reserviert. Die weiteren Hafenteile haben Bootsliegeplätze mit Pfählen und 1,3 m bis 2 m Wassertiefe.

Gastplätze an der Innenseite des N-Wellenbrechers. Zwei Gastliegeplätze sind auch an der Nordseite der freiliegenden Bootsbrücke vorhanden. Teilweise freie Plätze und Anlegen längsseits der Fischer auf Nachfrage.

Hafenamt Tel. 042 – 4 33 68

Festmachen Längsseits der Innenseite der Pier oder an Pfählen auf den anderen Plätzen.

Sonstige Einrichtungen für die Versorgung in Höganäs 2 km N-lich des Hafens.

Viken

56°08,5′N 12°34,8′E D 328, S 929, 922

Fischer- und Sportboothafen im N-lichen Sund etwa 7 sm NW-lich von Helsingborg

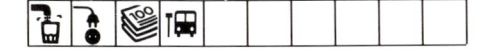

Ansteuerung Zum Hafen führt eine bezeichnete Rinne. Das Fahrwasser und die Bezeichnung wird je nach Versandung verlegt. Unter günstigen Verhältnissen kann die Rinne mit bis zu 1,8 m Tiefgang befahren werden.

Warnung Die Wassertiefe kann sich durch Versandung ändern.

Hafenbeschreibung Die Wassertiefe im Hafenbecken beträgt 2 bis 2,5 m, außer im NO-Teil, wo es nur etwa 1,5 m tief ist. An der Innenseite des W-Wellenbrechers liegt ein Kai für Gastboote. An den anderen Kaianlagen und Brücken sind vermietete Plätze mit Pfählen vorhanden.

Gastplätze An der Innenseite des Wellenbrechers sind etwa 10 Gastplätze vorhanden. Auch vermietete Plätze, die durch grüne Schilder gekennzeichnet sind, können benutzt werden.

36 Kullen – Falsterborev

Festmachen Am Gastkai geht man längsseits, sonst macht man an Pfählen fest.

Hafenamt Geöffnet von 16.00 – 17.00 Uhr, Tel. 042 – 23 61 13.

Sonstige Einrichtungen Wasser und Strom an vielen Plätzen. Die Werft hat einen 16-t-Kran und eine 8-t-Schlippanlage. Sie verkauft auch Bootszubehör. Reparaturen an Boot und Motor können ausgeführt werden. Busverbindungen mit u.a. Mölle und Helsingborg.

Geschichte/Tourismus Der Ort war schon frühzeitig eine Fischersiedlung. Unter dem Namen Wijken ist der Ort bereits im 13. Jahrhundert erwähnt. Als man den Hafen Mitte des 19. Jahrhunderts ausbaute, wurde er Heimathafen für eine große Anzahl von Schonern. Um 1890 erlebte die Heringsfischerei ihren Höhepunkt, ging dann aber nach und nach zurück.
Wo heute der Leuchtturm Svinbåden steht, lag früher ein Feuerschiff, das auch die Lotsen im N-lichen Sund versetzte. Viken hatte eine bedeutende Werftindustrie.
Heute hat die Fischerei nur noch geringe Bedeutung. Der Hafen hat sich zu einem großen Sportboothafen entwickelt. Die ältesten Häuser des Ortes stammen aus dem 17. Jahrhundert und liegen am Hafen. N-lich des Hafens gibt es ein Naturschutzgebiet mit guten Badestränden und einem Golfplatz. Innerhalb des Strandes liegt der vier Meter hohe Litorinavallen, der die Strandlinie der Ostsee vor ca. 6000 Jahren markiert.

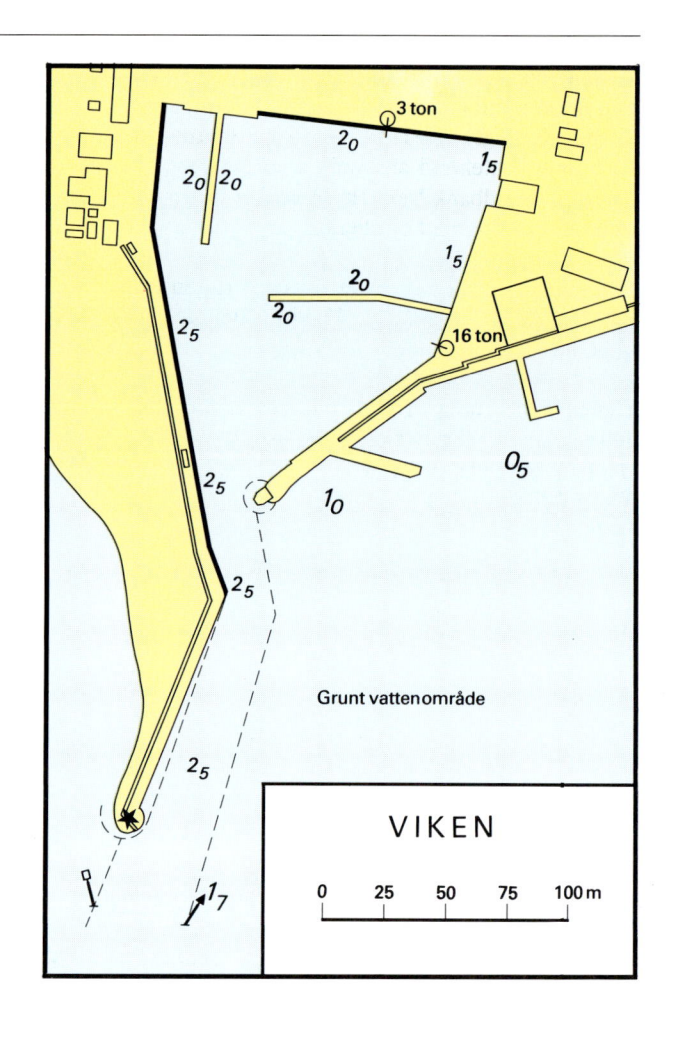

VIKEN

Domsten

56°07'N 12°36,4'E   D 328, S 929, 922

Sportboothafen für flachgehende Boote etwa 5 sm N-lich Helsingborg

Ansteuerung Der Hafen kann bei günstigen Verhältnissen von Booten mit einem Tiefgang bis zu etwa 1 m angelaufen werden. Es liegt keine Fahrwasserbezeichnung aus, aber eine Richtlinie bestehend aus weißen Dreiecken führt von der flachsten Sandbank frei. Die Molenköpfe sind weiß gemalt und der N-liche trägt ein Feuer.

Warnung Da das Seegebiet vor dem Hafen untief ist und zur Versandung neigt, ist Vorsicht bei der Ansteuerung geboten.

Hafenbeschreibung Die Größe des Hafenbeckens beträgt 100 x 90 m. Die Wassertiefen betragen etwa 1,5 m. Nachdem das Foto gemacht worden war, ist ein Sandfänger am N-lichen Wellenbrecher erbaut worden.

Gastplätze Der Hafen hat keine festen Gastplätze. Freie Plätze werden durch grüne Schilder gekennzeichnet.

Festmachen Alle Liegeplätze haben Bojen oder Pfähle.

Hafenamt Tel. 042 – 10 76 86.

Sonstige Einrichtungen Der Ort ist klein und hat keine Versorgungseinrichtungen. Etwa 1 km vom Hafen liegt eine Boots- und Motorenwerkstatt.

Geschichte/Tourismus N-lich und S-lich von Domsten sind gute Badeplätze vorhanden. Etwa 1,5 km vom Hafen liegt das Gut Christinelund mit schönen Park- und Gartenanlagen, besonders die Rhododendronsträucher sind sehenswert.

Råå

55°59,5′N 12°44,8′E   D 328, S 929, 922, 9221

Großer Fischer- und Sportboothafen an der gleichnamigen Flußmündung, S-lich Helsingborg

Ansteuerung In der Mitte der befeuerten Einfahrtsrinne beträgt die Wassertiefe im allgemeinen etwa 4,5 m.

Warnung Starker N-Strom kann vor der Hafeneinfahrt laufen. Die Tiefen vor und in der Hafeneinfahrt können sich schnell durch Versandung und Schlamm aus dem Fluß ändern.

Hafenbeschreibung Råå gehört zum Hafengebiet von Helsingborg. Der große Sportboothafen, Nya Hamnen, liegt innerhalb der Wellenbrecher, S-lich der Flußmündung. Der äußere Teil des Beckens ist auf 2,5 m Tiefe gebaggert, aber versandet schnell. Dicht innerhalb der Flußmündung liegt Gamla Hamnen mit Anlegern für die Fischer. Die Tiefen an den Kaianlagen betragen 2,5 bis 4 m.

38 Kullen – Falsterborev

Gastplätze Der Hafen hat keine festen Gastplätze, aber freie Plätze, die durch grüne Schilder gekennzeichnet sind, können benutzt werden.

Achtung Der Hafen von Helsingborg, N-Hafen, S- und W-Hafen sowie Kopparverkshamn, dürfen von Sportbooten nicht angelaufen werden!

Festmachen Alle Plätze haben Pfähle.

Hafenamt Geöffnet von 9.00 – 10.00 Uhr und von 13.00 – 14.00 Uhr, Tel. 042 – 10 76 86.

Sonstige Einrichtungen Die Werft hat Kräne mit bis zu 16 t Hebevermögen, eine große Schlippanlage und verkauft Bootsausrüstung. Der Sportboothafen hat eine Trailerrampe.

Geschichte Råå war lange ein Fischer- und Seefahrtsort. Die Russen brannten jedoch 1788 den ganzen Ort nieder, deshalb stammen alle Gebäude aus der Zeit danach. In Råå gab es mehrere Werften und viele Reedereien.
Zur Blütezeit des Hafens lag Råå an dritter Stelle bei der Anzahl der bereederten Schoner in Schweden.
Der Fischerort ist heute ein guterhaltenes Idyll mit kleinen Fischerhäusern und größeren Kapitänsvillen. Im Seefahrtsmuseum bekommt man einen Einblick in die Geschichte des Ortes.

Ålabodarna

55°56,4′N 12°46,5′E   D 328, S 929, 922

Fischer- und Sportboothafen am Sund etwa 5 sm N-lich von Landskrona

Ansteuerung In den Hafen führt eine 12 bis 20 m breite, auf etwa 3,5 m Tiefe gebaggerte Rinne, die unter günstigen Verhältnissen mit einem Tiefgang von maximal 2,8 m befahren werden kann.

Warnung Fahrwasser und Hafen sind der Versandung ausgesetzt.

Hafenbeschreibung Im äußeren Teil der Innenseite des W-lichen Wellenbrechers liegt ein etwa 40 m langer Kai für Gastboote mit etwa 2 m Wassertiefe.
Der landseitige Betonkai ist 75 m lang, hat etwa 2 m Wassertiefe und ist in erster Linie der Fischerei vorbehalten. In den anderen Hafenteilen sind Liegeplätze für Sportboote mit Bojen und Wassertiefen zwischen 1 und 3 m vorhanden.

Gastplätze An der Innenseite des W-lichen Wellenbrechers sind etwa 4 Gastplätze vorhanden. Auch vermietete freie Plätze können vom Hafenmeister vergeben werden, oder man kann längsseits der Fischer gehen. Der landseitige Kai darf nur zum zeitweiligen Festmachen benutzt werden.

Hafenamt Tel. 04 18 – 7 02 05.

Festmachen An den Gastliegeplätzen macht man entweder vor Heckanker oder längsseits fest. Die vermieteten Plätze haben Bojen.

Geschichte/Tourismus Ålabodarna ist ein altes, hübsches Fischerdorf. Der größte Teil des Hafens wird heute von Sportbooten belegt, aber am landseitigen Kai landen noch immer eine große Zahl von Fischern ihre Fänge an.
Dicht N-lich des Hafens findet man ein altes Grab mit offenem Gang in die Grabkammer. S-lich des Hafens liegen Hilleshögs Täler, auch Glumslövs Hügel genannt, mit in Wellen verlaufenden Hügeln und steilen Kanten nach See. Nur auf der Insel Ven (backafallen) kommt eine gleichartige Landschaftsform vor. Örnäs Schloß mit Hotel und Restaurant liegt 500 m vom Hafen.

Ålabodarna – Feuer von S

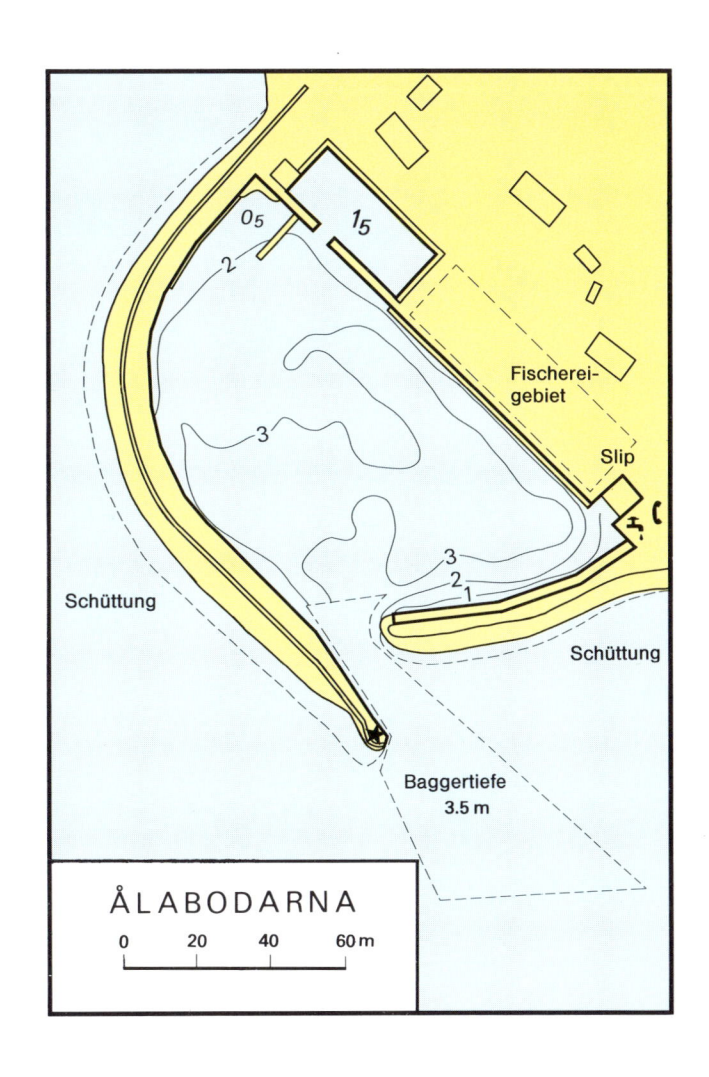

40 Kullen – Falsterborev

Norreborg

Kleiner Fischer- und Sportboothafen an der N-Küste von Ven

55°55,2′N 12°42,1′E D 328, S 929, 922

Ansteuerung Das Fahrwasser ist nicht bezeichnet, deshalb ist bei der Ansteuerung Vorsicht geboten. O-lich des Wellenbrechers sind Untiefen vorhanden. Erschwert wird die Einsteuerung durch Strom, besonders bei NW-Wind.

Hafenbeschreibung Das Hafenbecken ist 70 x 50 m groß und hat etwa 2,5 m Wassertiefe. Bei frischen O-lichen Winden kann Schwell im Hafen stehen.

Gastplätze Der Hafen kann etwa 35 Gastboote mit maximal 2 m Tiefgang aufnehmen. Nach Rücksprache mit dem Hafenmeister können freie vermietete Plätze benutzt werden.

Festmachen vor Heckanker.

Hafenamt Tel. 04 18 – 7 23 33.

Sonstige Einrichtungen Das Frischwasser im Hafen ist von schlechter Qualität. Die Schlippanlage nimmt nur kleine Boote auf. Ein Kiosk am Hafen verkauft ein begrenztes Sortiment an Lebensmitteln und vermietet Fahrräder. Der Briefträger, bei dem auch Arzneimittel bestellt werden können, besucht jeden Tag den Hafen. Hotel, Restaurant, Sanitätsstation sowie Post und Bank liegen auf der Mitte der Insel.

Geschichte/Tourismus Ven besteht aus einer etwa 35 m hohen Platte aus Moränenton. Die Platte ist durch hohe Erosionskanten begrenzt. Die Insel war schon in der Vorzeit landwirtschaftlich genutzt. Sie wurde besonders durch den dänischen Astronomen Tycho Brahe bekannt, der dort von 1572 – 1597 Gouverneur war. In der Mitte der Insel ließ er das Schloß Uranienborg mit dem Beobachtungsturm Stjärneborg bauen. Vom Schloß sind nur noch die überwachsenen Grundmauern vorhanden, aber der Beobachtungsturm wurde rekonstruiert. In der zweiten Hälfte des 19. Jahrhunderts gab es auf Ven mehrere Ziegeleien. Norreborg, der kleinste Hafen der Insel, wurde zur Verschiffung der Ziegel gebaut und allgemein Ziegeleihafen genannt. Reste der Ziegeleien sind noch in dem Gebiet vorhanden. In der Nähe des Hafens liegt ein Badeplatz und eine Minigolfbahn.

Kyrkbakken

Fischer- und Sportboothafen an der W-Seite von Ven

55°54,5′N 12°40,6′E   D 328, S 929, 922

Ansteuerung Zum Hafen führt eine etwa 120 m lange und etwa 3 m tiefe gebaggerte Rinne für Fahrzeuge mit bis zu 2,3 m Tiefgang.

Warnung Durch Versandung können sich die Tiefen schnell ändern.

Hafenbeschreibung Der Hafen ist gut geschützt. Bei starken W-lichen Winden kann jedoch etwas Schwell im Hafen stehen. Der Hafen hat etwa 280 m Kaianlagen mit 2,5 m Wassertiefe. Private Bootsplätze gibt es im NW-Teil des Hafens sowie im SO-Teil des kleinen Sportbootbeckens.

Gastplätze Der Hafen hat Platz für etwa 75 Gastboote. Festmachen kann man an allen Kaianlagen im Hafen. Private Plätze dürfen jedoch erst nach Erlaubnis durch den Hafenmeister benutzt werden.

Festmachen vor Heckanker.

Hafenamt Tel. 04 18 – 7 22 22, 7 22 87

Sonstige Einrichtungen Die Schlippanlage kann nur Motorboote bis 3 t und 8 m Länge aufnehmen. Die Tankstelle hat einen Geldautomat. Der Briefträger, der auch Arzneimittelbestellungen annimmt, besucht den Hafen jeden Werktag. Hotel, Restaurant, Gesundheitsdienst, Post und Bank sind in der Mitte der Insel.

Geschichte/Tourismus Auf dem Plateau oberhalb des Hafens liegt die sehenswerte St. Ibbs-Kirche aus dem 13. Jahrhundert. In der Mitte der Insel wurde im 19. Jahrhundert die neue St. Ibbs-Kirche aus Ziegeln gebaut.
Im Hafen befindet sich eine Fischräucherei mit Fischbratküche. Fahrräder können gemietet werden. N-lich und S-lich des Hafens gibt es schöne Badestrände. Zur Geschichte der Insel s. Norreborg.

Bäckviken

Fischer- und Sportboothafen an der O-Seite von Ven.
Hauptfährhafen für den Verkehr mit dem Festland

55°54,2′N 12°43,5′E   D 328, S 929, 922,

Ansteuerung Das Fahrwasser ist nicht bezeichnet, aber tiefes Wasser ist vor der Hafeneinfahrt vorhanden. Starke N-Strömung kann die Einsteuerung erschweren. Es wird geraten, genügend Fahrt zu machen, um das Boot gut steuerfähig zu halten.

Hafenbeschreibung Die Pier hat etwa 3 m Wassertiefe an der Innenseite und 4 m an der Außenseite. Sie ist für den Fährverkehr reserviert. Man darf dort jedoch zeitweilig anlegen, wenn die Fähren nicht im Hafen sind.
Der Kai ist 70 m lang und hat etwa 3 m Wassertiefe. Am äußeren Ende des Wellenbrechers (48 m) ist das Anlegen verboten, da die Fähren dort drehen. Die Wassertiefe beträgt dort nur 1 m. Am inneren Teil des Wellenbrechers (95 m) beträgt die Wassertiefe etwas vor dem Kai 1,8 m.

Gastplätze Der Hafen kann etwa 50 Gastboote aufnehmen. Anlegen kann man an den Plätzen, die auf dem Foto gekennzeichnet sind.

Festmachen vor Heckanker.

Hafenamt Tel. 04 18 – 7 21 92.

Sonstige Einrichtungen Bunkern kann man Dieseltreibstoff vom Tankwagen, mindestens 500 l; Bestellung, auch für den 3-t-Kran, unter Tel. 04 17 – 7 23 00. Die Schlippanlage nimmt nur kleinere Motorboote auf. Der Briefträger, der auch Bestellungen für Arzneimittel annimmt, besucht den Hafen an jedem Werktag. Fährverbindung mit Landskrona. Hotel, Restaurant, Gesundheitsdienst sowie Post und Bank auf der Mitte der Insel. Beim Fremdenverkehrsamt auch Fahrradverleih.

Geschichte/Tourismus s. Norreborg.

Borstahusen

Fischer- und Sportboothafen am Sund, etwa 1,5 sm N-lich Landskrona

55°53,7′N 12°48,3′E   D 328, S 929, 922,

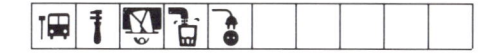

Ansteuerung Die Ansteuerung geschieht durch eine 150 m lange und 30 m breite Baggerrinne für Fahrzeuge bis maximal 2,3 m Tiefgang.

Warnung Die Tiefen im Fahrwasser und im Hafen können sich durch Versandung ändern. Die Einsteuerung wird durch N-lichen Strom erschwert.

Hafenbeschreibung Die beiden Kaianlagen im inneren Teil des Hafens sind 45 und 50 m lang und haben 2 m Wassertiefe. Der N-liche Kai ist für die Fischerei reserviert. An den anderen Kaianlagen und Anlegern sind Festmachemöglichkeiten für Sportboote vorhanden. An der Innenseite des äußeren Teils des N-lichen Wellenbrechers befindet sich ein etwa 100 m langer Anleger für Gastboote.

Gastplätze An der Innenseite des N-lichen Wellenbrechers sind etwa 10 Gastplätze vorhanden. Auch vermietete Plätze, die durch grüne Schilder gekennzeichnet sind, dürfen benutzt werden. Der Ausrüstungskai, S-lich der Schlippanlage, darf zum zeitweiligen Anlegen benutzt werden.

Festmachen An der Gastbrücke geht man längsseits. Die vermieteten Plätze haben Boxen.

Hafenamt Tel. 04 18 – 2 17 64.

Sonstige Einrichtungen Wasserhähne mit Schläuchen sowie Stromanschlüsse sind an vielen Stellen des Hafens vorhanden. Die Werft führt Reparaturen am Bootskörper durch. Die Schlippanlage kann Fahrzeuge bis maximal 15 t aufnehmen. Bäckerei und Kiosk am Hafen. Post, Bank, Apotheke, Gesundheitsdienst und Restaurant in etwa 2 km Entfernung. Zum Zentrum von Landskrona etwa 3 km.

Geschichte/Tourismus Die Geschichte des Ortes beginnt 1776, als die Brüder Andersson/Boste beim Magistrat von Landskrona um die Baugenehmigung nachsuchten, am heutigen Platz des Ortes zwei Häuser bauen zu dürfen. Das reichliche Heringsvorkommen an diesem Platz hatte die Brüder dazu veranlaßt.
Als der Hafen 1866 gebaut wurde, hatte der Ort 500 Einwohner. Als man 1876 das 100 jährige Jubiläum feierte, erhielt der Ort seinen heutigen Namen. Im Jahre 1924 wurde der Hafen modernisiert und anschließend als Lade- und Löschhafen für die Küstenschoner genutzt.
Heute ist der Hafen zum größten Teil Sportboothafen und wird vom Segelverein von Borstahusen verwaltet.
Die über 100 Jahre alte Fischereigenossenschaft Fram ist aber noch aktiv, und eine Anzahl Berufsfischer haben Borstahusen als Heimathafen.

Lundåkrahamnen, Landskrona

Sportboothafen im Inneren des Handelshafens von Landskrona

55°51,6′N 12°51,3′E   D 328, S 929, 922

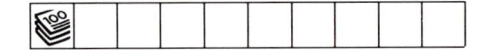

Ansteuerung Das Fahrwasser nach Landskrona ist gut befeuert. Es herrscht jedoch lebhafter Verkehr von Handelsfahrzeugen und Fähren. In der Hafeneinfahrt kann kräftiger Strom laufen. Sportboote sollten nicht unter Segeln einlaufen.

Verkehrsvorschrift Maximal 7 kn im Fahrwasser in den Hafen. Fahrzeuge mit mehr als 2,5 m Tiefgang dürfen nicht schneller als 4 kn laufen.

Hafenbeschreibung Vom Werfthafen geht eine auf 5 m Tiefe gebaggerte Rinne zum Lundåkrabecken. Im O-Teil liegt Lundåkrahamn mit sechs langen Pontonbrücken und etwa 2,5 m Wassertiefe. Im N-Teil des Beckens befindet sich ein Schiffsausrüster. Beim Wasserturm, dicht innerhalb der Hafeneinfahrt, liegt ein Sportboothafen. Dieser Hafen hat keine Gastplätze, aber hier, wie auch in dem O-lich davon liegenden Nyhamnsbecken, darf zeitweilig festgemacht werden, wenn ständig eine Wache an Bord bleibt.

Gastplätze Es sind 20 Gastplätze vorhanden. Private Plätze, die durch grüne Schilder gekennzeichnet sind, dürfen benutzt werden. An der Ausrüstungsbrücke darf zeitweilig festgemacht werden.

Festmachen Alle Plätze haben Boxen.

Hafenamt Geöffnet von 8.00 – 16.00 Uhr, Tel 04 18 – 2 63 50, 2 05 30.

Sonstige Einrichtungen Eine Schlippanlage und eine Trailerrampe sind im Hafen vorhanden. An allen Brücken Wasser- und Stromanschluß. Im Hafen gibt es einen Kiosk mit begrenztem Lebensmittelangebot. Das Stadtzentrum ist etwa 2 km vom Hafen entfernt.
Fahrräder zur freien Benutzung für die Gastlieger sind vorhanden.

Geschichte/Tourismus Die Mündung des Flusses Saxan S-lich von Landskrona führte vor Jahrtausenden dazu, daß sich in Lee der Bank Gråen ein natürlicher Hafen bildete. Im Jahre 1413 gründete Erik von Pommern Landskrona, wahrscheinlich um den Einfluß der deutschen Hansestädte im Norden zu brechen.
Schon 1420 wurde die Kirche Johannes des Täufers eingeweiht, die fast von gleicher Größe wie die berühmte Domkirche in Lund war. In der Mitte des 16. Jahrhunderts baute Kristian III. die Zitadelle des Schlosses, und die Stadt erlebte eine Blütezeit.
Landskrona litt schwer unter dem dänisch-schwedischen Krieg. Als die Stadt schwedisch wurde, legte man in der Mitte des 18. Jahrhunderts einen Festungsring um die Stadt und verlegte gleichzeitig ihr Zentrum. Die alten Gebäude, so auch die Kirche Johannes des Täufers, riß man ab. Die Festungsanlage wurde nie fertig. Reste davon kann man noch heute auf Gråen sehen.
Das Festungsrestaurant aus den 30er Jahren ist für die Allgemeinheit geöffnet. Das Schloß hat drei doppelte Wallgräben.
Vom Hafenteil Nyhamn besteht Fährverbindung mit Tuborg in Dänemark und mit Bäckviken auf Ven.

Barsebäckshamn

Fischer- und Sportboothafen am Sund etwa 7 sm N-lich von Malmö

55°45,4′N 12°45,3′E   D 328, S 929, 921, 922

Ansteuerung   Man beachte das Untiefengebiet Kulorna bei der Ansteuerung von Süden. Zum Hafen führt eine Baggerrinne, die bei günstigen Verhältnissen mit einem Tiefgang von bis zu 2,7 m befahren werden kann. Das Fahrwasser ist durch Richtfeuer bezeichnet, s. Foto.
Ankerverbot besteht bei dem Kabel zwischen dem Hafen und dem Leuchtturm Pinhättan.

Hafenbeschreibung   An der mittleren Pier sind 35 und 60 m Betonkai mit 2,7 bis 3 m Wassertiefe vorhanden. Der Kai ist in erster Linie für die Berufsfischer als Anlegeplatz vorgesehen. An den anderen Kaianlagen sind Liegeplätze für Sportboote vorhanden. Die meisten haben Pfähle und etwa 2 m Wassertiefe.

Gastplätze   Der Hafen hat keine festen Gastplätze, die vermieteten Plätze, die durch grüne Schilder bezeichnet sind, dürfen aber benutzt werden.
Am Kai für die Fischkutter darf zeitweise angelegt werden.

Festmachen   an Pfählen oder längsseits des Kais.

Sonstige Einrichtungen   Frischwasser, Abfallbehälter und Stromanschluß an mehreren Stellen im Hafen. Schlippanlage und Trailerbahn sind vorhanden. Arzt, Apotheke usw. in Löddeköping (9 km).

Geschichte/Tourismus   Das Kernkraftwerk liegt in etwa 2 km Entfernung vom Hafen, es hat eine Ausstellungshalle, die man besuchen kann. An der N-lichen Hafenpier und N-lich des Hafens gibt es Badeplätze.
Außerhalb des Ortes sind Grabhügel, Grotten und andere Anlagen aus der Vorzeit sehenswert.

Vikhög

55°43,7′N 12°57,6′E   D 328, 329, S 929, 921

Fischer- und Sportboothafen an der O-Seite von Ven. Hauptfährhafen für den Verkehr mit dem Festland

Ansteuerung Vor dem Hafen liegen viele Untiefen. Da das Fahrwasser wenig bezeichnet ist, ist bei der Ansteuerung Vorsicht geboten.

Hafenbeschreibung Das Hafenbecken wurde 1986 auf 2,5 m gebaggert. An der O- und der N-Seite sind Kaianlagen von 100 und 50 m Länge vorhanden. An den Pontonbrücken gibt es Liegeplätze für Sportboote. Nachdem das Foto gemacht worden war, sind neue, etwas längere Pontonbrücken ausgelegt worden.

Gastplätze Der Hafen hat keine festen Gastplätze, aber freie, private Plätze, die durch grüne Schilder gekennzeichnet sind, dürfen benutzt werden.

Festmachen Längsseits der Kaianlagen oder in Boxen.

Sonstige Einrichtungen Eine Trailerrampe ist vorhanden. Lebensmittel, Post, Arzt und Apotheke im 5 km entfernten Löddeköpinge.

Geschichte/Tourismus Der Strand zwischen Vikhög und Löddeån sowie das Flußtal sind Naturschutzgebiet. Teile davon sind Vogelschutzgebiet und dürfen in der Zeit vom 15.4 bis 15.7. eines jeden Jahres nicht betreten werden. Das reiche Vogelleben kann jedoch das ganze Jahr über von einem Beobachtungsturm am Ostrand der Flußmündung studiert werden. O-lich von Vikhög findet man einen guterhaltenen Deich des „Litorinameeres".

Lomma

55°40,5'N 13°04'E   D 329, S 929, 921

Handels-, Fischer- und Sportboothafen an Höjeånsmündung etwa 4 sm N-lich von Malmö

Service in der Nähe

Ansteuerung Dicht N-lich des Hafens steht ein weißes Silo mit orangefarbenem Oberteil.
Das Fahrwasser zum Hafen kann unter günstigen Verhältnissen von Fahrzeugen mit bis zu 2,8 m Tiefgang befahren werden.

Warnung Es besteht die Gefahr der Versandung.

Hafenbeschreibung Der Hafen liegt auf beiden Seiten des Flusses Höje, dicht innerhalb der Mündung in Lommabukten. An der Nordseite ist ein 270 m langer Kai mit 3,2 bis 3,4 m Wassertiefe. Die innere Seite ist für die Fischerei reserviert. An den Ufern des Flusses befinden sich Liegeplätze für die Sportschiffahrt. Die Strömungsverhältnisse im Hafen können beschwerlich sein.
Ein neuer Sportboothafen ist an der S-Seite der Mündung gebaut worden.

Gastplätze Im Hafen gibt es keine festen Gastplätze. Vermietete Plätze, die durch grüne Schilder kenntlich gemacht sind, können benutzt werden. An den Kaianlagen, die durch das Schild „Servicekaj" gekennzeichnet sind, darf zur Ausrüstung und Versorgung für kurze Zeit festgemacht werden.

Festmachen An Pfählen oder längsseits der Kaianlagen.

Hafenamt Öffnungszeit: 17.30 – 18.30 Uhr, Tel. 040-413016.

Sonstige Einrichtungen Die Sportboothäfen gehören zu Lommabuktens-Seglarklubb. An allen Bootsbrücken gibt es Frischwasserschläuche, Abfallbehälter und Stromanschlüsse. Ein beweglicher 10-t-Kran kann beim Segelclub bestellt werden. Der Ort liegt in der Nähe des Hafens. Dusche und Sauna befinden sich in der Schwimmhalle etwa 1 km vom Hafen.

Geschichte/Tourismus Alnarps-Landwirtschafts- und Gartenbauinstitut liegt dicht S-lich des Ortes. Das Institut, das zur Universität von Lund gehört, ist umgeben von sehr schönen Parkanlagen. Dort befindet sich auch ein Landwirtschaftsmuseum.

Lagunen, Malmö

55°35,9′N 12°56,4′E   D 330, S 929, 921, 9211

Großer Sportboothafen NO-lich von Limhamns Centralhamn

Ansteuerung Sportboote müssen das Fahrwasser freihalten, wenn Handelsfahrzeuge Limhamns Centralhamn oder Ölhafen anlaufen oder verlassen. Man beachte, daß der W-liche Pierarm verlängert worden ist, seitdem das Foto gemacht wurde.

Warnung Die Einsteuerung wird manchmal durch kräftigen Strom erschwert.

Ankerverbot Innerhalb des verminten Gebietes vor dem Hafen ist Ankern, Tauchen und Fischfang verboten.

Hafenbeschreibung Das Hafenbecken ist auf 3 m Tiefe gebaggert. Geringere Wassertiefen sind jedoch in der Nähe der Strände und Wellenbrecher vorhanden. Im S-lichen Teil des Beckens liegt ein Ausrüstungskai. Sonst gibt es nur Liegeplätze mit Pfählen.

Gastplätze Plätze, die durch grüne Schilder gekennzeichnet sind, dürfen benutzt werden.

Festmachen Alle Plätze haben Pfähle.

Hafenamt Geöffnet von 8.00 – 16.30 Uhr, Tel. 040-160430

Sonstige Einrichtungen Frischwasser an allen Bootsbrücken. Beim Gasthaus oberhalb des Ausrüstungskais befindet sich eine Reparaturwerkstatt sowie ein Fäkalientank. Ein fahrbarer 15-t-Kran ist vorhanden.
Zum Zentrum von Limhamn sind es 2 km. Dort findet man Arzt, Apotheke, Post, Bank, Restaurant, Alkoholladen usw. Die Bunkerstation hat einen Geldautomaten und verkauft auch Bootszubehör.

Geschichte/Tourismus NO-lich des Hafens liegt der Badestrand von Ribbersborg mit dem bekannten „kallbadhus" auf Pfählen im Wasser. Ein Golfplatz liegt im Anschluß an den Hafen. Von Limhamns Südhafen besteht Fährverbindung mit Dragör (Dänemark).

Limhamns Sportboothafen

Großer Sportboothafen am Sund etwa 3 sm SW-lich von Malmö

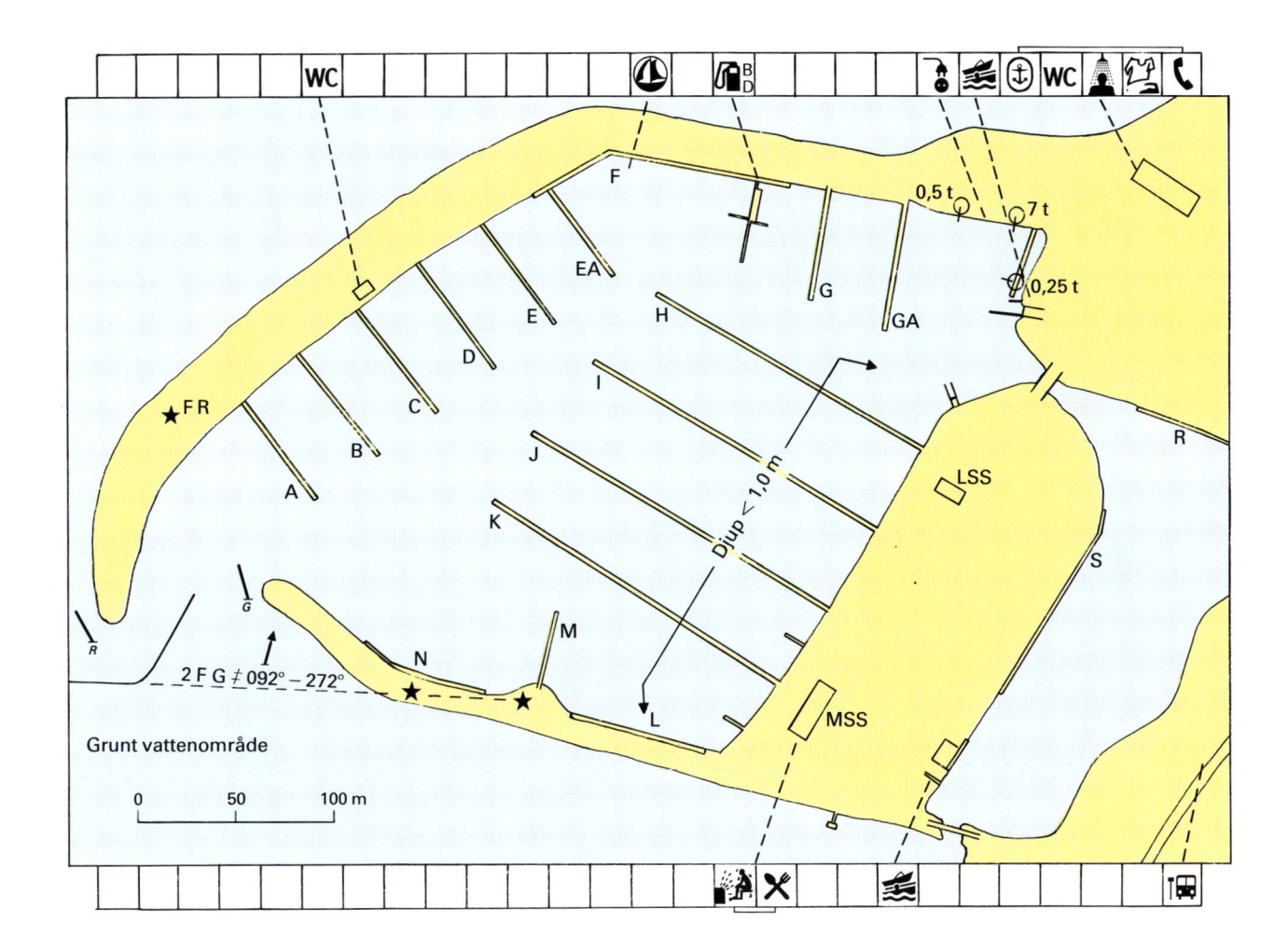

55°35′N 12°55′E   D 329, 330, S 929, 921, 9211

Ansteuerung Zum Hafen führt ein bezeichnetes und befeuertes Fahrwasser für Boote bis 2 m Tiefgang. Vor dem Hafen können manchmal schwierige Stromverhältnisse herrschen.

Verkehrsvorschriften Maximal 3 kn im Hafenbecken.

Hafenbeschreibung Das Hafenbecken ist 1,5 bis 3 m tief, außer im O-lichen Teil, der nur 1 bis 1,5 m Wassertiefe hat. Flaches Wasser auch in der Nähe der Wellenbrecher. Im NO-Teil liegt ein etwa 100 m langer, winkliger Ausrüstungskai. Die anderen Teile des Hafens haben Liegeplätze für die Sportschiffahrt mit Pfählen.
In Limhamns S-Hafen, dicht NO-lich des Sportboothafens, sind zwei Becken für die Fischerei mit 2 m Wassertiefe vorhanden. Auch dort gibt es Liegeplätze für Sportboote, aber keine Gastplätze.

Gastplätze Plätze, die durch grüne Schilder gekennzeichnet sind, dürfen benutzt werden. An der Bootsbrücke F gibt es 5 Gastplätze (F27-31).

Festmachen Alle Plätze haben Pfähle.

Hafenamt Geöffnet werktags von 7.00 – 15.45 Uhr und samstags und sonntags von 9.00 – 10.00 Uhr, Tel. 040-152024

Sonstige Einrichtungen Frischwasseranschluß an allen langen Brücken und landseitig bei den kurzen Brücken. Abfallbehälter bei allen Brücken.
Eine Werft mit Schlippanlage für Boote bis 10 t, Werkstatt und Bootsausrüster im Fischereihafen, 150 m N-lich des Sportboothafens.
Das Zentrum von Limhamn mit Arzt, Apotheke, Bank, Post, Alkoholladen usw. liegt 500 m vom Hafen entfernt.
Das Zentrum von Malmö erreicht man in 15 Minuten mit dem Bus von der Haltestelle außerhalb des Hafengebietes.

Geschichte/Tourismus Limhamn wurde frühzeitig ein bedeutender Fischerort. Schon im 16. Jahrhundert begann man Kalk zu brechen, und über die Jahre wurde Limhamn ein bedeutender Industrieort mit großem Handelshafen.
Von Limhamns S-Hafen gibt es Fährverbindung mit Dragör in Dänemark.

50 Kullen – Falsterborev

Sportboothafen Limhamn aus SO

Klagshamn

55°31,3′N 12°53,7′E   D 329, S 929, 921

Fischer- und Sportboothafen am Sund etwa 6 sm SW-lich von Malmö.

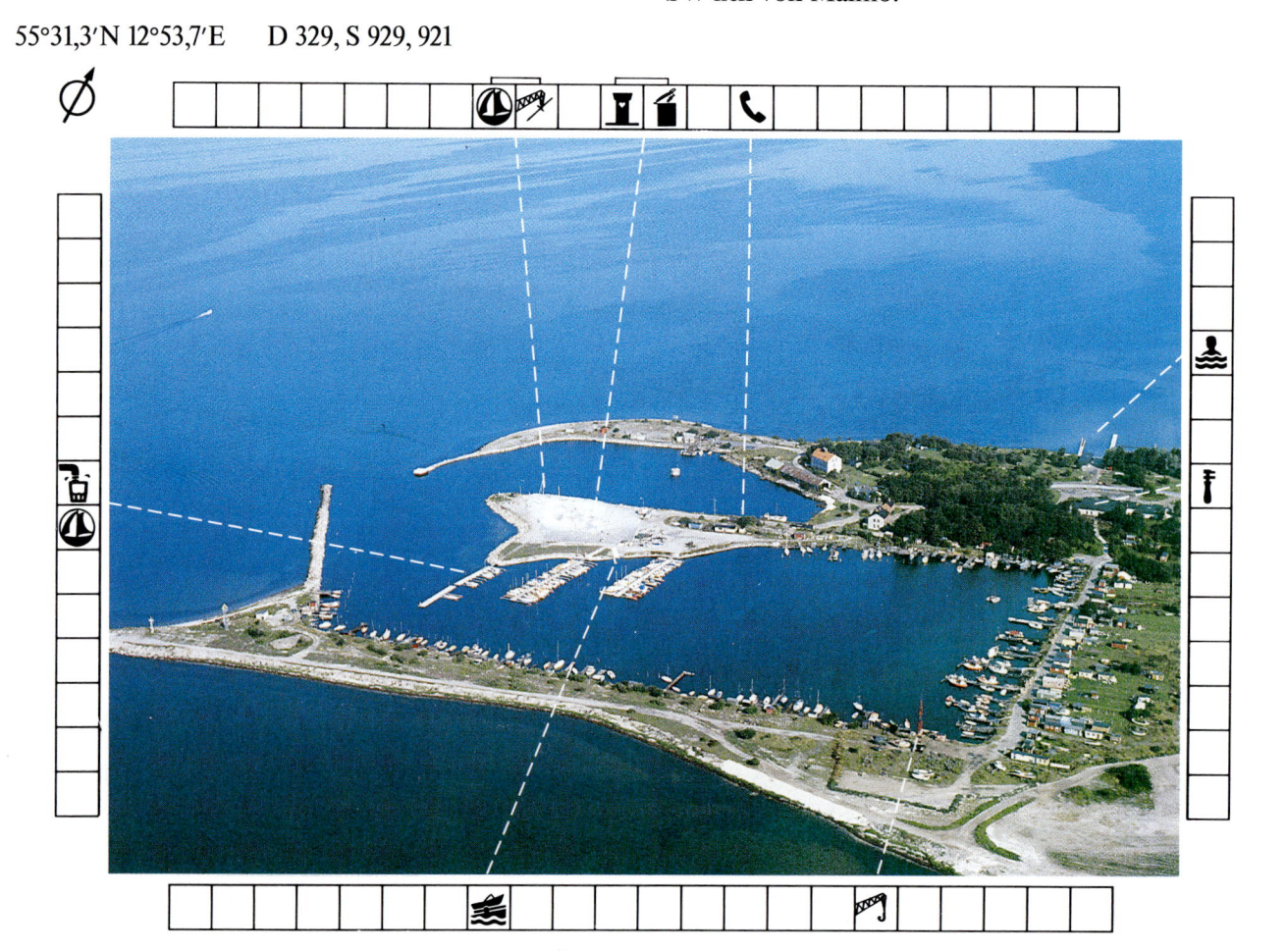

Ansteuerung Zum äußeren Hafen führt ein befeuertes Fahrwasser, das bei günstigen Bedingungen mit einem Tiefgang bis etwa 3,1 m befahren werden kann.

Warnung Vor dem Hafen kann starker, querlaufender Strom stehen. Wegen Versandung sind die Tiefen im Fahrwasser und im Hafen unsicher.

Hafenbeschreibung Im N-lichen Becken ist ein langer Betonkai mit etwa 4 m Wassertiefe. Im S-lichen Becken beträgt die Wassertiefe etwa 2 m, außer im inneren Teil, wo einige Steine mit etwa 1,5 m Wasser liegen. Auch in Landnähe und um die Wellenbrecher sind die Wassertiefen geringer. Im äußeren Teil des Hafenbeckens gibt es drei Pontonbrücken mit Boxen. Der O-Teil des Beckens ist Fischereihafen mit einer Anzahl Holzbrücken.

Gastplätze Gastboote können am Kai oder an der Außenseite der äußeren Pontonbrücke festmachen.

Festmachen Längsseits des Kais oder der Brücken oder vor Heckanker. Unterwasserkabel im Becken sind zu beachten.

Sonstige Einrichtungen Frischwasser- und Stromanschluß an der landseitigen Befestigung der Pontonbrücken. Der Kran im Fischereihafen hat 5 t Hebevermögen. Ein Kiosk liegt beim Strandbad. Eine Werft und eine Werkstatt für Motor und Rumpf sind vorhanden.

Geschichte/Tourismus Früher wurde in Klagshamn viel Kalk gebrochen. Die Landzunge, auf der sich der Hafen befindet, ist aufgefüllt. Anfang dieses Jahrhunderts gab es hier eine bedeutende Zementindustrie, und der Hafen war Handelshafen. Nachdem die Zementindustrie eingestellt wurde, entwikkelte sich der Hafen zu einem Fischerei- und Sportboothafen. Die Halbinsel hat Badeplätze mit vielen Freizeiteinrichtungen.

Falsterbokanal

Kanal durch Falsterbonäset

55°24'N 12°57'E   D 329, S 929, 921

Ansteuerung Von Flintrännan im Sund führt eine Baggerrinne S-wärts durch Höllviken und Falsterbonäset nach Kämpingebukten in der Ostsee. Die Seiten der Fahrrinne sind durch Richtfeuer bezeichnet.
Wenn der Kanal gesperrt oder zeitweise nicht befahrbar ist, werden Verkehrssignale auf dem O-lichen Pierköpfen in Höllviken und Kämpingebukten gezeigt, s. Lfv. II.
Vor Falsterbonäset liegt ein Schießgebiet, s. Krt. Während des Schießens brennt ein Warnfeuer.

Ankerverbot Vor der S-Einfahrt zum Kanal liegen Minen. Ankern, Tauchen und Fischen ist in dem Gebiet verboten, s. Krt. Auch in der Nähe des Unterwasserkabels, das den S-Teil von Höllviken durchquert, ist das Ankern verboten.

Verkehrsvorschrift Die maximale Geschwindigkeit im Kanal darf 5 kn nicht übersteigen.

Kanalbeschreibung Auf der Reise vom Sund nach Hanöbukten oder umgekehrt verkürzt man die Entfernung bei Benutzung des Kanals um etwa 8 sm. Für große Fahrzeuge, die das Verkehrstrennungsgebiet Falsterborev benutzen müssen, ist

die Einsparung erheblich größer.
Die Wassertiefen in den Ansteuerungen und im Kanal betragen 7,2 m bei Mittelwasser. Das Fahrwasser kann von Fahrzeugen mit bis zu 20 m Breite und 5 m Tiefgang benutzt werden.
Der Kanal ist jederzeit geöffnet. Er wird nur geschlossen wegen Eis, bei Reparaturen oder wenn der Wasserstandsunterschied mehr als 1 m beträgt. Der künstliche Kanal durch Falsterbonäset ist 0,8 sm (1,5 km) lang.
Dicht S-lich der N-lichen Mündung wird der Kanal von einer Klappbrücke, Höllvikensbrücke, überquert. Die Brücke hat 25 m Durchfahrtsbreite und 3,9 m Durchfahrtshöhe in geschlossenem Zustand bei Mittelwasser. Zwei Schleusentore verhindern die Entstehung von Strömung durch unterschiedlichen Wasserstand in Höllviken und Kämpingebukten. Die Tore liegen 50 m und 1050 m S-lich von Höllviksbrücke. Bei der Durchfahrt werden die Tore in den Boden versenkt. Bei geschlossenen Toren sperrt ein Schlagbaum den Kanal. Der Schlagbaum ist nachts durch zwei violette Lampen gekennzeichnet. Während der Sommermonate ist der Strom selten so stark, daß die Tore geschlossen werden müssen. Brücken- und Schleusensignal s. Lfv. II. Fahrzeuge dür-

fen sich den Schleusen und der Brücke nicht mehr als 200 m nähern, wenn die Durchfahrt nicht frei ist.
Die Stoppgrenzen sind durch weiße Tafeln mit schwarzem Ring an der O-Seite des Kanals angezeigt.
An vielen Stellen des Kanals sind Festmachemöglichkeiten vorhanden. Kleine Boote können auch zeitweilig an den Dalben an der W-Seite des Kanals, etwa 100 m innerhalb der Pierarme festmachen.
Der Manöverturm bei der Brücke ist auf UKW-Kanal 16 hörbereit. Sprechkanäle für den Falsterbokanal sind die UKW-Kanäle 12, 13 und 6.

Kanalamt   Tel. 040 – 450301

Geschichte/Tourismus   Während des 2. Weltkrieges bestand die Gefahr, daß durch Minensperren und Kriegshandlungen bei Falsterborev und in der S-lichen Ostsee der schwedische Küstenverkehr ganz zum Erliegen kommen würde. Deshalb beschloß man, einen Kanal durch das Flachwassergebiet und Falsterbonäset zu bauen. Während der Jahre 1940 und 1941 wurde der Kanal gebaut und am 1. Januar 1942 eingeweiht.

Der Falsterbokanal aus S

Höllviken

55°24,8′N 12°56′E   D 329, S 929, 921

Fischer- und Sportboothafen am N-Ausgang des Falsterbokanals

Service in der Nähe

Ansteuerung   s. Falsterbokanal

Hafenbeschreibung   An der Innenseite der Wellenbrecher sind viele Liegeplätze mit etwa 2 m Wassertiefe für die Sportschiffahrt vorhanden. An der W-Seite, dicht außerhalb der Kanalmündung, ist ein Anleger für Militär- und Küstenschutzfahrzeuge sowie ein weiterer für Dienstfahrzeuge des schwedischen Schiffahrtsamtes. In der Mitte des Hafenbeckens, an beiden Seiten des Fahrwassers, stehen Dalben.

Gastplätze   Im äußeren Teil an der Innenseite des W-lichen Wellenbrechers sind 5 Gastplätze vorhanden. Auch vermietete Plätze, die durch grüne Schilder gekennzeichnet sind, können benutzt werden.

Festmachen   Mit dem Heck an Bojen oder Pfählen.

Hafenamt   Tel. 040 – 451226, Kanalkontor 040 – 450301, Clubhaus 040 – 453492.

Sonstige Einrichtungen   Die Werft führt Reparaturen an Maschine und Rumpf aus und verkauft Bootszubehör. Der Kran hat 4 t Hebevermögen. In Höllviksnäs, 3 km vom Hafen, gibt es Geschäfte, Post, Bank und Apotheke.

Geschichte/Tourismus   Auf der Falsterbohalbinsel gibt es u.a. drei Golfplätze und lange, schöne Sandstrände.
Das Naturschutzgebiet Skanörs Heide umfaßt ein großes Gebiet, das sich quer über Falsterbonäset erstreckt. Im 14. oder 15. Jahrhundert schlug man den Wald, wahrscheinlich Eichen, der sich hier befand. Während der folgenden Jahrhunderte breitete sich eine offene Heidelandschaft auf der Halbinsel aus, wovon Skanörs Heide der letzte Rest ist, der noch nicht bebaut oder aufgeforstet ist. Das Naturschutzgebiet hat das ganze Jahr über ein interessantes Vogelleben.

Skanör

55°25,0′N 12°49,8′E   D 329, 40, S 929, 921

Fischer- und Sportboothafen im äußeren Teil der Halbinsel Falsterbo

Service in der Nähe

Ansteuerung Zum Hafen führt eine etwa 3,5 m tiefe und 30 m breite Baggerrinne.

Warnung Die Tiefen im Fahrwasser und im Hafenbecken können sich wegen Versandung schnell ändern. Mit schwierigen Stromverhältnissen muß vor dem Hafen gerechnet werden. Besonders bei frischen Winden aus West oder Nord kann es schwierig sein, den Hafen anzulaufen.

Hafenbeschreibung Der größte Teil des Hafenbeckens hat 2,5 bis 4 m Wassertiefe. Längsseits der Innenseite des W-lichen Wellenbrechers ist die Wassertiefe jedoch bedeutend geringer. Im äußeren Teil der Innenseite der N-Pier liegt ein 30 m langer Steinkai mit 3,5 bis 4 m Wassertiefe. Der N-Teil des O-Kais (Landkai) ist etwa 30 m lang, hat 2,5 m Wassertiefe und ist in erster Linie der Fischerei vorbehalten. Der S-liche Teil, bei den Kränen, ist auch etwa 30 m lang und hat 2,5 m Wassertiefe. In den übrigen Hafenteilen gibt es Liegeplätze an Pfählen.

Gastplätze Gastboote können freie Plätze, die durch grüne Schilder gekennzeichnet sind, benutzen. Plätze, die nicht belegt werden dürfen, sind durch Leinen zwischen den Pfählen gesperrt. Auch freie Plätze an den Kaianlagen der N-Pier und des landseitigen Kais können benutzt werden.

Festmachen Die vermieteten Plätze haben Pfähle, in den anderen Hafenteilen liegt man längsseits des Kais.

Hafenamt Geöffnet von 8.00 - 8.30 Uhr, Tel. 040-471188, Clubheim 040-472400.

Sonstige Einrichtungen Der Hafen liegt etwa 1 km vom Ort entfernt. Wasser, Abfallbehälter und Stromanschluß ist an vielen Stellen des Hafens vorhanden. Der Kran hat 4 t Hebevermögen. Ein Bootsausrüster befindet sich in Skanör.

Geschichte/Tourismus Skanör bedeutet „skanska ören" (Sandbank). Der Ort entstand im Mittelalter infolge der guten Möglichkeiten zum Heringsfang. Zu dieser Zeit gab es keinen eigentlichen Hafen, sondern die Boote suchten in Bakdjupet, NO-lich des Hafens, Schutz.
Der heutige Hafen wurde 1881 als Insel im Sund mit Landanschluß durch einen Damm gebaut. Ende des 19. Jahrhunderts fiel der Ort einer Feuersbrunst zum Opfer, aber ein Teil der alten Gebäude steht noch im NO-Teil, u.a. die Kirche aus dem 13. Jahrhundert und das Rathaus von 1770 sowie die fla-

chen Häuser entlang der durch Bäumen gesäumten Straßen. Im Jahr 1904 bekam Skanör Eisenbahnverbindung. Heute sind Skanör und Falsterbo vor allem Naherholungsgebiete der Bewohner von Malmö.

Kolabacken, in der Nähe des Falsterbo-Leuchtturms, etwa 5 km vom Hafen, ist das älteste Leuchtfeuer Europas und wurde etwa 1220 gebaut. Das Feuer bestand zuerst aus einem offenen Feuer, das von Mönchen bedient wurde, später errichtete man ein Wippfeuer und 1796 den heutigen Leuchtturm.

S-lich und SW-lich von Falsterbo liegt die lange Sandbank Falsterborev. Der höchste Teil, die Insel Måkläppen, ändert Gestalt und Größe ständig unter der Einwirkung von Wind und See. Die Insel ist Vogel- und Robbenschutzgebiet.

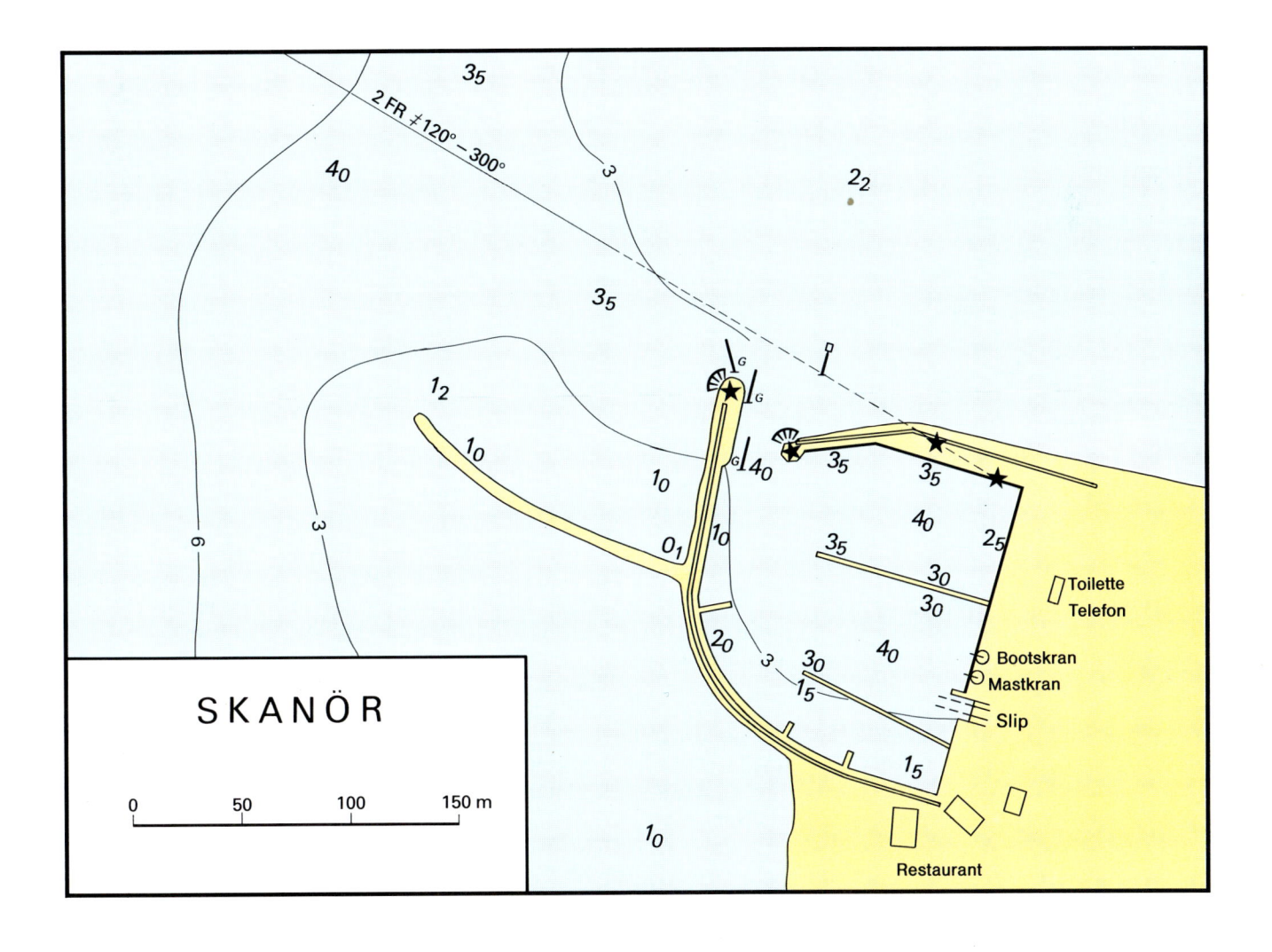

Kapitel 2

Falsterborev – Lägerholmen

Häfen

Skåre	62	Brantevik	71
Gislövsläge	63	Simrishamn	72
Smygehamn	64	Baskemölla	73
Hörte	65	Vik	74
Abbekås	66	Kivik	74
Ystad	67	Vitemölla	76
Kåseberga	68	Åhus	77
Skillinge	69		

Falsterborev – Lägerholmen 57

LÄGERHOLMEN
Åhus
Vitemölla
Kivik
Baskemölla
Simrishamn
Brantevik
Skillinge
Kåseberga
Ystad
Abbekås
Hörte
Smygehamn
Gislövsläge
Skåre
MALMÖ
Saltholm
FALSTERBO

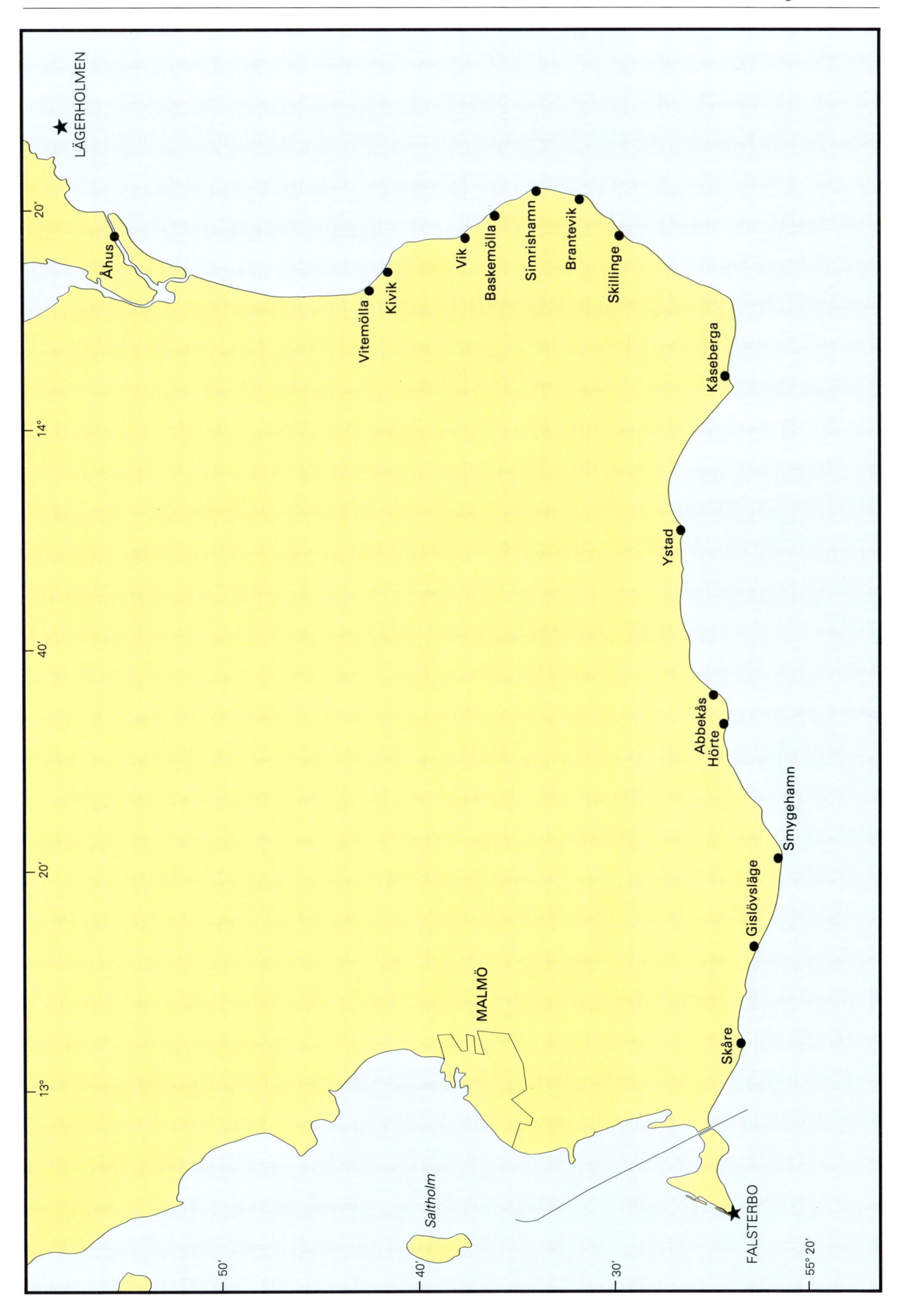

58 Falsterborev – Lägerholmen

Allgemeines

Fahrtvorschriften
Fahrtvorschriften werden gewöhnlich im Anschluß an die Hafenvorschriften beschrieben.
Ystad .... 5 kn
Skillinge .... 5 kn
Simrishamn .... 5 kn
Åhus .... 5 kn

Fischerei
Vor der Küste wird Aalfischerei mit festen oder schwimmenden Fanggeräten das ganze Jahr über betrieben. Die Geräte liegen normalerweise im rechten Winkel zum Strand aus. Aalnetze sind oft an Pfählen festgemacht, die in den Meeresboden geschlagen worden sind. Die Pfahlreihen können sich mehr als 1 sm nach See erstrecken. Deshalb sollte man von der Küste mehr als 1,5 sm abbleiben.
Beim Anlaufen eines Hafens, besonders bei Dunkelheit, ist größte Vorsicht geboten. In den Richtfeuerlinien und den Leitsektoren der Feuer liegen keine Fanggeräte aus, jedoch können sie dicht außerhalb des Fahrwassers liegen. Das äußerste Ende der Fanggeräte ist durch eine dunkle Flagge oder einen Korb gekennzeichnet. Nachts brennt ein violettes Licht.

Küstenbeschreibung
Es folgen in kurz gefaßter Beschreibung einige Landmarken, die bei der Ansteuerung und Identifizierung der Küste eine Hilfe sein können:

– der Leuchtturm Falsterborev ist 30,5 m hoch, orange mit zwei breiten, schwarzen Bändern.

– der Leuchtturm Blenheim ist etwa 19 m hoch, oben schwarz und unten rot, mit weißer Laterne und Hubschrauberplattform.

– Falsterbonäset ist niedrig und hat einen weißen, 42 m hohen Wasserturm.

– bei Skåre, etwa 3 sm W-lich Trelleborg, sind von See aus ein Windkraftwerk und ein hoher Mast gut sichtbar. Der Turm des Windkraftwerkes ist 80 m hoch und hat einen zweiflügligen Rotor mit 78 m Durchmesser.

– in Trelleborg sieht man Tanks, Silos und Fabrikgebäude, Schornsteine, die Kirche sowie zwei Wassertürme. Dicht NO-lich der Stadt steht ein rotweiß gestreifter Funkmast und etwa 10 km NO-lich der Stadt ein hoher Mast mit Ausguck.

– der Leuchtturm Kullagrund ist 20,5 m hoch, rot mit schwarzem Band, weißer Laterne und grauem Sockel.

– zwischen Trelleborg und Ystad sieht man den Höhenzug Romeleåsen, etwa 20 km von der Küste landeinwärts.

– bei Abbekås ist die Küste flach, aber der Ort ist von See aus gut auszumachen.

– in Ystad sieht man die Kirche, Silos und den Wasserturm sowie den neuen Wasserturm NW-lich der Stadt und die hohen Schornsteine in Lilla Köpinge NO-lich der Stadt.

– Kåsehuvud ist hoch und kahl, flach an der Spitze und steil nach See.

– der Leuchtturm Sandhammaren ist rot. Vor dem Leuchtturm steht ein rotweiß gestreifter Mast.

– NW-lich von Skillinge liegt ein markantes Waldstück, in dem ein Mast mit Ausguck und roten Warnfeuern steht.

– Stenshuvud ist eine 96 m hohe Anhöhe, die weit nach See sichtbar ist.

– bei Åhus ist die Küste flach. Im Ort gibt es Silos, von denen drei etwa 40 m hoch und von See gut sichtbar sind.

– N-lich von Åhus liegen Fjälkinge backar (Hügel). Der W-lichste, größte Hügel ist 100 m hoch und hat einen steinernen Turm auf dem Gipfel. Der Turm gibt ein ausgezeichnetes Radarecho.

– Nymöllas Zellulosefabrik ist bei Tag und Nacht weit von See zu sehen.

– Ryssberget, ein etwa 17 km langer Höhenzug dicht N-lich von Sölvesborg, ist von Osten wie auch von Süden gut auzumachen.

Schießgebiete
Wie aus der Seekarte ersichtlich, gibt es eine Anzahl von Schießgebieten an der O-Küste von Schonen. Auch an anderen Stellen können Schießübungen stattfinden. Wenn geschossen wird, wird das Gefahrengebiet sorgfältig bewacht, und das Schießen wird abgebrochen, wenn sich ein Fahrzeug auf der Fahrt in das Gebiet befindet. In manchen Fällen wird Fahrzeugen durch Wachboote die Fahrt durch das Gebiet untersagt.
Schießübungen größeren Umfangs werden im Rundfunk (Programm 1) nach dem Seewetterbericht um 13.00 Uhr ausgestrahlt, in den örtlichen Zeitungen, in den schwedischen Nachrichten für Seefahrer und an Anschlagtafeln der Häfen in der Nähe des Schießgebietes sowie beim Schießgebiet bekanntgegeben.
Auskünfte können unter Tel. 040 – 50 15 00, 50 11 31 eingeholt werden.
Während des Schießens geben die folgenden Wachzentralen der Schießgebiete Auskunft:
Falsterbo .... 40 – 47 12 67
Kabusa (O-lich Ystad) .... 0411 – 50 652
Ravlunda (N-lich Kivik) .... 0450 – 51 032
Rinkaby (N-lich Åhus) .... 044 – 24 25 02

Aufsprudeln

Die Wassertemperatur entlang der S-Küste von Schonen kann im Sommer plötzlich unter 5 °C sinken. Diese niedrigen Wassertemperaturen erzeugen oft Nebel und können auch unangenehme Konsequenzen haben, wenn jemand über Bord fällt.

Der Temperatursprung wird durch ein Phänomen verursacht, das „Aufsprudeln" genannt wird und tritt ein, wenn W-liche Winde (parallel zur Küste) mindestens ununterbrochen 12 Stunden geweht haben. Der Wind erzeugt eine Wasserströmung, die durch die Korioliskraft rechts von der Windrichtung gerichtet ist. An der Meeresoberfläche beträgt die Rechtsdrehung etwa 45°, aber sie nimmt mit der Wassertiefe zu und verläuft schon wenige Meter unter ihr rechtwinklig von der Küste weg. Wenn das warme Oberflächenwasser von der Küste weg transportiert wird, „sprudelt" Wasser mit 2° - 6°C aus dem Bodenbereich nach.

Nebel entsteht, wenn die warme, feuchte Sommerluft durch das kalte, aufsprudelnde Wasser abgekühlt wird.

Wasserstand

Charakteristischer Wasserstand für Ystad:

Höchstes Hochwasser (HHW)................. + 167 cm
Mittleres Hochwasser (MHW) ....+ 90 cm
Mittelwasser (MW)........................... ± 0 cm
Mittleres Niedrigwasser (MLW) ....- 93 cm
Niedrigstes Niedrigwasser (LLW) ....- 144 cm

Charakteristischer Wasserstand für Simrishamn:

Höchstes Hochwasser (HHW)................. + 160 cm
Mittleres Hochwasser (MHW) ....+ 85 cm
Mittelwasser (MW)........................... ± 0 cm
Mittleres Niedrigwasser (MLW) ....- 85 cm
Niedrigstes Niedrigwasser (LLW) ....- 135 cm

Angaben über den aktuellen Wasserstand im Verhältnis zu dem jährlichen Mittelwasserstand erhält man von folgenden automatischen Telefonbeantwortern:

Ystad .... 0411 - 194 06
Simrishamn .... 0414 - 144 57

60 Falsterborev – Lägerholmen

Naturschutz

Naturschutzgebiete

1 Skanörs Ljung s. Höllviken sowie Vogelschutzgebiet Nr. 1.

2 Kämpinge Strandbad Strand mit Dünen und Kiefernwald. Große Bedeutung als Bade- und Wandergebiet.

3 Dalköpinge Ängar Weideflächen mit artenreicher Flora, u.a. Orchideen, an der Küste im Anschluß an das Bade- und Erholungsgebiet, s. auch Gislövsläge.

4 Mossby Strandpark Beliebtes Ausflugsziel mit Sandstrand und offenen Strandwiesen.

5 Hagestad Eines der größten und wertvollsten Küstendünengebiete des Landes. Die langen und breiten Sandstrände sind ein beliebter Badeplatz. Innerhalb des Strandabschnitts gibt es langgestreckte Kiefern- und Eichenwälder mit reichem Vogelleben, u.a. Goldamseln.

6 Stenshuvud ist Nationalpark und bietet ein einmaliges Naturerlebnis. Durch ein weitverzweigtes Wegenetz erreicht man alle Sehenswürdigkeiten. Hier gibt es Bergplateaus mit herrlicher Aussicht über Land und See. Buchenwald, die verschiedensten Gewächse, u.a. eine große Zahl von Schlinggewächsen und Orchideenarten. Alle Kriechtierarten Schwedens sowie eine große Anzahl interessanter Gewächse, Vögel und Insekten kommen hier vor.

7 Vitemölla Strandbackar s. Vitemölle.

8 Verkeån und seine nächste Umgebung bieten ein besonderes Naturerlebnis. Der Fluß gehört zu den saubersten Flüssen Südschwedens, hier laichen die Lachsforellen.

9 Friseboda Naturschutzgebiet liegt um Segesholmsåns-Mündung in einer Küstendünenlandschaft, die sich 20 km von Åhus aus erstreckt. Entlang der gesamten Küstenstrecke findet man einen zusammenhängenden Sandstrand mit ausgezeichneten Bademöglichkeiten.

10 Gropahålet wird von der S-Mündung von Helgeån gebildet, die 1775 entstand, als der Fluß durch die Sanddünen brach und sich eine neue Mündung schuf. Das Gebiet besteht aus einem komplizierten Sanddünensystem mit Kiefernwald. Entlang des Strandes gibt es feinen Sandstrand mit Bademöglichkeiten.

11 Äspet besteht hauptsächlich aus großen Sanddünen mit Kiefernwald, s. auch Vogelschutzgebiet Nr. 2.

Vogelschutzgebiete

1 Ängsnäset, S-Teil des Naturschutzgebietes Skanörs Ljung. An warmen Herbsttagen sammeln sich hier besonders Raubvögel, um nach Süden zu ziehen, s. auch Höllviken. Betreten verboten vom 1.4. bis 15.7.

2 Äspet Ein Strand- und Wassergebiet mit flachen Lagunen und Sandbänken, umgeben von einem Schilfgürtel. Das Gebiet wird als wichtigstes Feuchtgebiet zwischen Öland und Falsterbo bezeichnet und bildet ein wichtiges Glied in der Kette des Vogelzugs. Betreten verboten vom 16.6. bis 30.9.

3 Ängholmarna ist flach, felsig und mit Büschen bewachsen. Nistplatz für eine große Anzahl von Möwen, Seeschwalben, Sumpfvögeln, Enten, Singvögeln und weiteren Arten. Betreten verboten vom 1.3. bis 30.6.

4 Lägerholmen Betreten verboten das ganze Jahr über.

Robbenschutzgebiet

1 Måkläppen, s. S. 28.

Måkläppen

Falsterborev – Lägerholmen 61

NATURSCHUTZ

* Naturschutzgebiet
● Vogelschutzgebiet
● Robbenschutzgebiet

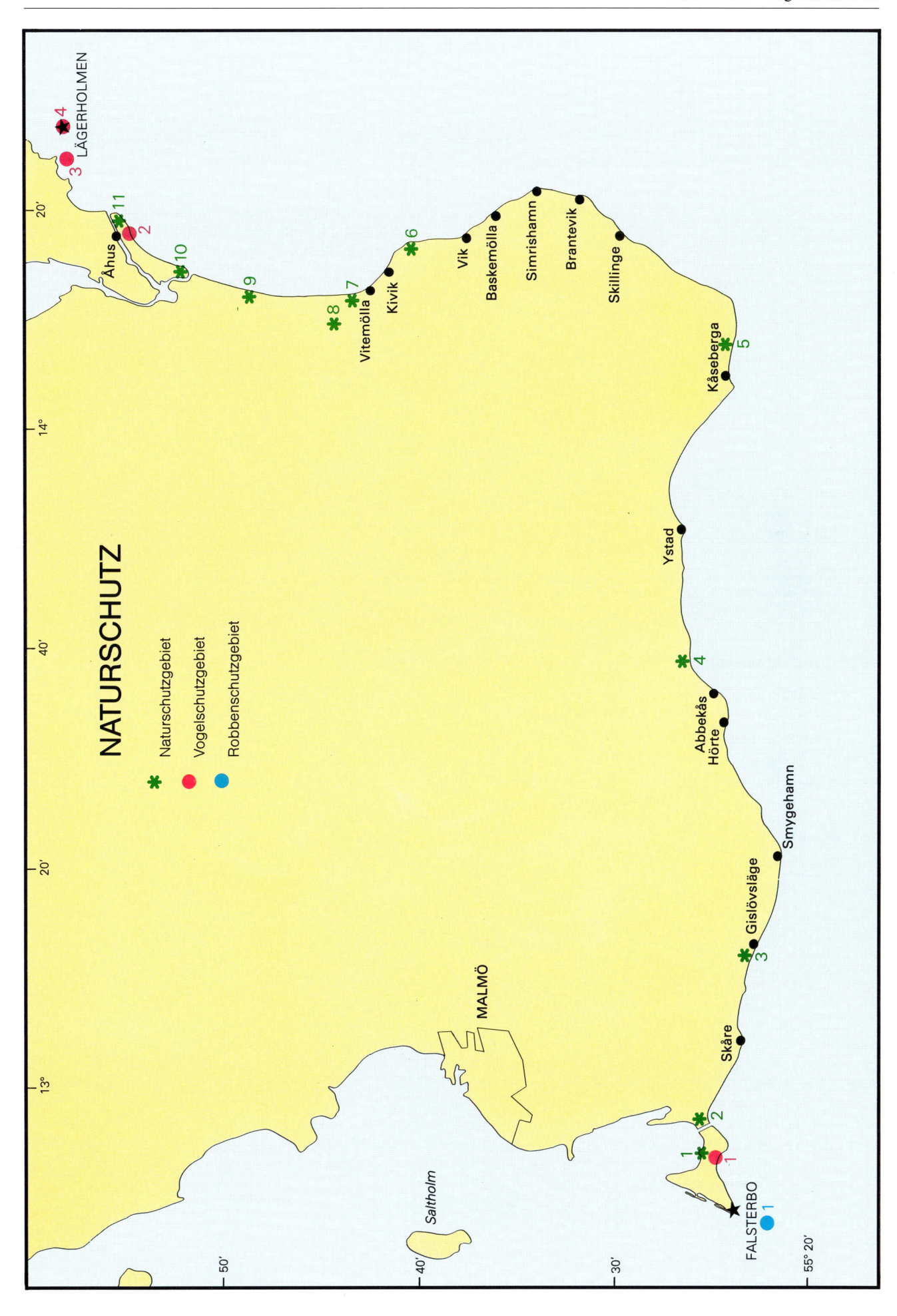

62 Falsterborev – Lägerholmen

Skåre

55°22,5′N 13°03,4′E   D 329, 40, S 929, 921

Fischer- und Sportboothafen etwa 4 sm O-lich des Falsterbokanals

Ansteuerung Vor dem Hafen liegt ein langes Steinriff. Das Fahrwasser ist jedoch so gut befeuert und bezeichnet, daß es mit bis zu 1,7 m Tiefgang befahren werden kann. Die Kirche und das Windkraftwerk von Maglarp in der Nähe des Hafens sind weit sichtbar.

Hafenbeschreibung Der größte Teil des Hafens ist auf 2 m gebaggert. Im inneren Becken gibt es Anleger für die Fischerei mit etwa 2 m Wassertiefe an der W-Seite und Plätze für die Sportschiffahrt an der O-Seite. Das äußere Becken hat eine Kaianlage am äußeren Teil der O-Pier, die weiteren Plätze haben Pfähle.

Gastplätze Der Hafen kann etwa 10 Gastboote aufnehmen. Wenn die Gastplätze an der O-Pier besetzt sind, dürfen vermietete Plätze, die durch grüne Schilder gekennzeichnet sind, benutzt werden, oder man macht längsseits der Fischer fest. Die landseitige Kaianlage darf nur zum zeitweiligen Festmachen benutzt werden.

Festmachen Längsseits des Kais oder an Pfählen.

Hafenamt Trelleborg 04 10 – 4 10 15, Skåre Bootklubb 04 10 – 3 01 57.

Sonstige Einrichtungen Am Mittwoch und am Sonnabend von 08.00 – 09.00 Uhr kommt ein Lebensmittelauto zum Hafen. Wenn man Diesel haben will, kann man die Fischer fragen. Busverbindung mit Trelleborg (7 km).

Geschichte/Tourismus Skåre ist ein typischer Fischerort Südschonens mit hübschen Häusern in der Nähe des Hafens. O-lich des Hafens liegen die Schanzen von Skåre. Diese Verteidigungsanlagen wurden im 16. Jahrhundert angelegt und Anfang des 18. Jahrhunderts von Karl XII. verbessert. Auch heute werden sie noch benutzt.
Auf Stavstens udde, 2 km O-lich des Hafens, errichtete man 1768 ein Denkmal zur Erinnerung an die Landung von Karl XII. 1715, nach seinem berühmten Ritt von der Türkei.
Die Kirche von Maglarp, NO-lich des Hafens, wurde im 12. Jahrhundert gebaut und ist eine der ältesten erhaltenen Backsteinkirchen des Nordens.
In einer Entfernung von 1,5 km vom Hafen steht eines der beiden großen Windkraftwerke Schwedens. Der Turm ist 80 m hoch und hat einen zweiflügeligen Rotor von 70 m Durchmesser.

DAS BESTE KANN MAN NICHT SEHEN.

Die handwerklich saubere Verarbeitung des handverlegten Teakdecks erkennt man schon auf dem Foto. Ebenso die Geräumigkeit und Funktionalität des gut geschützten Cockpits.

Um die elegante Einrichtung aus ausgesuchten Mahagonihölzern und den hohen Komfort zu erfahren, muß man nur unter Deck gehen. Wenn man aber das Seeverhalten, die Schnelligkeit und Wendigkeit unserer Najad erleben will, muß man sie einmal selbst segeln.

Dazu laden wir Sie gerne ein. Wenden Sie sich an die Werft oder an einen unserer Repräsentanten.

Ich möchte Informationen über die Najad _____

Name: _____

Straße: _____

PLZ/Ort: _____

Telefon (tagsüber): _____

An: Najadvarvet AB, S-440 90 Henån, Schweden. Phone + 46 304 310 70
Telefax +46 304 31179.

NAJAD

Najadvarvet AB, Henån, Schweden.

Najad 320	Najad 343	Najad 360	Najad 390	Najad 440
9,70×3,15 M	10,20×3,33 M	10,75×3,40 M	11,75×3,50 M	13,30×3,99 M

NORDDEUTSCHLAND (PLZ 1, 2, 3):
JÜRGEN EHLERS, RHEINBABENALLEE 31 A,
1 000 BERLIN 33. TEL (030) 82 37 073/4.

WESTDEUTSCHLAND (PLZ 4, 5):
HIV BEDNAREK, CHRISTINENSTRASSE 3
4030 RATINGEN 1. TEL (02102) 418 31/234 25.

SÜDDEUTSCHLAND (PLZ 6, 7, 8):
YACHTAGENTUR J MELTL GMBH, AITERBACH 19,
8219 RIMSTING/CHIEMSEE. TEL (08054) 506.

HOLLAND: SIER JACHTBEMIDDELING BV,
ZUIDERREIND 4, 3741 LG BAARN.
TEL +31 (2154) 216 41.

Küstenhandbuch Schweden 1

Svinesund - Kullen

Luftbilder und Hafenbeschreibungen

Edition Maritim

Luftbildführer

Küstenhandbuch Schweden – Band 1 – Von Svinesund bis Kullen
208 S., 27 Karten, 181 Küstenansichten, 134 vierfarbige Luftbilder, Format 21 x 30 cm, DM 68,–; überall im Buchhandel erhältlich

Gislövsläge

55°21,3′N 13°13,9′E   D 40, S 839

Fischer- und Sportboothafen an der S-Küste von Schonen, 3 sm O-lich von Trelleborg

Ansteuerung Das befeuerte und bezeichnete Fahrwasser zum Hafen kann mit etwa 2,2 m Tiefgang befahren werden. Obwohl das Fahrwasser und die Hafeneinfahrt nach Süden ungeschützt sind, kommt selten schwieriger Seegang auf. Die Ursache dafür ist der lange, flach abfallende Grund, der die See schon weit draußen bricht.

Warnung Die Wassertiefen können sich durch Versandung von Tag zu Tag ändern.

Hafenbeschreibung An der W-Seite des Hafenbeckens liegt ein 130 m langer Kai mit 2,8 m Wassertiefe. Der größte Teil des Kais ist für die Fischerei reserviert. Bei der Bunkerstation ist jedoch ein freier Kaiabschnitt vorhanden, an dem zeitweilig festgemacht werden darf. In den übrigen Hafenteilen befinden sich Anleger für die Sportschiffahrt mit Pfählen und 0,5–2,5 m Wassertiefe.

Gastplätze An der W-lichen Pontonbrücke gibt es 10 feste Gastplätze. Auch vermietete Plätze, die durch grüne Schilder gekennzeichnet sind, dürfen benutzt werden.

Festmachen Alle Plätze haben Pfähle.

Hafenamt Trelleborg 04 10 – 4 10 15, Gislövsläge 04 10 – 3 46 22.

Sonstige Einrichtungen Die Schlippanlage kann Boote bis 10 t Gewicht aufnehmen. Der Kran hat 5 t und ein Mastenkran 0,5 t Hebevermögen. Von der Haltstelle, 150 m vom Hafen, gibt es eine Busverbindung mit Trelleborg (7 km). Der Hafen von Trelleborg darf nur im Notfall und zur Zollabfertigung von Sportbooten angelaufen werden.

Geschichte/Tourismus Schon im 12. Jahrhundert war Gislövsläge ein Fischerort. Der Ort Gislöv, mit seiner Sandsteinkirche aus dem 13. Jahrhundert, befindet sich einige Kilometer von der Küste entfernt. Dort liegt auch Dalköpinge, wo man 1936 die Ruinen der Lübecker Kapelle ausgrub, die während der Hansezeit den Lübeckern zum Gottesdienst diente, als sie ihre Heringssalzereien in der Gegend hatten.
W-lich des Hafens liegt das Naturschutzgebiet Dalköpinge Wiesen. Das Gebiet besteht aus Strandwiesen mit interessanter Flora und einem reichen Vogelleben.

Smygehamn

55°20,2′N 13°21,6′E   D 40, S 839

Fischer- und Sportboothafen bei Smygehuk an der S-Küste von Schonen

Service in der Nähe

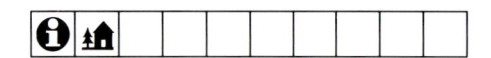

Ansteuerung Eine Richtfeuerlinie führt in den Hafen. Der Hafen kann mit etwa 2 m Tiefgang befahren werden.

Warnung Durch Versandung und Tang können sich die Tiefenverhältnisse im Fahrwasser und im Hafen ändern.

Hafenbeschreibung Fahrwasser und Hafen werden regelmäßig auf 3 m Wassertiefe gebaggert, versanden aber schnell. Das äußere Becken hat keine Anleger und Kaianlagen und ist auf beiden Seiten außerhalb der Baggerrinne flach. Im inneren Becken ist der 75 m lange Kai an der W-Seite für die Fischerei reserviert. Im SO-Teil finden Gastboote Liegeplätze an etwa 25 m Kai. Die übrigen Teile des Beckens haben Anleger mit Pfählen für Sportboote.

Gastplätze Der Hafen kann etwa 10 Gastboote aufnehmen. Außer am Gastkai kann auch an vermieteten Plätzen festgemacht werden, wenn diese durch grüne Schilder gekennzeichnet sind, oder auch ausnahmsweise längsseits der Fischer.

Festmachen Längsseits des Kais oder an Pfählen.

Hafenamt Trelleborg 04 10 – 4 10 15.

Sonstige Einrichtungen Die Werft im Hafen führt Reparaturen aus und verkauft Bootszubehör. Die Schlippanlage kann Boote bis 14 t und einer maximalen Länge von 14 m aufnehmen. Im Zentrum des Ortes, etwa 800 m vom Hafen, gibt es ein Lebensmittelgeschäft und eine Bäckerei, Post, Gesundheitsdienst und ein Hotel. Vom Hafen verkehrt ein Bus u.a. nach Trelleborg (15 km).

Geschichte/Tourismus Der Hafen, der früher ein Kalkbruch war, liegt an Schwedens S-lichster Ecke. Der Kalkofen O-lich des Hafens erinnert an die frühere industrielle Tätigkeit. Etwa 200 m O-lich des Hafens liegt ein großes, altes Lagergebäude aus Stein, das während der napoleonischen Kriege errichtet worden ist. Heute dient es als Fremdenverkehrsbüro, Ausstellungshalle und Café.

Der frühere Leuchtturm von Smygehuk liegt dicht W-lich des Hafens und kann während der Sommersaison besichtigt werden. Neben dem Leuchtturm gibt es eine Jugendherberge.

Hörte

55°23,2′N 13°33′E   D 40, S 839

Fischer- und Sportboothafen an der S-Küste von Schonen etwa 10 sm W-lich von Ystad

Ansteuerung Zum Hafen führt ein etwa 1,5 m tiefes Fahrwasser mit einer Richtfeuerlinie der Leuchtpfähle auf dem O-Kai. Innerhalb der Wellenbrecher beträgt die Wassertiefe nur 1,2–1,5 m. Der Hafen verkrautet leicht und sollte nur bei ruhigem Wetter und von Booten mit weniger als 1 m Tiefgang angelaufen werden.

Hafenbeschreibung Der Hafen hat etwa 60 m Kai mit 1,2 m Wassertiefe.

Gastplätze Der Hafen hat keine festen Gastplätze und kann nur in sehr begrenztem Umfang Gastboote aufnehmen.

Festmachen An freien Plätzen oder längsseits der Fischer.

Hafenamt Tel. 0410–25878, 0411–33073.

Sonstige Einrichtungen Die Schlippanlage kann nur kleine Boote aufnehmen. Post und Lebensmittel in Abbekås (3 km).

Geschichte/Tourismus Während der Hansezeite war Hörte Lagerplatz der Lübecker Kaufleute. Die Ruinen der Handelshäuser waren noch 1749 vorhanden, als Carl von Linné seine bekannte Reise durch Schonen machte. Er stellte fest, daß der Hafen zu flach geworden war.
An der Straße steht ein merkwürdiges Baudenkmal, eine künstliche „Ruine", die den Geist der Romantik um die Jahrhundertwende, in der sie errichtet wurde, widerspiegelt.

66 Falsterborev – Lägerholmen

Abbekås

55°23,6′N 13°36,4′E   D 40, S 839

Fischer- und Sportboothafen an der S-Seite von Schonen, etwa 8 sm W-lich von Ystad

Service in der Nähe

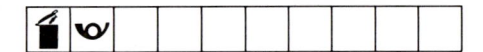

Ansteuerung Der verhältnismäßig große Ort ist von See aus gut zu sehen. Der Hafen kann mit etwa 1,6 m Tiefgang angelaufen werden. Die Hafeneinfahrt wird regelmäßig gebaggert, kann aber schnell versanden. Richtfeuer führen durch die Baggerrinne. Man beachte, daß die Richtfeuerlinie dicht an dem äußeren Wellenbrecherkopf vorbeiführt. Beide Wellenbrecherköpfe werden angestrahlt.

Warnung Vor Versandung der Rinne und des Hafens wird gewarnt.

Hafenbeschreibung Die Hafenbecken sind in der Mitte etwa 1,8 m tief, die Wassertiefe nimmt zu den Seiten hin aber schnell ab. Das innere Becken ist hauptsächlich Fischerhafen, während das äußere Becken etwa 80 Liegeplätze für Sportboote mit Festmachebojen hat.

Gastplätze Der Hafen kann 10–20 Gastboote aufnehmen. Vermietete Plätze, die durch grüne Schilder gekennzeichnet sind, können benutzt werden. Der Kai für die Fischer darf nicht blockiert werden.

Festmachen An Heckbojen, in Boxen oder längsseits des Kais.

Hafenmeister Tel. 04 11 – 3 31 92, Skurup 04 11 – 4 24 00.

Sonstige Einrichtungen Die Schlippanlage kann nur kleine Boote aufnehmen. Beim Café befindet sich ein Kiosk. Das Lebensmittelgeschäft und die Bushaltestelle liegen etwa 800 m vom Hafen entfernt. Treibstoff in 3 km Entfernung.

Geschichte/Tourismus Schon im frühen Mittelalter war Abbekås ein Fischerort. Um 1870 wurde der Fischerhafen gebaut, und der Ort entwickelte sich am Ende des 19. Jahrhunderts zu einem bedeutenden Hafenplatz.
Bei der Mündung des Flusses Skivarpan, O-lich des Hafens, liegt „Oshögarna" aus der Bronzezeit, ein historisches Dokument von großem archäologischem Wert.

Ystad-Sportboothafen

55°25,5′N 13°49,1′E   D 40, S 839

Fischer- und Sportboothafen unmittelbar W-lich des Handelshafens

Service in der Nähe

Ansteuerung Von der Bb.-Tonne Åsen führt eine Richtfeuerlinie mit 19° und roten, dreieckigen Tagmarken in den Sportboothafen. Der Hafen kann bei günstigen Verhältnissen mit einem Tiefgang bis etwa 3 m angelaufen werden.

Ankerverbot Ankern, Fischen und Tauchen ist in dem verminten Gebiet vor der Hafeneinfahrt verboten, s. Krt.

Schiffahrtsvorschrift Maximal 5 kn im Hafengebiet von Ystad.

Hafenbeschreibung Der Sportboothafen liegt unmittelbar W-lich des Handelshafens. Der Hafen ist 1,5–3,0 m tief. Die Landkais, im O-Teil des Beckens, sind für die örtliche Fischerei, den Küstenschutz und die Lotsenboote reserviert. In den übrigen Hafenteilen liegen Pontonbrücken für Sportboote aus.

Gastplätze An der W-lichsten Pontonbrücke sind etwa 50 Gastplätze vorhanden. Auch vermietete Plätze, die durch grüne Schilder gekennzeichnet sind, dürfen benutzt werden.

Festmachen Vor Heckanker oder längsseits der Anleger.

Hafenamt Tel. 04 11 – 1 44 84, 7 72 61.

Sonstige Einrichtungen Das Stadtzentrum von Ystad liegt etwa 200 m vom Hafen entfernt. Der Handelshafen Ystad hat lebhaften Fährverkehr und darf von Sportbooten nicht benutzt werden.

Geschichte/Tourismus Schon im 13. Jahrhundert entwickelte sich Ystad von einem Fischerort zu einem wichtigen Handelsplatz und Hafen. Die guten Heringsfänge während des Mittelalters brachten dem Gebiet Wohlstand.
Anfang des 19. Jahrhunderts wurde Ystad zum Schmuggelzentrum der Engländer während der Kontinentalsperre. Während dieses Abschnitts erlebte die Stadt eine weitere Blütezeit. Die Spuren sind noch heute im Stadtzentrum deutlich zu sehen, wo stattliche, gut erhaltene Patrizierhäuser die Straßen säumen.
Das Fremdenverkehrsamt, 300 m vom Hafen entfernt, gibt Auskünfte über Sehenswürdigkeiten der Stadt. Vom Handelshafen besteht Fährverbindung mit Bornholm und Polen.

68 Falsterborev – Lägerholmen

Kåseberga

55°23′N 14°04′E   D 40, 159, S 839

Fischer- und Sportboothafen an der S-Küste von Schonen etwa 5 sm W-lich von Sandhammaren

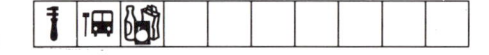

Ansteuerung Beim Einlaufen sollte man sich dichter an den S-Wellenbrecher halten, um die Sandbänke N-lich und NO-lich der Einfahrt zu meiden. Der Hafen kann bei günstigen Windverhältnissen mit etwa 2,1 m Tiefgang angelaufen werden.

Warnung Die Hafeneinfahrt ist starker Versandung und treibendem Tang ausgesetzt. Obwohl sie regelmäßig gebaggert wird, kann die Wassertiefe zwischen den Wellenbrechern bei starken Stürmen schnell bis auf 1 m Tiefe abnehmen. W-lich des Hafens liegt ein Schießgebiet, s.Krt.

Hafenbeschreibung Das Hafenbecken ist 60x60 m groß, mit 2–3 m Wassertiefe. Der landseitige Kai ist 60 m und der gebogene S-liche Kai entlang des Wellenbrechers ist etwa 100 m lang. Am N-Wellenbrecher sind private Liegeplätze mit Festmachetonnen vorhanden.

Gastplätze Am landseitigen Kai und am S-Wellenbrecher können Gastboote festmachen. Auf Nachfrage beim Hafenmeister können auch private Plätze belegt werden, oder man geht längsseits der Fischtrawler.

Festmachen Längsseits des Kais, während der Hauptsaison auch im Päckchen. Boote mit weniger als 9 m Länge können vor Heckanker liegen. Man beachte, daß der Anker an vielen Stellen schlecht hält.

Hafenamt Tel. 0411 – 2 70 07. Hafenamt Ystad 0411 – 7 72 61.

Sonstige Einrichtungen Zum Bunkern von Diesel nehme man Kontakt zum Hafenmeister auf. Die Schlippanlage kann Boote mit bis zu 35 t aufnehmen. Der Kran hat 1 t Hebevermögen. Eine Werkstatt liegt in 150 m Entfernung vom Hafen. Im Hafen sind eine Fischräucherei mit Verkauf sowie ein Kiosk vorhanden.
In Löderup, 3 km vom Hafen entfernt, sind Postamt und Jugendherberge.

Geschichte/Tourismus Die Natur rund um Kåseberga hat einen besonderen Reiz. Von den etwa 40 m hohen Sandhügeln entlang der Küste hat man einen einmaligen Ausblick auf die See und nach Land zu über die weiten Felder.
Auf Kåsehuvud, etwa 600 m W-lich des Hafens, liegt Schwedens zweitgrößte Steinsetzung „Alens Stenar". Die Steinsetzung wurde während der Steinzeit errichtet und hat die Form eines Schiffes. Sie ist weit nach See sichtbar. O-lich des Hafens gibt es gute Sandstrände.

Steinsetzung

Skillinge

55°28,4′N 14°17,1′E   D 40, 159, S 839

Fischer- und Sportboothafen an der O-Küste von Schonen, etwa 6 sm N-lich von Sandhammaren

Service in der Nähe

Ansteuerung   Eine gute Landmarke für die Ansteuerung ist die markante, bewaldete Anhöhe NW-lich von Skillinge, auf der ein Mast mit Ausguck und Warnfeuern steht. Zum Hafen führt eine befeuerte und bezeichnete Fahrwasserrinne für Fahrzeuge mit etwa 3,5 m Tiefgang. Die Richtfeuer haben rote, dreieckige Tagmarken.

Schiffahrtsvorschrift   Maximal 5 kn im Hafen.

Hafenbeschreibung   Das äußere Becken ist 2–3 m tief. Dort sind etwa 150 m Kai sowie zwei Pontonbrücken mit Boxen vorhanden.
Das innere Becken hat 290 m langen Kai mit 4 m Wassertiefe und ist für die Fischerei reserviert.

70 Falsterborev – Lägerholmen

Gastplätze Längsseits der Kaianlagen im äußeren Becken sind Plätze für 10–20 Gastboote vorhanden. Auch vermietete Plätze, die durch grüne Schilder gekennzeichnet sind, dürfen benutzt werden.

Festmachen Längsseits der Kaianlagen oder in Boxen.

Hafenamt Geöffnet von 7.00 – 16.00 Uhr, Tel. 04 14 – 3 94 29.

Sonstige Einrichtungen Der Fischereihafen hat eine Schlippanlage für Fischtrawler und andere Fahrzeuge sowie einen 5-t-Kran. Im äußeren Becken ist eine Schlippanlage für kleinere Boote und ein 1,5-t-Kran vorhanden.

Geschichte/Tourismus Skillinge ist seit dem Mittelalter ein Fischerort. Hier war vor allem die Aalfischerei lohnend, und die Küste bis Sandhammeren wird deshalb auch Aalküste genannt. Der Hafen war auch Heimathafen für viele Schoner und Verladehafen für Getreide.
Der ganze Ort ist gut erhalten, er hat alte Häuser und schmale Gassen mit Kopfsteinpflaster. Im Haus der Gemeindeverwaltung kann man Modelle und Abbildungen der alten Schoner und anderer Gegenstände besichtigen, die die Seefahrtstradition des Ortes widerspiegeln.

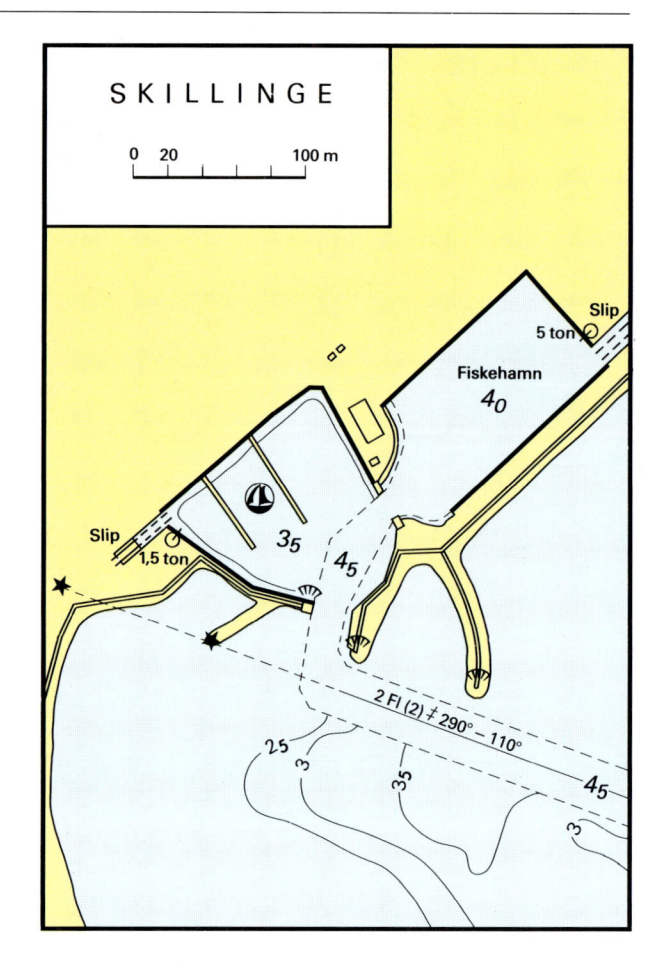

Skillinge – Richtfeuer in Linie

Die Mühle Brantevik und der Radiomast Glimminge in Linie

Brantevik

55°30,8′N 14°21,2′E   D 138, S 839

Fischer- und Sportboothafen an der O-Küste von Schonen, etwa 3 sm von Simrishamn

Ansteuerung Der Hafen kann unter günstigen Verhältnissen mit 2,5 m Tiefgang angelaufen werden.
Im Ort steht eine weit sichtbare Windmühle und etwa 6 km SW-lich des Ortes ein Funkmast mit Warnfeuern und einem Ausguck auf der Spitze. Zur Ansteuerung hält man Windmühle und Mast in Linie. Nähert man sich dem Hafen, benutzt man die Richtfeuerlinie. Sind die inneren Wellenbrecher passiert, so dreht man hart nach Stb. in das innere Becken ein.

Warnung Besonders bei auflandigem Wind kann starker, querlaufender Strom vor dem Hafen herrschen. Bei auflandigem Starkwind ist die Einfahrt nicht zu befahren.

Hafenbeschreibung Das S-liche Becken ist im S- und im W-Teil nur etwa 0,5 m tief. Das N-liche Becken ist hauptsächlich Fischereihafen mit Kaianlagen und etwa 3 m Wassertiefe. Man beachte, daß das S-liche Becken sehr flach und das N-liche Becken nur 45 x 45 m groß ist.

Gastplätze Der Hafen hat keine festen Gastplätze. Gastboote dürfen jedoch nach Erlaubnis durch den Hafenmeister oder die Fischer an freien Plätzen oder längsseits der Fischkutter festmachen.

Festmachen Längsseits des Kais oder der Fischkutter.

Hafenamt Tel. 04 14 – 2 21 97, Simrishamn 04 14 – 1 00 29.

Sonstige Einrichtungen Pension und Café im Ort. Busverbindung mit Simrishamn.

Geschichte/Tourismus Brantevik ist ein alter Fischerort. Es war aber die Frachtschiffahrt, die den Ort weit über die Grenzen Schwedens hinaus bekannt machte. Um die Jahrhundertwende war Brantevik nämlich der Hafen Schwedens, wo die meisten Schoner registriert waren. Diese Fahrzeuge waren bei der Versicherungsgesellschaft „Hoppet" versichert, deren Räume heute ein kleines Schiffahrtsmuseum beherbergen. Die alten Gebäude des Ortes sind auch heute noch gut erhalten.
In Gislöv, 2 km vom Hafen entfernt, gibt es ein Schmiedemuseum.

72 Falsterborev – Lägerholmen

Simrishamn

55°33,5′N 14°21,5′E   D 138, S 839

Großer Fischereihafen mit seperatem Sportboothafen an der O-Küste von Schonen, etwa 12 sm N-lich Sandhammaren

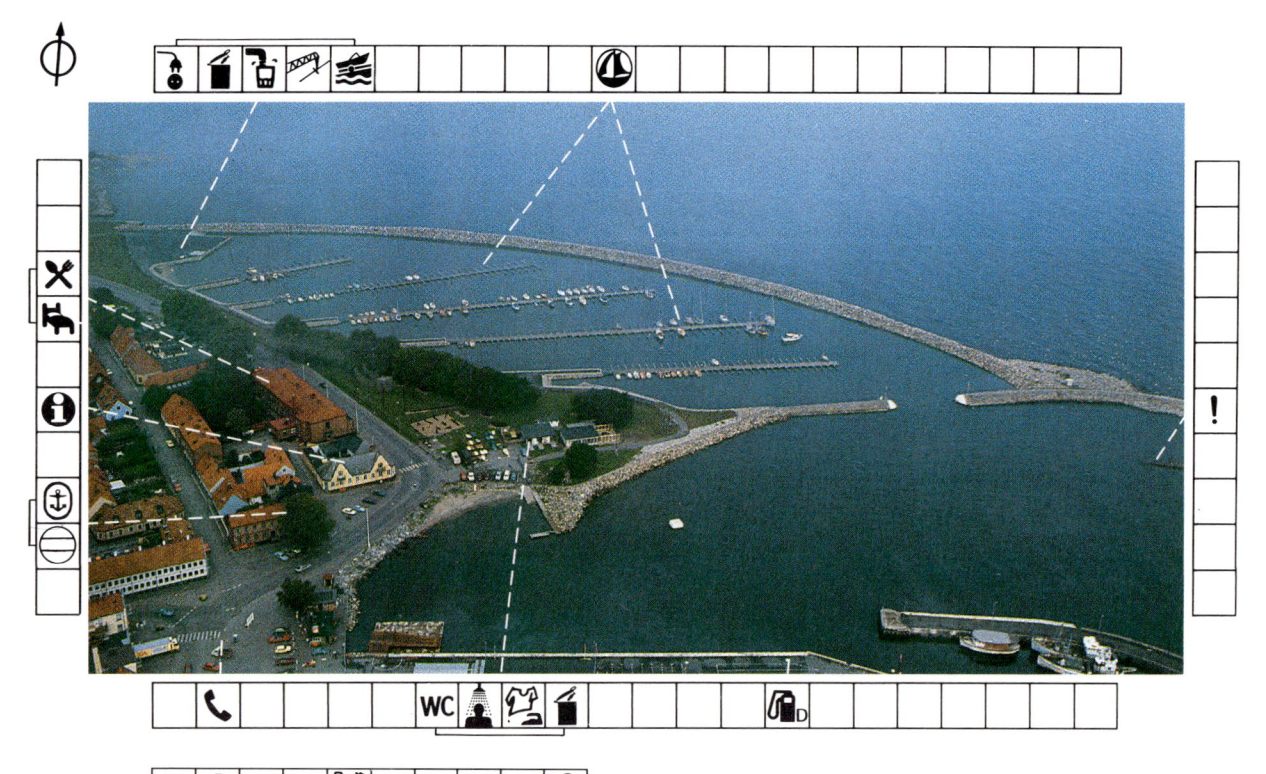

Service in der Nähe

Ansteuerung Die befeuerte und bezeichnete Fahrwasserrinne steuert man an, indem man die Windmühle voraus in etwa 252° zwischen die Wellenbrecherköpfe hält. Das Fahrwasser kann von Fahrzeugen mit bis zu 4,5 m Tiefgang bis zum Fischereihafen und mit bis zu 2,2 m Tiefgang bis in den Sportboothafen befahren werden.
Bei diesigem Wetter und gegen die Sonne kann es schwer sein, die Richtmarken zu erkennen. Bei der Einsteuerung in den Fischereihafen ist ein „Hart Backbord"-Manöver erforderlich. Bei der Einsteuerung in den Sportboothafen muß man bei Dunkelheit die unbeleuchteten Betonfundamente, die sich im NO-Teil des Außenhafens befinden, beachten. Außerdem sollte man vermeiden, sich den Wellenbrecherköpfen zu weit zu nähern.

Warnung Bei starken O-lichen Winden sind schwierige Strömungsverhältnisse in und außerhalb der Hafeneinfahrt vorhanden. Da die Wassertiefe vor dem Hafen schnell zunimmt, gibt es dort unangenehmen Seegang bei auflandigem Wind.

Bei O-Sturm kann die Hafeneinfahrt nicht benutzt werden und schwerer Seegang steht im Außenhafen.

Festmachen In Boxen.

Hafenamt Tel. 04 14 – 1 00 29.

Sonstige Einrichtungen Am Ausrüstungskai gibt es eine Pumpe zum Entleeren der Toiletten- und Schmutzwassertanks. Kompensierer können bestellt werden. Im Fischereihafen ist ein Werft mit zwei Schlippanlagen für Boote bis 100 BRT. Im Sportboothafen gibt es nur eine Trailerrampe. Der Fischereihafen hat einen fahrbaren 13-t-Kran, Werkstätten, Eisfabrik und Schiffshändler mit großer Auswahl am Hafen.

Geschichte/Tourismus Während des frühen Mittelalters entstand an der Mündung des Flusses Tommarpså, dicht N-lich des Sportboothafens, ein Fischerplatz mit Namen Svimraros. Die guten Fischfangmöglichkeiten während des Mittelalters führten dazu, daß der Platz schnell ein bedeutender Handels- und Fischerort wurde.

Simrishamn – Richtfeuer mit roten, dreieckigen Tagmarken in Linie

Die Stadt Simrishamn bekam wahrscheinlich in der ersten Hälfte des 14. Jahrhunderts Stadtrecht. Während des 18. Jahrhunderts wurde die Stadt von schweren Feuersbrünsten heimgesucht. Heute ist nur noch die Kirche aus dem Mittelalter vorhanden. Das Stadtbild wird aber auch heute noch von dem ursprünglichen Grundriß geprägt und besteht vielfach aus kurvenreichen Straßen und unregelmäßig geschnittenen Grundstücken.

Sehenswert sind die St. Nicolai-Kirche aus dem 12. Jahrhundert, Handels- und Verwaltungsgebäude aus dem 18. und 19. Jahrhundert, z.B. Kockska gården von 1730, und ein Musikmuseum.

Simrishamn ist nach der Masse des angelandeten Fisches Schwedens größter Fischereihafen.

Baskemölla

55°35,7′N 14°19′E   D 138, S 839

Kleiner Fischerhafen an der O-Küste Schonens, etwa 3 sm N-lich von Simrishamn

Service in der Nähe

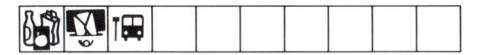

Ansteuerung Der Hafen kann mit etwa 2,1 m Tiefgang angelaufen werden. Richtfeuer, Lampen auf Pfählen mit roten Tafeln, bezeichnen das Fahrwasser zum Hafen. Bei frischem, auflandigem Wind entsteht schwerer Seegang in der Hafeneinfahrt, da die Wassertiefe vor der Einfahrt schnell zunimmt.

Warnung Die Tiefen im Hafen sind wegen Versandung veränderlich.

Hafenbeschreibung Der Hafen ist in erster Linie ein Fischerhafen. Der landseitige Kai wird von den Fischern zum Löschen benutzt.

Der W-Teil des äußeren Beckens und der O-Teil des inneren Beckens sind auf etwa 2,5 m gebaggert. Die anderen Hafenteile sind flach.

Bei starkem, auflandigem Wind steht Schwell im Hafen.

Gastplätze Man macht an freien Kaiabschnitten an der Außenseite des inneren, W-lichen Wellenbrechers fest. Wenn dort keine freien Plätze vorhanden sind, werden Liegeplätze

74 Falsterborev – Lägerholmen

vom Hafenmeister angewiesen. Der landseitige Kai darf nur zum zeitweiligen Liegen benutzt werden.

Festmachen   Vor Heckanker oder längsseits des Kais oder der Fischkutter.

Hafenamt   Tel. 0414 – 1 60 26. Simrishamn 0414 – 1 00 29.

Sonstige Einrichtungen   Busverbindung mit Simrishamn und Kristianstad.

Geschichte/Tourismus   Baskemölla hat trotz großer Brandschäden seinen ursprünglichen Charakter des 19. Jahrhunderts erhalten. Auf den steilen Abhängen nach See N-lich des Orts wächst der Tjörnedala Eichen- und Haselnußhain. Er ist für seinen botanischen Wert bekannt, seit Carl von Linné ihn als „einer der schönsten Haine, die ich im Reich gesehen" beschrieben hat. Der Hain hat sich in den letzten 250 Jahren, seit Linné dort war, nicht verändert.
Der unter Denkmalschutz stehende, vierflügelige Bauernhof Tjörnedalagården liegt ebenfalls dort und bekräftigt den historischen Wert der Umgebung.

Vik

55°37′N 14°17,5′E   D 138, S 839

Kleiner Fischerhafen an der Ostküste von Schonen, etwa 4 sm N-lich von Simrishamn

Service in der Nähe

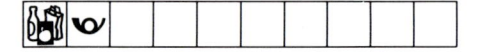

Ansteuerung   Die Ansteuerung erfolgt von Norden. Bei günstigen Wetterbedingungen kann der Hafen bei Tageslicht von Booten mit bis etwa 1,2 m Tiefgang angelaufen werden. Bei starkem auflandigem Wind aus NO sollte man besser einen anderen Anlaufhafen wählen.

Warnung   Die Wassertiefen in der Ansteuerung und im Hafen sind wegen Versandung veränderlich. Vor der Küste von Vik wird in großem Umfang Fischerei mit festem Gerät und mit Treibnetzen betrieben.

Hafenbeschreibung   Das Hafenbecken hat eine Größe von 60 x 60 m. Der äußere Teil ist auf 1,5 m gebaggert, versandet aber leicht. Der innere Teil des Beckens ist flach.

Gastplätze Der Hafen dient der örtlichen Fischerei und kann nur in begrenztem Umfang Gastboote aufnehmen.

Festmachen Am Kai oder längsseits der Fischkutter.

Hafenamt Tel. 04 14 - 2 45 29, Simrishamn 04 14 - 1 00 29.

Sonstige Einrichtungen Die Bushaltestelle der Linie Kristianstad–Simrishamn befindet sich 500 m vom Hafen entfernt. Dicht N-lich des Hafens gibt es eine Fremdenpension.

Geschichte/Tourismus Am steinigen Strand S-lich von Vik findet man die merkwürdige Steinformation „Prästens badkar" (des Priesters Badewanne).
Bei Lilla Vik, N-lich des Hafens, liegt ein bekannter Golfplatz mit Hotel und Restaurant.

Kivik

55°41,3'N 14°13,8'E   D 138, S 829, 839

Kleiner Fischer- und Sportboothafen an der O-Küste von Schonen, etwa 2,5 sm NW-lich von Stenshuvud

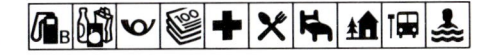

Ansteuerung Der Hafen liegt NW-lich der hohen, bewaldeten und von See sehr gut auszumachenden Huk Stenshuvud. Zum Hafen führt ein befeuertes Fahrwasser, das mit bis zu 2,5 m Tiefgang befahren werden kann.

Warnung Infolge von Versandung muß im Fahrwasser und im Hafen mit geringeren Tiefen gerechnet werden.
S-lich des Fahrwassers liegen vom 17. Juli bis 1. November feste Fischfanggeräte aus.
N-lich des Hafens liegt das Ravlunda Schießgebiet, s.Krt.

Hafenbeschreibung Der Hafen hat einen 150 m langen Kai mit 1,5 – 3,0 m Wassertiefe. In der Mitte des Kais gibt es Liegeplätze mit Bojen für die Sportschiffahrt und weitere Plätze an den Kaienden.

Die übrigen Hafenteile sind flach, besonders an der Innenseite des Wellenbrechers.

Gastplätze Im N-Teil des landseitigen Kais sind etwa 10 Gastplätze vorhanden, sind diese belegt, so kann der Hafenmeister auch andere Plätze anweisen.

Festmachen Die Gastplätze haben Bojen.

Hafenamt Tel. 04 14 - 7 08 91, Simrishamn 04 14 - 1 00 29.

Sonstige Einrichtungen Am Hafen ist eine Werkstatt für Reparaturen an Rumpf und Maschine, die auch Bootsausrüstung verkauft. Im Ort können Bestellungen für Arzneimittel und Alkohol aufgegeben werden. Busverbindung mit Kristianstad und Simrishamn.

Geschichte/Tourismus Kivik ist ein hübscher Fischerort mit Wurzeln, die bis ins Mittelalter reichen. Dicht beim Hafen liegen die ältesten Teile des Ortes mit Fachwerkhäusern und engen, winkligen Gassen.
Heute ist Kivik besonders durch seinen Mitte Juli stattfindenden Markt bekannt. Große Obstplantagen umgeben den Ort. Dicht S-lich des Hafens liegt das große Königsgrab „Bredarör", wahrscheinlich aus dem 11. Jahrhundert vor Christus. Das Grab wurde 1690 zerstört und geplündert, 1933 aber wieder instand gesetzt. Es besteht aus einem Steinhaufen von 75 m Durchmesser, der die Grabkammer mit wundersamen Steinzeichnungen umschließt. Heute führt ein Gang in die Grabkammer.
Stenshuvud Naturpark liegt etwa 1,5 km S-lich des Hafens. Die vielen Sehenswürdigkeiten des Parks kann man über ein weitverzweigtes Netz von Wegen erreichen.

Vitemölla

55°42′N 14°12,7′E D 138, S 829, 839

Fischerhafen an der O-Küste von Schonen, etwa 3 sm NW-lich Stenshuvud

Service in der Nähe

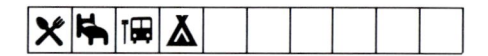

Ansteuerung Zwei Fischerfeuer auf Pfählen, in Linie 210°, führen in den Hafen. Man beachte die ausliegenden Fischfanggeräte vor der Hafeneinfahrt (s. Foto). Der Hafen kann mit etwa 1,5 m Tiefgang angelaufen werden.

Warnung Die Wassertiefe in der Hafeneinfahrt kann durch Versandung schnell abnehmen.

Hafenbeschreibung Der äußere Teil des Hafenbeckens ist normalerweise etwa 2 m tief, während der innere Teil erheblich flacher ist. An der Innenseite der W-Pier befindet sich ein etwa 50 m langer Kai für die Fischerei. Die Innenseite der O-Pier hat Sportbootliegeplätze mit Festmachebojen.

Gastplätze Der Hafen dient in erster Linie der örtlichen Fischerei und kann nur eine begrenzte Anzahl Gastboote aufnehmen. Unmittelbar innerhalb der Wellenbrecherköpfe sind einige Liegeplätze für Sportboote vorhanden.

Falsterborev – Lägerholmen 77

Festmachen Vor Heckanker oder längsseits des Kais.

Hafenamt Tel. 04 14 – 7 03 54.

Geschichte/Tourismus N-lich des Ortes liegt das Naturschutzgebiet „Vitemölla strandbackar". Die Landschaft besteht aus welligen Hügeln mit besonderer Sandsteppenvegetation. Ein schöner, langer Sandstrand bietet gute Bademöglichkeiten.

Åhus

55°55,5′N 14°18,5′E   D 139, S 822, BSK 822.3, 8001.3

Hafen an der O-Küste von Schonen an der Mündung des Flußes Helgeån

Service in der Nähe

Ansteuerung Das Seegebiet vor Åhus ist voller Untiefen. Von See führen zwei Fahrwasser zum Hafen. Nur das N-liche ist befeuert. In den Fahrwassern kann N-licher oder S-licher Strom mit einer Stärke von 1 bis 2 kn laufen. N-lich und S-lich von Åhus befinden sich Schießgebiete (s. Krt.).

Ankerverbot In dem verminten Gebiet vor dem Hafen ist Ankern, Tauchen und Fischen verboten (s. Krt.)

Schiffahrtsvorschrift Maximal 5 kn im Hafengebiet.

Hafenbeschreibung Der Hafen liegt an der N-lichen Mündung des Flusses Helgeån. Die N-Seite des äußeren Hafenteils besteht aus einem etwa 1,5 km langen Kai (Kai 1–25) für die Handelsschiffahrt. Im inneren Hafen sind Liegeplätze für die Sportschiffahrt und ein 100 m langer Kai, Spritkajen, für die Handelsschiffahrt vorhanden.
An der S-Seite hat der Segelverein einen großen Sportboothafen.

Gastplätze W-lich des großen Silos ist ein Gastanleger mit 23 Bootsplätzen. Der Kai 1, dicht vor dem Gastanleger, darf zum zeitweiligen Anlegen benutzt werden. Die übrigen Kaiplätze des Handelshafens dürfen nicht blockiert werden.

Festmachen Der Gastanleger hat Boxen.

Hafenamt Der Gasthafen wird vom Fremdenverkehrsamt in Åhus verwaltet. Tel. 044 – 24 01 06.

Sonstige Einrichtungen Im Sportboothafen, an der S-Seite des Flusses, gibt es einen Mastenkran, eine Schlippanlage, Trailerrampe und Bootswerft. Der Handelshafen hat eine große Anzahl von Kränen. Bootsausrüster im Ort.

Geschichte/Tourismus Im 12. Jahrhundert ließ der Erzbischof von Lund, Eskil, die Burg Aosehus an der Mündung von Helgeån bauen. Im Schutz der Burg entstand nach und nach eine bedeutende Handelsstadt. Im Jahre 1569, während des nordischen siebenjährigen Krieges, wurde die Burg zerstört. Sie ist aber in den Grundmauern restauriert worden und kann gegenüber dem Gasthafen besichtigt werden, s. Foto.
Im Jahre 1617 ließ Kristian IV. Kristianstad bauen und entzog gleichzeitig Åhus das Stadtrecht. 1775 bekam der Fluß einen neuen Mündungsarm bei Yngsjö, etwa 5 sm S-lich Åhus, und der Hafen von Åhus versandete und verlor seine frühere Bedeutung. Mitte des 19. Jahrhunderts grub man jedoch einen Kanal zum Hafen, und es begann eine rasche Entwicklung des Ortes, der bald wieder der größte Hafen von Schonen wurde. Der Grundriß des Zentrums von Åhus hat seinen Ursprung im Mittelalter. Die St. Marien-Kirche stammt in den ältesten Teilen aus dem 12. Jahrhundert, die Kalkmalereien der Kirche aus dem 13. Jahrhundert. Von den vielen Sehenswürdigkeiten von Åhus soll nur noch das Rathaus aus dem Mittelalter genannt werden, das heute das Museum beherbergt.

Kapitel 3

Lägerholmen – Torhamnsudde

Häfen

Tosteberga 92	Ronnebyhamn 112
Edenryd 93	Göholm 113
Hermans Heja 94	Hallarna 114
Sölvesborg 95	Grapahamnen 115
Torsö 96	Tromtö Nabb 116
Hällevik 97	Tallholmen 117
Nogersund 98	Åslätten 118
Hanö 99	Dragsö 119
Hörvik 101	Saltö Fischereihafen 120
Krokås 102	Tallebryggan, Karlskrona 121
Pukavik 103	Drottningskär, Lökanabben 122
Gunnön 104	Ekenabben 123
Karlshamn 105	Sanda 125
Vägga 106	Torhamn 126
Tjärö 107	Ungskär 127
Järnavik 109	Stenshamn 128
Karön 110	Utklippan 129
Ekenäs 111	

Lägerholmen – Torhamnsudde 81

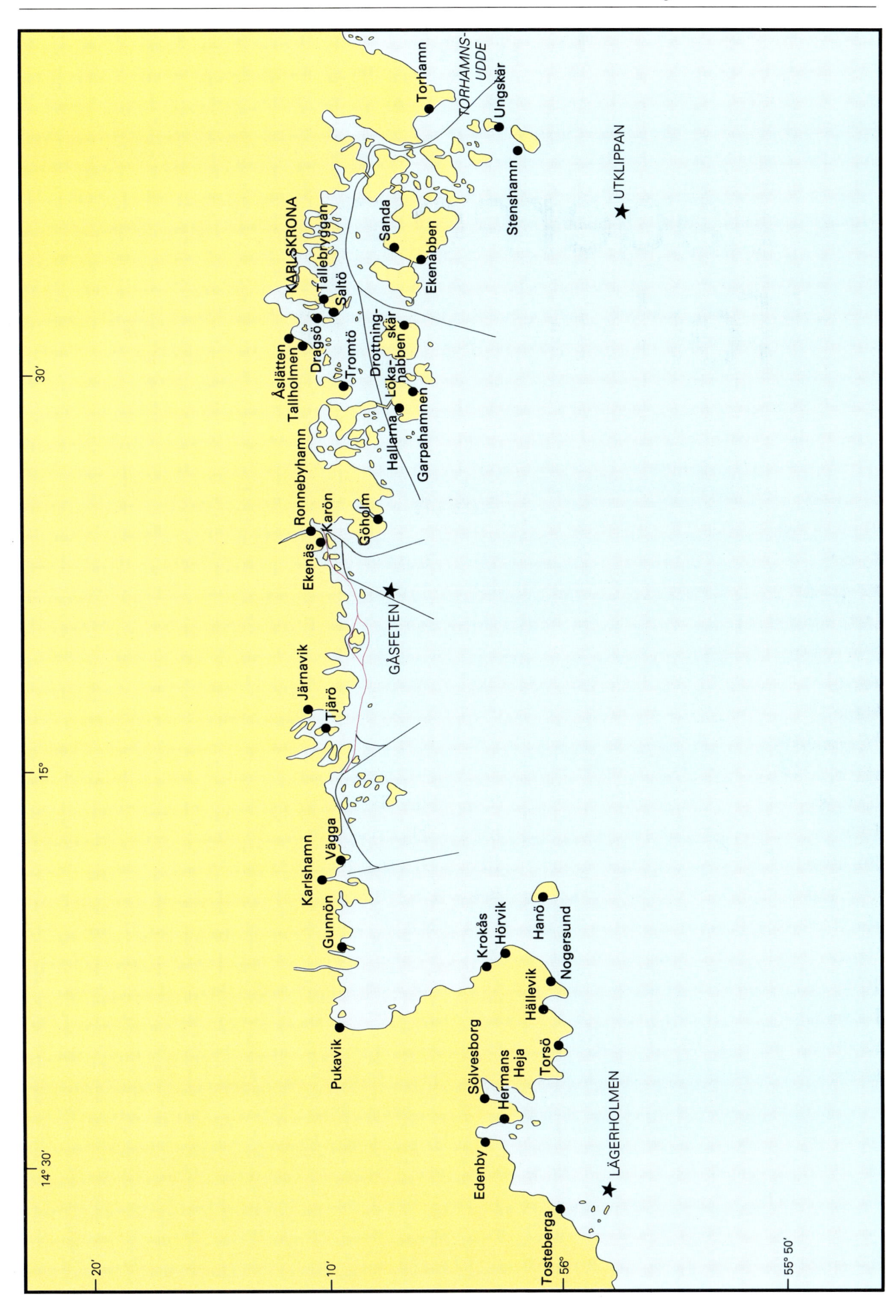

Allgemeines

Ankerverbot
Ankerverbot besteht bei Unterwasserkabeln und Rohren. Es wird durch Verbotstafeln an den Stränden angezeigt.
Außerdem ist Ankern, Tauchen und Fischen in den folgenden verminten Gebieten verboten:
- Einsteuerung nach Sölvesborg
- Karlshamnsfjärden
- S-lich von Tjärö
- Ronnebyfjärden
- Einsteuerung NW-lich von Hasslö
- Aspö-Tjurkö
- Einsteuerung nach Gåsefjärden
- Einsteuerung nach Kållafjärden
- Torhamnsudde-Långören

Brücken
Eine Schwingbrücke (Hasslöbron) führt über den Sund zwischen Almö Udde und Västra Hästholmen in Karlshamns W-Schären. Die Brücke hat eine 20 m breite Durchfahrtsöffnung und 4 m Durchfahrtshöhe bei MW unter dem Schwingteil. Zum Öffnen der Brücke ist das Schallsignal - - · abzugeben oder man meldet sich auf UKW-Kanal 16 mit dem Ruf „Karlskrona Sjöcentral".
Das Fahrwasser und die Brücke werden elektronisch überwacht und gesteuert. Die Durchfahrt wird durch Lichtsignale auf dem Manöverhaus, s. Karte, geregelt. Der W-gehende Verkehr hat Vorfahrt. Über Lautsprecher können Informationen an die Schiffahrt gegeben werden.
Möcklösundsbrücke (Schwingbrücke) führt über das Fahrwasser zwischen Möcklö und Senoren in den O-lichen Karlskrona-Schären. Die Brücke hat eine 15 m breite Durchfahrtsöffnung und 4 m Durchfahrtshöhe unter der geschlossenen Klappe. Das Fahrwasser führt durch die N-liche Brückenöffnung. Zum Öffnen der Brücke ist das Schallsignal - - · abzugeben.
Im Sommerhalbjahr ist während des größten Teils des Tages eine Brückenwache vorhanden, und die Brücke kann dann für den Verkehr geöffnet werden. Während der übrigen Zeit wird die Brücke nach rechtzeitiger Vorbestellung für die Handelsschiffahrt geöffnet. Die Durchfahrt wird durch Lichtsignale auf dem Manöverhaus und den Brückengeländern geregelt, s. Karte. W-gehender Verkehr hat Vorfahrt.

Möcklösundsbrücke aus E

Deviationsbahn
Die Marine hat zur Deviationsbestimmung in Västrafjärden und im N-lichen Teil von Bollösund ein Gebiet eingerichtet. Fahrzeuge, die das W-liche Fahrwasser nach Karlskrona befahren, sollen Fahrzeugen, die Deviationsbestimmung machen, Raum geben!

Schiffahrtsvorschriften
Die Vorschriften sind gewöhnlich bei der Beschreibung des Hafens zu finden.
Aufstellung der maximal zugelassenen Geschwindigkeit:

Hällevik	5 kn
Pukaviksbukten	5 kn
Karlshamn	5 kn
Väggaviken	3 kn
Svaneviks båthamn	5 kn
Nästensö – Ö Bokö	7 kn
Matviksfjärden	5 kn
Spjutsö – Kajskär	5 kn
Saltärna	7 kn
Steköarna – Karön – Ronnebyhamn	5 kn
Hasslöbron	5 kn
Nättrabyån	5 kn
Borgmästarefjärden	5 kn
Stumholmssund – Handelshamnen	5 kn
Sunna kanal	5 kn
Lyckebyån	5 kn
Tjurkö – Kungsholmen	5 kn
Skällösund	5 kn
Möcklösundsbron	5 kn
Ytterösund	5 kn

Meßstrecken
In den Karlskrona-Schären befinden sich Meßstrecken zur Geschwindigkeitsmessung und zur Echolotkontrolle.

Fähre
Das O-Fahrwasser nach Karlskrona wird bei Ytterösund von einer Kabelfähre gekreuzt. Ein langes Schallsignal soll vor Passieren der Fährstrecke abgegeben werden. Wenn die Fähre in Fahrt ist, darf die Strecke nicht durchfahren werden.

Küstenbeschreibung
Nachstehend die Beschreibung einiger Landmarken, die bei der Ansteuerung und Identifizierung der Küste eine Hilfe sein können:

– Nymöllas Zellulosefabrik ist bei Tag und Nacht weit seewärts zu sehen

– Ryssberget ist ein etwa 17 km langer Bergrücken dicht N-lich von Sölvesborg. Der Berg ist von Osten und von Westen von See aus gut auszumachen

– auf Listerlandet, SO-lich von Sölvesborg, liegen die Hügel Hjärthalla (60 m), Stibybacke (37 m) und Listerhuvud (84 m)

– auf der Landecke Björknabben, SW-lich von Hällevik, stehen zwei hohe Funkmasten

– das Wrack auf Kråkrevet ist gut sichtbar

– die Insel Hanö ist 60 m hoch und fast kahl. Der Leuchtturm ist weiß, 16 m hoch und steht auf der höchsten Stelle der Insel

- Malkvarn ist eine kleine dunkle Klippe, etwa 1 sm NO-lich von Hanö

- W-lich von Karlshamn sieht man schon aus großer Entfernung die großen Fabrikgebäude von Mörums Bruk, einen hohen Funkmast etwa 8 km landeinwärts sowie auf Stärnö die drei Schornsteine des Wärmekraftwerkes von Karlshamn

- der Leuchtturm von Tärnö ist weiß und steht auf der hohen, fast kahlen S-Ecke der Insel gleichen Namens

- In Karlshamn sieht man hohe Silos und Fabrikanlagen im Hafen

- der Leuchtturm von Gåsfeten, auf einer kleinen gelblichen Schäre, ist 10 m hoch, weiß mit rotem Dach

- in Karlskrona sieht man u.a. einen hohen, blauweißen Wasserturm sowie daneben die Funkmasten mit roten Warnfeuern

- Utlängan ist niedrig und teilweise bewaldet. Auf der Insel sind ein Turm sowie viele Gebäude zu sehen. Der Leuchtturm ist 13 m hoch, oben schwarz und unten weiß

Utklippan aus Nord

- bei Sandhamn, dicht N-lich von Torshamnsudde, stehen viele Masten und weiter N-lich auf der Ecke steht ein hoher sehr auffälliger Mast mit Ausguck an der Spitze und roten Warnfeuern

Schutz- und Kontrollgebiete
Wie aus der Karte ersichtlich, gehört der gesamte Küstenabschnitt zwischen Karlshamn und Torhamnsudde zu Schutz- und Kontrollgebieten.

───── Grenze für Schutzgebiete

Innerhalb der Schutzgebiete dürfen sich Ausländer und ausländische Fahrzeuge ohne Genehmigung nicht aufhalten (s. jedoch unten).

───── Grenze für Kontrollgebiete

Innerhalb des Teiles des Kontrollgebietes, der blau schattiert ist, dürfen sich Ausländer und ausländische Fahrzeuge, von weniger als 12 m Länge oder weniger als 4 m Breite ohne Genehmigung höchstens drei Monate in einem Kalenderjahr aufhalten.
Für größere Fahrzeuge gelten andere Bestimmungen (s. unten).
Innerhalb der übrigen Teile des Kontrollgebietes dürfen sich Ausländer und ausländische Fahrzeuge ohne Genehmigung nicht aufhalten (s. jedoch unten).
Dänische, finnische, isländische und norwegische Staatsbürger dürfen sich jedoch innerhalb des Kontrollgebietes ohne Einschränkung aufhalten.

───── Fahrwasser, die Ausländer und ausländische Fahrzeuge ohne Genehmigung zu direkter Fahrt ohne unnötigen Aufenthalt benutzen dürfen.

Ausländer und ausländische Fahrzeuge dürfen außerdem innerhalb des Kontrollgebietes zu direkter Fahrt ohne unnötigen Aufenthalt den kürzesten Wasserweg zum Drottningskärs Kastell benutzen, wenn Sie an einer von der örtlichen Touristenorganisation veranstalteten Fahrt teilnehmen.

☐ Aufenthaltsplatz und ⚓ Ankerplatz (kein Festmachen an Land, mit Ausnahme der Ankerplätze vor der Festlandsküste von Kuggeboda und Torhamn), wo sich Ausländer und ausländische Fahrzeuge ohne Genehmigung höchstens 72 aufeinanderfolgende Stunden aufhalten dürfen, wobei die Zeit für die Fahrt durch die Schutz- und / oder Kontrollgebiete bis zum Platz mitgerechnet wird.
Das oben beschriebene Aufenthaltsrecht gilt nicht bei zu schützenden Einrichtungen nach § 1 – 3 des Gesetzes vom 17. Mai 1940.

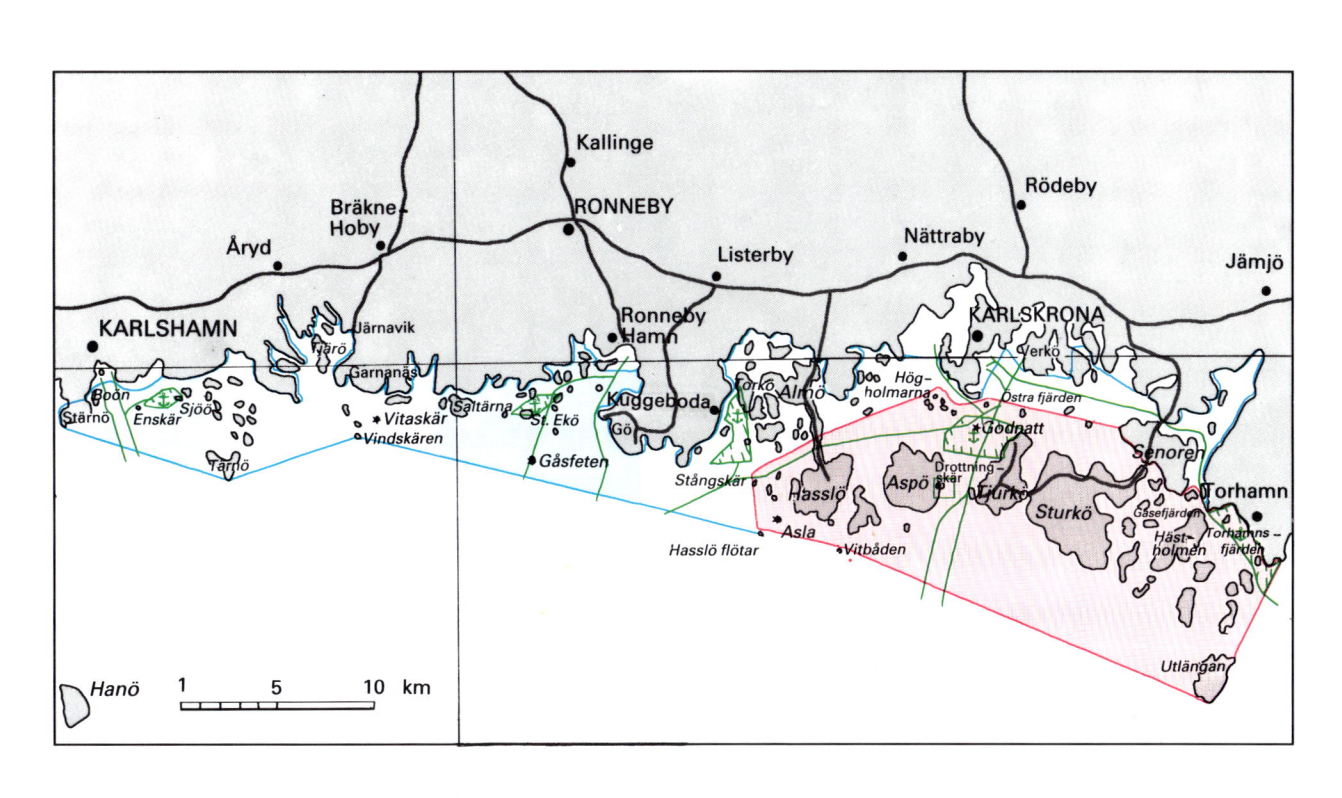

84 Lägerholmen – Torhamnsudde

Innerhalb der Schutz- und Kontrollgebiete ist das Recht, Messungen vorzunehmen, zu fotografieren usw. eingeschränkt. Sprengstoff darf nicht mitgeführt werden.
Nähere Auskünfte werden von den Polizeibehörden oder vom Befehlshaber des Verteidigungsbezirks erteilt.

Schießgebiete
Ein großes Schießgebiet liegt vor den Karlskrona Schären, s. Karte. Auch in den anderen Gebieten können Schießübungen stattfinden. Während des Schießens wird das Gefahrengebiet sorgfältig bewacht und das Schießen abgebrochen, wenn sich Fahrzeuge nähern. Bei manchen Übungen wird das gesamte Gebiet gesperrt, und Fahrzeuge werden durch Wachboote abgewiesen.
Informationen über stattfindende und noch folgende Schießübungen erhält man unter Tel. 0455 – 810 98.

Strömung
Bei frischen W-lichen Winden in der Hanöbucht läuft im allgemeinen ein O-Strom 5 bis 10 sm vor der Küste von Blekinge und ein W-licher Gegenstrom dicht unter Land. Es entsteht dann kabbelige See außerhalb des Schärengürtels.

Aufsprudeln
Die Wassertemperatur entlang der S-Küste von Schonen kann im Sommer plötzlich unter 5° sinken. Diese niedrigen Wassertemperaturen erzeugen oft Nebel und können auch unangenehme Konsequenzen haben, wenn jemand über Bord fällt.

Der Temperatursprung wird durch ein Phänomen verursacht, das „Aufsprudeln" genannt wird und tritt ein, wenn W-liche Winde (parallel zur Küste) mindestens ununterbrochen 12 Stunden geweht haben. Der Wind erzeugt eine Wasserströmung, die durch die Korioliskraft rechts von der Windrichtung gerichtet ist. An der Meeresoberfläche beträgt die Rechtsdrehung etwa 45°, aber sie nimmt mit der Wassertiefe zu und verläuft schon wenige Meter unter ihr rechtwinklig von der Küste weg. Wenn das warme Oberflächenwasser von der Küste weg transportiert wird, „sprudelt" Wasser mit 2°–6° Temperatur aus dem Bodenbereich nach.
Nebel entsteht, wenn die warme, feuchte Sommerluft durch das kalte, aufsprudelnde Wasser abgekühlt wird.

Wasserstand
Charakteristischer Wasserstand für Karlskrona:
Höchstes Hochwasser (HHW) .... + 133 cm
Mittleres Hochwasser (MHW) .... + 74 cm
Mittelwasser .... ± 0 cm
Mittleres Niedrigwasser (MLW) .... – 65 cm
Niedrigstes Niedrigwasser (LLW) .... – 94 cm
Auskünfte über den aktuellen Wasserstand im Verhältnis zum jährlichen Mittelwasserstand kann man vom automatischen Telefonbeantworter unter Tel. 0455 – 461 20 erhalten.

Durchsteuerung

Karlshamn – Ronneby
Zwischen Karlshamnsfjärden und Ronnebyfjärden verläuft ein gut bezeichnetes Tagfahrwasser für Fahrzeuge bis 2,7 m Tiefgang. Das Fahrwasser ist nach Süden zu teilweise ungeschützt und bei Starkwind grober, sich brechender See ausgesetzt.
N-lich von Stickelön und Saltärna verläuft ein gut geschütztes Fahrwasser für Boote bis 1,5 m Tiefgang. Man beachte, daß das Fahrwasser N-lich der Unterwasserklippe verläuft, die NW-lich von Saltärna liegt.
Durch die Ronneby-Schären, zwischen Svanevik und Ronnebyhamn, geht ein gut geschütztes Sportbootfahrwasser. An dieses schließt sich ein weiteres an, das durch den Sund zwischen Lilla Ekön und Karön führt.
Diese Fahrwasser sind nur spärlich bezeichnet, aber mit etwa 1,6 m Tiefgang bei vorsichtiger Navigation zu befahren.

Landmarken am Fahrwasser

– die Steinbake Enskär ist weiß, 3 m hoch und hat auf der Spitze einen schwarzen Radarreflektor mit gelbem Band, der hier aus W-licher Richtung abgebildet ist

– im N-Teil von Nästensö liegt ein großer, gut sichtbarer Steinblock

– die Steinbake Matvikshög ist rot, 18 m hoch mit einer schwarzen, rechteckigen Tafel

– die Steinbake Fårö ist weiß, 3,6 m hoch und hat ein weißes, liegendes Faß als Toppzeichen. Sie ist hier aus Süden abgebildet

– die Steinbake Bockö ist weiß und 1,8 m hoch

– Leuchtturm Vitaskär aus WNW

– Leuchtturm Saltärna aus Süd

– Leuchtturm Gåsfeten aus Süd. Links Saxemara-Richtfeuer und rechts Ronnebys neuer Wasserturm

– Saxemara-Richtfeuer in Linie

- die Stangenbake Eskelen ist etwa 2,7 m hoch und hat einen Radarreflektor auf der Spitze

- die Richtlinie der Svanvik-Richtfeuer, orangefarbige Türme mit weißen, dreieckigen Tagmarken. Links davon das Feuer Svanviksudde auf grauem Gestell.

- Die Richtbaken auf Harön sind rot und dreieckig

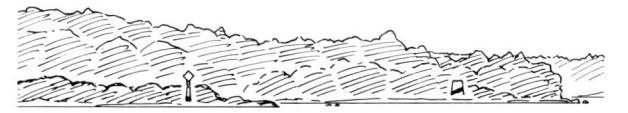

- Leuchtturm Stekö aus SW. Rechts Steinbake Lilla Ekön, weiß mit rotem Band

- die Richtfeuer Aspan bestehen aus Laternen auf weißem Turm bzw. weißem Pfahl

- das Feuer Sandviken besteht aus Laternen auf orangefarbigem Turm mit weißer Rautentagmarke

- in der Richtlinie Högaskärs Fleck

- Mulaholmens Steinbake und Fleck in Linie. Links davon der neue Wasserturm von Ronneby

Karlskrona Schären

Ein gut bezeichnetes Fahrwasser für Fahrzeuge bis 3,2 m Tiefgang verbindet das Fahrwasser W-lich der Schären mit dem Fahrwasser vor Torhamnsudde. Im Fahrwasser passiert man die beweglichen Brücken Hasslöbrücke und Möcklösundbrücke und kreuzt die Fahrstrecke der Kabelfähre im Ytterösund.

In den Schären muß man mit lebhaftem Verkehr durch Marinefahrzeuge und mit militärischen Übungen rechnen.

Landmarken in den Karlskrona-Schären von West nach Ost:

- den Felsen Tote, SO-lich Göudde, sieht man deutlich

- die Bake Lilla Kråkan besteht aus einer Gruppe roter Blechfässer

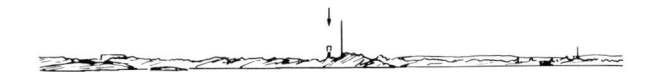

- der Turm von Almö in Linie mit dem Karlskrona-Wasserturm. Der Turm auf Almö ist ein hoher Steinturm mit einem kleinen Holzhaus auf der Spitze. Der Wasserturm ist weiß-blau gestreift und weit sichtbar. Dicht dabei steht ein Funkmast mit roten Warnfeuern

- die Steinbake Stångskär ist etwa 4 m hoch, weiß mit rotem Band. Sie ist von Westen dargestellt

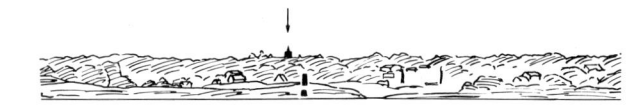

- die Steinbaken Kåsaskär in Linie, orange mit weißen dreieckigen Toppzeichen. Unter dem Pfeil sieht man die Kirche von Hasslö

- die Almö-Bake ist 7,2 m hoch und weiß mit rotem Band

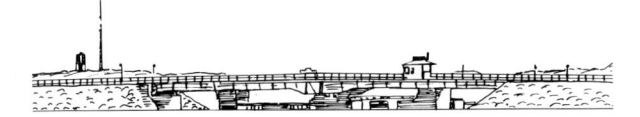

- Hasslöbrücke aus WSW. Links der Wasserturm von Karlskrona und der Funkmast

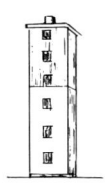

- Aspö-Lotsenausguck ist rot und weiß

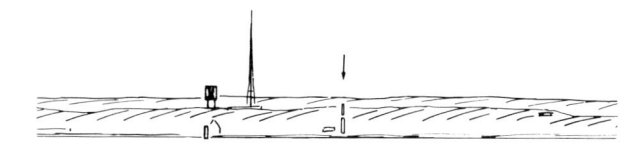

- in der Richtlinie der Karlskrona-Richtfeuer (weiße Leuchttürme). Links von der Richtlinie sieht man den Funkmast, den Wasserturm und den Leuchtturm Västra Försänkningen

- der Leuchtturm Västra Försänkningen ist weiß und rot. Auf der jeweiligen Seite der Haupteinfahrt liegen Drottnigskärs Festung und Kungsholm Fort

- der Leuchtturm Godnatt besteht aus einer grauen Laterne auf grauem Festungsgebäude im Wasser

- die Stangenbake Långören besteht aus einem 21 hohen, weißen Stahlmast mit weißer, rechteckiger Tafel auf der Spitze

86 Lägerholmen – Torhamnsudde

– Richtfeuer Långören auf Gittermasten mit weißen, schwarz umrandeten Tafeln mit schwarzen Dreiecken

– die Richtfeuer Hommenabben befinden sich auf Gittermasten mit roten, dreieckigen Tagmarken

– Utlängan ist flach und teilweise bewaldet. Auf der Insel sieht man einen Turm, einen Mast und mehrere Gebäude. Der Leuchtturm ist etwa 13 m hoch, oben schwarz und unten weiß

– die Stangenbake Eldsten ist 13 m hoch und hier aus Süden abgebildet. Im Hintergrund der Mast auf Torhamnsudde. Der Mast hat einen Ausguck auf der Spitze, und die roten Warnfeuer sind weit sichtbar

Lägerholmen – Torhamnsudde 87

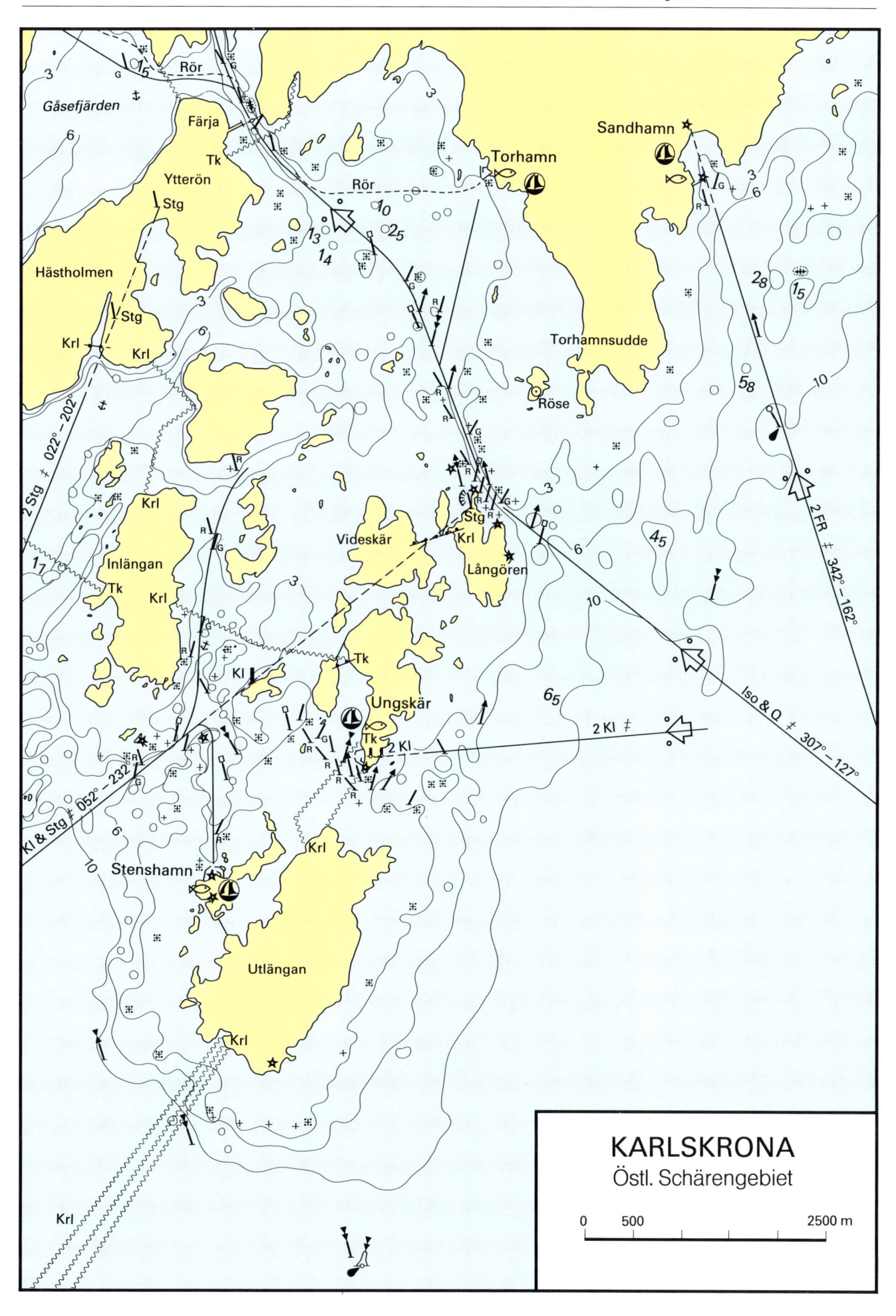

KARLSKRONA
Östl. Schärengebiet

0   500   2500 m

88 Lägerholmen – Torhamnsudde

Naturschutz
W-Blekinge

Naturschutzgebiete

1 Tosteberga-Wiesen Prachtvolle, blühende Wiesen mit artenreicher Flora mit vielen seltenen Gewächsen.

2 Sölvesborgsviken Bucht mit reicher Vogelwelt.

3 Stiby Backe Einer der sog. Restberge von Listerlandet. In dem Gebiet gibt es viele verschiedene Arten von Gewächsen und Tieren.

4 Listers Huvud Der größte und höchste Restberg von Listerlandet. Vom 55-m-Niveau abwärts sind die verschiedenen Strandkanten aus der Entwicklung des Wasserstandes der Ostsee sichtbar, s. auch Hörvik.

5 Spraglehall Ein kleiner Restberg mit Buchenwald und reichhaltiger Flora.

6 Stilleryd Das Naturschutzgebiet besteht aus einer Küstenstrecke, die typisch für dieses Gebiet ist.

7 Fölsö ist eine hübsche Insel ohne Bebauung. Die Insel bietet gute Bademöglichkeiten und hat einen Anleger für Sportboote.

8 Tärnö ist die größte Insel in den Hällaryds-Schären. Die aufgelockerte Bebauung befindet sich entlang des N-Strandes. Dort sind auch Anleger für das Postboot und den Schärenverkehr sowie ein geschützter Ankerplatz vorhanden.

Vom Drakberg kann man mehr als die Hälfte der Küste von Blekinge sehen. Die Insel hat einen dichten Laubwald mit Schlinggewächsen. Funde aus der Steinzeit beweisen, daß die Insel damals schon zeitweilig bewohnt war. Es gibt zwei Gräber aus der älteren Eisenzeit, und man hat einen Schatz aus der Wikingerzeit gefunden. Regelmäßige Bootsverbindung mit Karlshamn.

9 Bockön-Mjöö sind Naturschutzgebiete, die als Erholungsgebiete erhalten werden. Mjöö ist außerdem Vogelschutzgebiet.

10 Eriksbergs Strände sind Strand- und Schärengebiete von großem Wert mit guten Bademöglichkeiten.

11 Tjärö ist ein charakteristischer Teil der Schären Mittelschwedens mit reicher und verschiedenartiger Vegetation zwischen steinigem Boden; gute Bademöglichkeiten. Gasthafen und Station des schwedischen Touristenvereins auf Tjärö.

12 Järnavik ist ein Stück Kulturlandschaft, das typisch für die Küstenbebauung von Mittelblekinge ist.

13 Sonekulla-Biskopsmåla Kulturlandschaft an der Mündung des Bräkneån.

Vogelschutzgebiete

1 Lägerholmen Betreten verboten das ganze Jahr über.

2 Ängholmarna ist niedrig, steinig und mit Büschen bewachsen. Nistplätze für eine große Anzahl von Wasser- und Singvögeln. Betreten verboten vom 1.3. bis 30.6.

3 Tosteberga-Saxaviken Die kleinen Schären zwischen Vannebergaholmen und Ålahaken, Takholmen und die Schären zwischen Långholmen und Bockaholmen sowie Gruarna und Skälörarna dürfen vom 1.3. bis 30.6. nicht betreten werden.

Die folgenden Vogelschutzgebiete dürfen in der Zeit vom 1.4. bis 15.7. nicht betreten werden:

4 Vallholmen

5 Hylleskär

6 Rådmansholmarna

7 Långören, Gräsören und Kringflutne Ör.

8 Ola Persör (NO von Djupekås).

9 Raskören und Sandören

10 Glipeskär und Jeppö

11 Norrören

12 Vadholmen

13 Betesskären (W-lich von Ekholmen) sowie Östra und Västra Åskärvet.

14 Jordskärvet

15 Die kleinen Inseln in der Bucht zwischen Kofsa Nabb und Döseboviken (Hästholmen, Svartskärven, Aspeskärvet, Östra und Västra Skaftholmen, Björkeskärv, Klyvesholme und Andskärvet).

16 Eneskärvet (Enskär)

17 Knivlösarna und Bengtsörarna

18 Fåröholm

19 Mjöö, Östra und Västra Mjööskärv

20 Haröskär

21 Garnboskärv und Älleskärv

22 Jypsaholmen

23 Hattaholmen, Alholmen und Bjärnö Örar

24 Die Bucht zwischen Gyön und Vierydsfjärden (Järnaskärven, Långaholmen, Törneholmen, Kajeskärvet, Stugeskärvet, Spjutsö, Eneskärvet, Fröstensskärv, Vindskären, Tvegöl, Rödaskäret, Vitaskär, Gråskärv, Funnarna, Lilla und Stora Färjan und Törneholmarna).

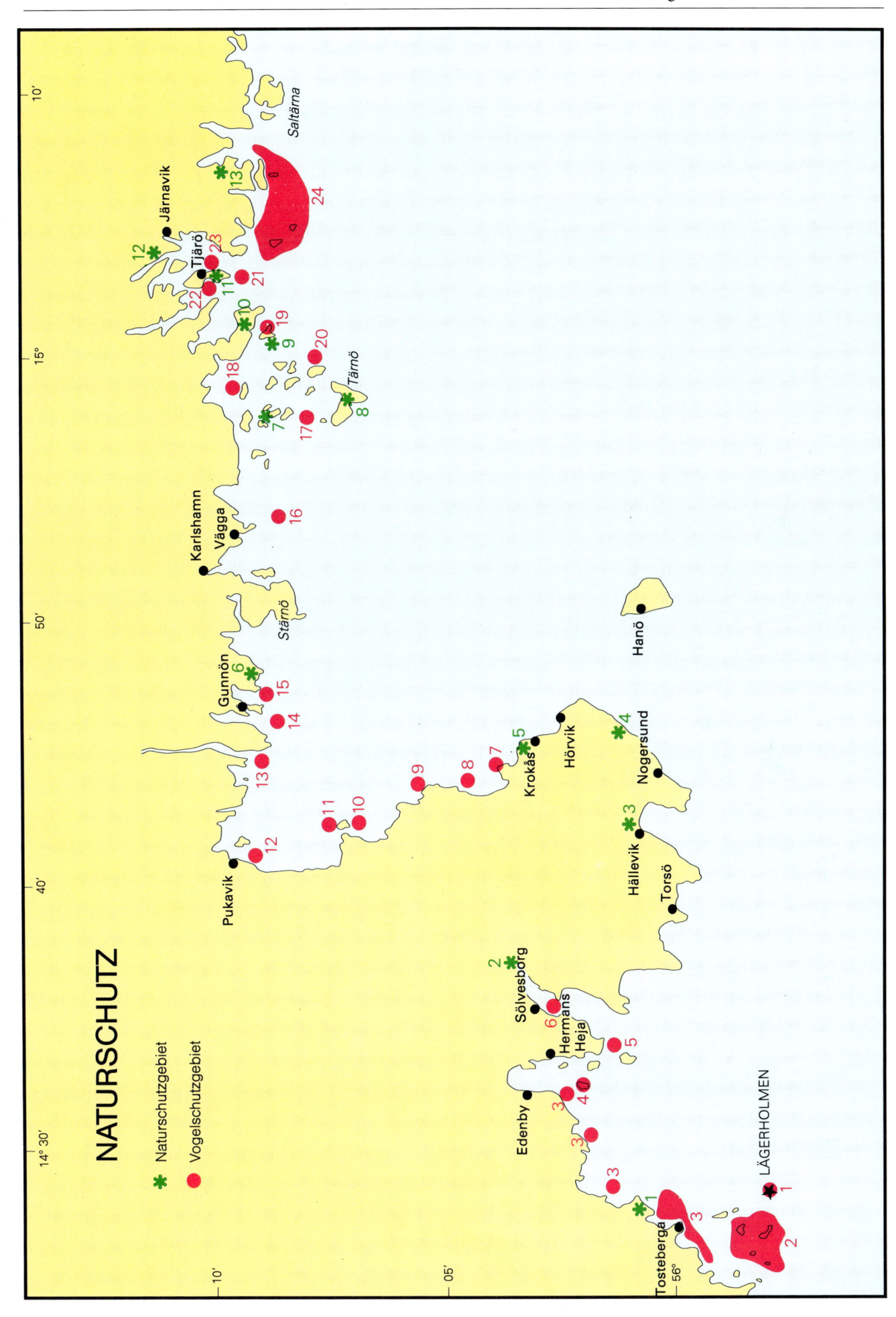

NATURSCHUTZ

* **✱** Naturschutzgebiet
* **●** Vogelschutzgebiet

Naturschutz
O-Blekinge

Naturschutzgebiete

14 Yttre Stekön ist von Tannenwald bedeckt, der seinen Ursprung aus einer Zeit hat, als das Klima in Schweden noch wärmer war. Das Gebiet wurde bereits 1915 Naturschutzgebiet und ist damit das älteste in Blekinge.

15 Listerby-Schären Die Gewässer um die großen Inseln Arpö, Vagnö und Slädö sind an vielen Stellen ziemlich tief und müssen mit Vorsicht befahren werden. Schöne Naturhäfen findet man u.a. an der W-Seite von Slädö und im N-Teil von Arpö, wo es auch Abfallbehälter gibt. Der NO-Teil von Arpö hat einen alten Waldbestand von Eichen und Linden.

16 Almö Udde hat natürliche Badeplätze an beiden Seiten.

17 Tromtö ist für seinen schönen Buchenwald und seine große Reiherkolonie bekannt. An der O-Seite liegt der Gutshof Tromtö mit großem Park in romantischem Stil. N-lich des Hofes gibt es den größten und wertvollsten Eichenwald von Blekinge, s. auch Tromtö-Gasthafen.

18 Uttorp auf Sturkö besteht aus Heide und Weideland. Hier liegen auch Zelt- und Badeplätze und Fridhems Tierpark.

19 Järkö hat ein Wandergebiet, das durch Schafe beweidet wird. Früher war hier Ackerland. Anlegeplätze sind an der O-Seite vorhanden, außerdem gibt es an der NW-Seite einen Anleger.

20 Hästholmen-Ytterön ist eine alte Kulturlandschaft. Der Ort gehört nicht zum Naturschutzgebiet, ist aber wegen seines unveränderten Dorfcharakters sehr sehenswert. An der W-Seite gibt es eine Anlegebrücke.

21 Västra Skällön besteht aus trockenen Wiesen mit Wacholderbüschen. Abfallbehälter sind vorhanden.

22 Svenö hat mit Wacholder bewachsene Flächen. An der W-Seite der Insel lag früher ein Bauernhof. An der O-Seite gibt es Anlegemöglichkeiten.

23 Hallarumsviken ist eine Kulturlandschaft mit Eichenwald und Bademöglichkeiten.

24 Torhamns Udde besteht aus breiten Strandwiesen, Weiden, Birken und Heide. Im Frühjahr und im Herbst wird die Landzunge von vielen Zugvögeln überflogen, die dort Rast machen. Bei der Vogelstation hat man an einem einzigen Apriltag bis zu 70.000 Eiderenten gezählt.

25 Kvalmsö ist ein neues Naturschutzgebiet im inneren Teil von Karlskronas W-Schären. Man kann hier die verschiedenen Gras- und Baumarten studieren. Die Insel hat auch gute Badeplätze.

Vogelschutzgebiete

Betreten verboten vom 1.4. bis 15.7.

25 Östra und Västra Björkeskärvet sowie Ekö Kläppar

26 Slätön

27 Skaftö und Skaftö Hallar

28 Lågaskärv und Högaskärv

29 Flatskär

30 Högaskären, Skräddarön und Rönneskär

31 Stora, Kråkan, Stångskär, Stångskärsflöt und Skrävlingarna. Stångskär ist eine der besten Vogelinseln in den Blekinge-Schären.

32 Hasslö Asla

33 Flatskär

34 Samdviksholmen

35 Stora und Lilla Bertilsö

36 Åholmen

37 Stora Ekeskär und Utö

38 Danmark (N-lich von Dragsö)

39 Djäknatomten (S-lich von Knösö)

40 Äggaskär (N-lich von Äspeskär)

41 Låga Kuttaskär

42 Tjärekläppen (S-lich von Pottneholmen) sowie Västra und Östra Toraskär

43 Annaskär sowie Lilla und Stora Kyrkoskär

44 Varö (W-Teil), Eneskär, Långekläpp, Lillekläpp, Dragsö und Björnen

45 Musaskär

46 Torraskär

47 Stora Ören, Yttre Flisan, Ronnkläppen, Kvarken, Tvisnakläppen und Långören

48 Danaflöt

49 Kållaskär

50 Soneskären, Lergrund, Högskär, Tvägölja, Norra und Södra Hylteskär, Stämmaskär, Kuggaskär und Flötjen

51 Eneskärskläppar

52 Ärlaskär

53 Båtaskär und Hammarören

Lägerholmen – Torhamnsudde

NATURSCHUTZ

* Naturschutzgebiet
● Vogelschutzgebiet

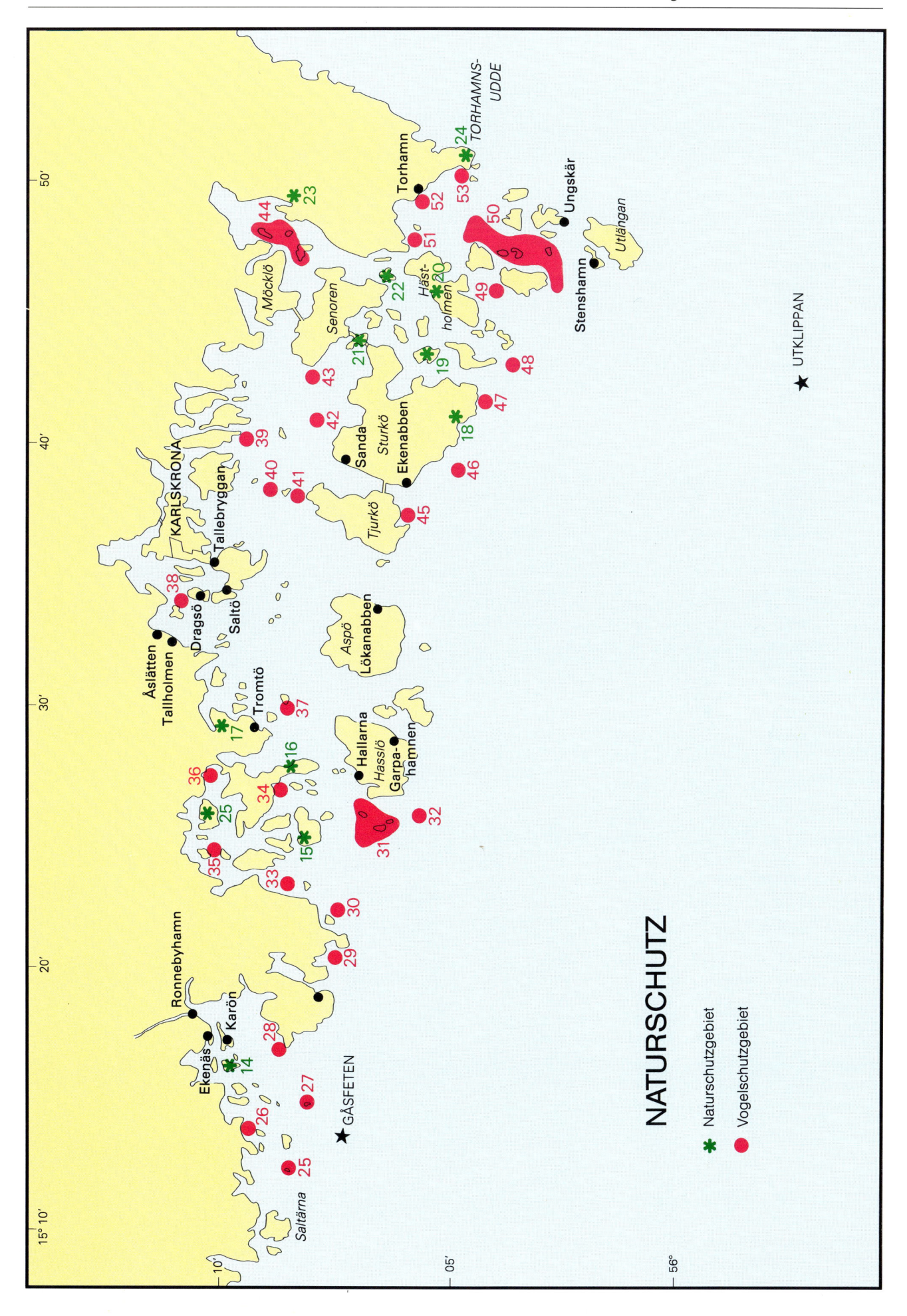

92 Lägerholmen – Torhamnsudde

Tosteberga

55°59,8'N 14°27'E   D 139, S 822, BSK 822.3

Kleiner Fischer- und Sportboothafen zwischen Åhus und Sölvesborg

Ansteuerung Das Fahrwasser vor dem Hafen ist sehr untief und nur sparsam bezeichnet, deshalb muß die Ansteuerung mit großer Vorsicht geschehen. Der Hafen kann bei günstigen Windverhältnissen mit einem Tiefgang bis zu etwa 1 m angelaufen werden.
Vom Fahrwasser NO-lich von Lägerholmen läuft man mit W-lichem Kurs auf Landön zu. Wenn man gut frei von der 1-m-Untiefe SO-lich der Insel Skaftet ist, dreht man nach Steuerbord und läuft weiter ganz dicht an der W-Seite von Skaftet und Rakö entlang. Von dort führt die Richtfeuerlinie 349° der Tosteberga-Feuer in den Hafen. Die Feuer, Lampen auf Pfählen, haben keine Tagmarken und können deshalb bei Tage schwer auszumachen sein. Dicht bei der Richtfeuerlinie liegen Untiefen. Es ist deshalb große Aufmerksamkeit erforderlich. Zwischen den Spieren dicht vor dem Hafen beträgt die Wassertiefe etwa 1,5 m bei mittlerem Wasserstand.

Warnung Vor Fischereigeräten in der Nähe des Fahrwassers wird gewarnt.

Hafenbeschreibung Der äußere Teil des Hafens ist etwa 2 m tief, während das innere Becken für Sportboote nur etwa 1 m Tiefe hat. Im äußeren Becken liegen ein etwa 50 m langer landseitiger Kai für die Fischer und Anleger für Sportboote an der Innenseite des Wellenbrechers.

Gastplätze Der Hafen hat keine Gastplätze. Auf Anfrage kann jedoch eine Anzahl von Liegeplätzen zur Verfügung gestellt werden.

Festmachen An Heckbojen oder längsseits des Kais.

Hafenamt Tel. 0 44 – 5 50 50.

Sonstige Einrichtungen Im Hafen gibt es einen kleinen Kran, Schlipp für Fischkutter sowie eine Trailerrampe. Der Briefträger besucht den Hafen Montag – Freitag zwischen 9.00 und 10.30 Uhr. Der nächste größere Ort ist Bromölla (10 km).

Geschichte/Tourismus Die einzigen Schären in Schonen befinden sich zwischen Åhus und der Grenze zu Blekinge. Es ist eine Küstenstrecke von außerordentlicher Schönheit. Die Inseln sind im allgemeinen niedrige Steinblöcke, die mit Büschen bewachsen sind und gute Nistplätze für viele Vogelarten bieten. Es ist verboten, die Inseln Ängholmarna, Skaftet sowie die Inseln beiderseits des Hafens von Tosteberga während der Zeit zwischen dem 1. März und dem 30. Juni zu betreten. Lägerholmen darf das ganze Jahr über nicht betreten werden. Das Naturschutzgebiet „Tosteberga Ängar" liegt dicht N-lich des Hafens.

Edenryd

Kleiner Bootshafen an der W-Seite von Valjeviken (Saxavik) dicht W-lich von Sölvesborg

56°03′N 14°32,2′E   D 139, S 822, BSK 822.3

Ansteuerung Der Hafen liegt an der W-Seite von Valjeviken (Saxavik), etwa in der Mitte von Öanabben. Das Fahrwasser ist bezeichnet und befeuert ab dem äußeren Teil von Saxaviken. Man läuft mit N-lichem Kurs in der Mitte der Bucht, bis man den Hafen querab hat, und dreht dann auf den Hafen zu. Bei günstigen Wetterverhältnissen kann der Hafen mit etwa 1,4 m Tiefgang angelaufen werden.

Hafenbeschreibung Der Hafen gehört zum Edenryds Bootsklub. Der äußere Teil des Hafenbeckens ist auf 1,6 m gebaggert, während das innere Becken flacher ist. Nachdem das Foto gemacht worden ist, hat man einen 90 m langen Anleger außerhalb der Pier angelegt. Die Wassertiefen an dieser betragen 1,3 – 2,0 m. Die bisherige Pontonbrücke ist beseitigt worden.

Gastplätze An der Außenseite der Pier, am neuen Anleger, sind zwei Gastplätze vorhanden. Wenn diese besetzt sind, weist der Hafenmeister auch andere an. Der Ausrüstungskai beim Mastenkran darf nur zum zeitweiligen Anlegen benutzt werden.

Festmachen An Heckbojen.

Hafenamt Tel. 04 56 – 2 60 11.

Sonstige Einrichtungen Maximale Belastbarkeit der Trailerrampe ist 4 t, der Mastenkran kann 300 kg heben. Post, Kiosk, Café, Schnellimbiß, Tankstelle, die auch Gasflaschen tauscht, Werkstatt und Bushaltestelle sind in Valje, 700 m vom Hafen entfernt. Nach Sölvesborg, das 7 km entfernt ist, fährt ein Bus.

94 Lägerholmen – Torhamnsudde

Hermans Heja

Sportboothafen in Valjeviken (Saxavik) dicht W-lich von Sölvesborg

56°02,2′N 14°33,4′E   D 139, S 822, BSK 822.3

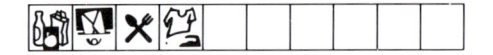

Ansteuerung Vom Fahrwasser zwischen den Feuern Lägerholmen und Turören führt ein bezeichnetes und befeuertes Fahrwasser zum Hafen. Das letzte Stück bis zum Hafen steuert man in der Richtlinie der Feuer Hermans Heja mit roten, dreieckigen Tagmarken. Aufmerksames Steuern ist erforderlich, da dicht außerhalb des Fahrwassers Untiefen und Fischfanggeräte liegen. Statt diese Richtlinie zu benutzen, kann man auch weiter in der Richtlinie der Sigersvik-Feuer fahren und Prästholmen runden und dann mit S-Kurs parallel der O-Küste der Insel auf den Hafen zusteuern.

Hafenbeschreibung Der Hafen gehört Sölvesborgs Segelsällskap (SSS). Der äußere Teil des Hafens ist etwa 2 m tief, der innere bedeutend flacher. Man beachte die Unterwasserklippe auf dem Foto.

Gastplätze Im äußeren Teil der äußeren Pontonbrücke sind drei Gastplätze vorhanden. Auch vermietete Plätze, die durch grüne Schilder gekennzeichnet sind, dürfen benutzt werden. Der Kai beim Mastenkran darf nur zum zeitweiligen Festmachen benutzt werden.

Festmachen An Heckbojen.

Hafenamt Tel. 0 44 – 7 03 85, 04 56 – 1 30 44 (Clubhaus)

Sonstige Einrichtungen Die maximale Belastbarkeit der Trailerrampe ist 1,5 t. Der elektrische Mastenkran hat 300 kg Hebevermögen, der Schlüssel befindet sich im Clubhaus. Ein Lebensmittelgeschäft und ein Zeltplatz mit Waschmaschine und Restaurant sind in Tredenborg, etwa 600 m vom Hafen entfernt. Zum Zentrum von Sölvesborg sind es etwa 2,5 km.

Sölvesborg

56°03′N 14°35,5′E   D 139, S 822, BSK 822.2, 8001.3

Sportboothafen mit Gastplätzen im innersten Teil des Handelshafens

Service in der Nähe

Ansteuerung Das Fahrwasser zum Handelshafen ist gut befeuert und bezeichnet. Der Gasthafen liegt innerhalb des eigentlichen Handelshafens. Während der Dunkelheit hält man sich dicht in der Nähe des Kais, an Backbord, um das Untiefengebiet und die Dalben zwischen Kaninholmen und dem Kai zu meiden.

Ankerverbot In dem verminten Gebiet in der Hafeneinfahrt ist Ankern, Tauchen und Fischen verboten.

Hafenbeschreibung Im inneren Teil des Handelshafens liegen der Gastanleger sowie zwei Pontonbrücken mit vermieteten Plätzen. Die Wassertiefe beträgt etwa 2,5 m.

Gastplätze Am Kai des Gasthafens sind 6 Gastplätze vorhanden. An den Pontonbrücken können freie, gekennzeichnete Plätze benutzt werden.

Festmachen Am Gastkai liegt man vor Heckanker, die Pontonbrücken haben Boxen.

Hafenamt Tel. 0456 – 13600 (Fritidskontoret)

Sonstige Einrichtungen Eine Trailerrampe ist vorhanden. Bootszubehör kann im Laden, 200 m vom Hafen entfernt, gekauft werden. Ein Kran kann beim Hafenamt bestellt werden. Werft für Reparaturen im Hafen.

Geschichte/Tourismus Sölvesborg hat eine jahrhundertealte Geschichte und war schon früher ein wichtiger Handels- und Marktplatz. Viele Funde auf Lister lassen erkennen, daß diese Gegend zu den ältesten Wohnplätzen in Skandinavien gehört hat.
Die Stadt ist im Krieg zwischen Dänemark und Schweden völlig niedergebrannt. Nach dem Frieden von Roskilde 1658 wurde Sölvesborg schwedisch, und die Stadt konnte sich endlich wieder erholen. Sie brannte 1801 noch einmal völlig aus, wurde aber schnell wieder nach dem alten Stadtplan aufgebaut.
Im Zentrum ist auch heute noch der alte Stadtkern mit engen Gassen und alten Häusern bewahrt. Das älteste Gebäude ist die St. Nicolai-Kirche. N-lich des Zentrums sind noch die Ruinen des Schlosses von Sölvesborg vorhanden, das im 13. Jahrhundert von Waldemar Atterdag erbaut wurde.

Torsö

56°00′N 14°39,1′E   D 139, S 822, BSK 822.3, 8001.3

Kleiner Fischer- und Sportboothafen auf Listerlandet etwa 7 sm W-lich von Hanö

Ansteuerung Auf Björknabben, SO-lich des Hafens, stehen zwei hohe Funkmasten mit roten Warnfeuern, die gute Landmarken für die Ansteuerung bilden.
Die Ansteuerung geschieht mit Hilfe der Richtfeuer mit roten dreieckigen Tagmarken. Der äußere Hafen kann mit einem Tiefgang bis zu 1,3 m angelaufen werden.

Hafenbeschreibung Das äußere Hafenbecken ist im äußeren Teil, dicht bei den Wellenbrechern, 1,5 – 2,5 m tief. Außerhalb der Einsteuerung zum inneren Becken liegen Sandbänke mit nur 1,2 m Tiefe. Im inneren Becken beträgt die Wassertiefe etwa 2 m.

Gastplätze An der Innenseite der W-lichen Pier gibt es 6 Gastplätze. Die Tiefe an den äußeren Pfählen beträgt etwa 2 m, während die inneren Plätze weniger Wassertiefe haben. Auch an anderen freien Plätzen im Hafen kann nach Zustimmung durch den Hafenmeister angelegt werden.

Festmachen Vor Heckanker.

Hafenamt In der Nähe des Hafens, Tel. 04 56 – 7 10 73 oder 7 10 42.

Sonstige Einrichtungen Die Schlippanlage kann nur kleine Boote aufnehmen. Lebensmittelgeschäft und Bushaltestelle in Istaby (3 km).

Geschichte/Tourismus Torsö ist ein alter Fischerort mit Verbindung zu der alten Siedlungsstätte in Istaby, 3 km vom Hafen entfernt.
W-lich und O-lich Torsöviken sind lange und feine Sandstrände vorhanden. Innerhalb der Strände sind die Dünen bepflanzt, um ihr Wandern zu verhindern.

Die überlegene Entscheidung
▼

1-, 2- oder 3-Zylinder - Dieselmotoren, kompakte Konstruktionen mit komfortabler und zuverlässiger Kraftenfaltung, gebaut für anspruchsvolle Yachten. Serie 2000, das heißt geringer Kraftstoffverbrauch, mehr Schub, leicht zugängliche Wartungspunkte und nicht zuletzt das günstige Leistungs-Gewicht. Die Motoren 2001, 2002, 2003 und 2003 Turbo sind mit Wendegetriebe, V-Antrieb oder dem überlegenen S-Antrieb lieferbar. Eine Serie von zuverlässigen Yachtantrieben für den Skipper, der seine hohen Ansprüche erfüllt haben möchte.

VOLVO PENTA

Vertriebs- und Kundendienstorganisation für Volvo Penta Marinemotoren in Schweden

ARKÖSUND
Arkösund Båtvarv AB 01 25 / 200 53
Hästö Slip & Båtvarv 01 25 / 201 39

ARVIKA
Vexia AB 05 70 / 130 20

BENGTSFORS
Vexia AB 05 31 / 115 90

ENKÖPING
Nordenbergs Marin & Mek AB 01 71 / 360 00

FALKENBERG
Falkenb. Elektrolindningar 03 46 / 174 90

FJÄLLBACKA
W Widelius Marinservice 05 25 / 310 33

GOTLAND
Cedergrens Mek Verkst 04 98 / 417 20

GOTTSKÄR
Gottskärs Marina AB 03 00 / 609 19

GREBBESTAD
Båtverkstan Grebbestad 05 25 / 101 58

GRUNDSUND
Grundsunds Motor & Mek 05 23 / 214 90

GRYT
Gryts Motor & Mek Verk 01 23 / 401 55

GÄVLE
Gösta Berg i Gävle AB 0 26 / 11 89 70
Gävle Maskinverk AB 0 26 / 12 95 90

GÖTEBORGSOMRÅDET
Imatech AB 031 / 69 35 00
Filial (Långedrag) 031 / 69 10 70
Emilssons Motor 031 / 42 80 95
Göteborgs Yachtservice 031 / 29 15 37
Henegård & Olsson
Båt och Motor 031 / 91 26 01
Kornhalls Båt o Motor
Service HB 03 03 / 202 10
Styrsö Varv & Mek Verk 031 / 97 10 03
B O Båtservice 031 / 29 13 07
Tånguddens Båt
& Motorservice HB 031 / 29 87 10
Wahlborgs Marina 031 / 29 32 45
Önnereds Båtvarv 031 / 29 86 00

HALMSTAD
Hela Bilen AB 0 35 / 11 02 70

HAMBURGSUND
Motorcentrum AB 05 25 / 335 38

HASSELÖSUND
Hasselösunds Mek Verk 05 23 / 312 34

HELSINGBORG/RÅÅ
Helsingborgs Marinservice AB 0 42 / 26 28 70

HENÅN
Br Martinssons Varvs AB 03 04 / 590 54

HOLMSUND
Johansson & Son Båtbyggeri AB 0 90 / 404 69

HUDIKSVALL
Berglunds Båt & Motor Eftr 06 50 / 106 85
Kjelles Marinservice 06 50 / 175 63

HUSKVARNA
Hafström & Jendefjord Bilservice AB 0 36 / 14 04 70

HÄRNÖSAND
Hernö Marin & Verkstad AB 06 11 / 610 70

HÖGANÄS
Båt & MC Service 0 42 / 431 32

KALIX
Bil & Traktor Luleå AB 09 23 / 121 00

KALMAR
Liljas Bil Kalmar AB 04 80 / 154 50
  / 154 59

KARLSHAMN
Vägga Motorservice 04 54 / 191 50

KARLSKRONA
Hästövarvet 04 55 / 152 53

KARLSTAD
Båtservice 0 54 / 10 11 22

KIVIK
Jaw Mekaniska AB 04 14 / 703 50

KRISTINEHAMN
Värmlands Bilförsäljning i Kristinehamn AB 05 50 / 152 40

KVICKSUND
Båt-Sam AB 0 16 / 35 47 85

KUNGSBACKA/FJÄRÅS
Kals Motor AB 03 00 / 411 10

KÖPING
HBV Service AB 02 21 / 104 23

LEKSAND
Utombordsservice 02 47 / 128 73

LIDKÖPING
Motor-Marin 05 10 / 240 54

LINKÖPING
Linköpings Marinmotor AB 0 13 / 14 03 37

LOFTAHAMMAR
Marincenter i Loftahammar AB 04 93 / 613 15

LULEÅ
Marin & Industri 09 20 / 105 60

LYSEKIL
Hällers Motor AB 05 23 / 141 50

MALMÖ
Lundströms i Malmö AB 0 40 / 15 24 38

MARIESTAD
Bilvex i Skaraborg AB 05 01 / 139 20

MARSTRAND
Ringens Varv AB 03 03 / 604 25

MOTALA
AB Motala Båtvarv 04 14 / 160 20
Ragnarssons Motor Verkst 01 41 / 120 75

MUSKÖ
Muskö Marin & Motor AB 07 50 / 453 55

NORRKÖPING
Rundströms Utbordarservice AB 0 11 / 18 42 07
Karlsro Marin AB 0 11 / 18 41 60

NORRTÄLJE
Gräddö Motorservice 01 76 / 400 10
Östernäs Båtvarv AB 01 76 / 413 30
Mora Varv 01 76 / 620 44
Lagerviks Båtvarv
Heller Läkk AB 01 76 / 820 04

NYKÖPING
Lagerlunds Motor & Marin 01 55 / 139 00

NYNÄSHAMN
Norberg & Nilsson Båtar & Motorer AB 07 52 / 174 10

ONSALA
Onsala Båtservice AB 03 00 / 153 31

OSKARSHAMN
Skeppsfouneringen AB 04 91 / 115 77

OXELÖSUND
Oxelösunds Båt & Motor 01 55 / 319 00

PITEÅ
Piteå Marin Trend 09 11 / 138 09

RONNEBY
Ekenäs Marin & Motorservice 04 57 / 703 78

RÅÅ
Bröderna Lind 0 42 / 26 00 62

SANKT ANNA
S:t Anna Marinservice 01 21 / 513 60

SJÖTORP
Walls Båtbyggeri 05 01 / 510 16

SKANÖR-FALSTERBOKANAL
R Palmblad Marinservice 0 40 / 45 05 64

SKELLEFTEÅ
AB Bröderna Forslund 09 10 / 144 80

SKOKLOSTER
Skokloster Marin AB 0 18 / 38 60 74

SKÄRHAMN
Skärhamns Båtcentrum 03 04 / 715 18
Skärhamns Fartygsservice 03 04 / 712 32

SMÖGEN
Hasse Hugosson Marinservice 05 23 / 377 77

STENUNGSUND
Stenungsunds Båtvarv 03 03 / 700 59

STOCKHOLMSOMRÅDET
Imatech AB 08 / 766 02 40
Hammarby Marinservice 08 / 42 82 29
Marintillbehör 08 / 80 31 40
Mooring Marin AB 08 / 80 03 00
Mora Varv o Båtbyggeri 01 76 / 620 44
Lagerviks Båtvarv
Heller Läkk AB 01 76 / 820 04
Regal marin 08 / 710 75 00
Lindströms Båtvarv 07 50 / 530 04
Djurö Båtvarv 07 66 / 504 28
Djurö Marin & Motorservice 07 66 / 504 80
Storholmsvarvet AB 07 66 / 631 15
Vindövarvet 07 66 / 639 80
Mälaröarnas Båtvarv AB 07 56 / 243 63
Järfälla Båt & Motor Serv 07 58 / 511 06
Br Södermans Båtvarv 07 64 / 402 41
Westerbergs Båtvarv 07 66 / 640 86
Runmarö Motorservice 07 66 / 525 25
Mareco 08 / 717 93 73
AB Kock Marin 08 / 717 00 90
Båt & Maskinkonsult 08 / 86 86 62
Täby Varv Nya AB 08 / 756 75 70
Lundgrens Marinservice 07 64 / 372 10
Waxholmvarvet AB 07 64 / 392 28
Lindalssundets Marina 07 64 / 384 02
Bullandö Båtservice AB 07 66 / 452 10
Cabintrim AB 07 66 / 357 10
Björnhammarvarvet AB 07 64 / 271 10
Grisslan Fritid AB 07 64 / 600 15

STRÄNGNÄS
Strängnäs Marinservice 01 52 / 156 48

STRÖMSTAD
HB Johanssons Maskinservice 05 26 / 108 17
Strömstads Bil o Båtel 05 26 / 136 85
Strömstads Mek Verkst 05 26 / 103 38

SUNDSVALL
Imatech AB 0 60 / 15 41 45
IMAB Motor 0 60 / 12 12 25

SÖDERHAMN
E Åkerströms Mek Verkstad 02 70 / 125 87

SÖDERTÄLJE
Motorhörnan i Södertälje 07 55 / 316 56
Wasa Marin 07 55 / 972 30

SÄFFLE
Vexia AB 05 33 / 124 50

SÖLVESBORG
Marinserv G Nilsson AB 04 56 / 511 27

TOREKOV
Torekovs Marin HB 04 31 / 642 07

TRANÅS
Huges Marin 01 40 / 115 90

TROSA
KB Nya Varvet 01 56 / 129 39

UDDEVALLA
Uddevalla Marin 05 22 / 313 10
Sund Marinservice 05 22 / 443 20

UMEÅ
AB Umeå Bilkompani 0 90 / 13 22 00

UPPSALA
Marinhuset i Uppsala 0 18 / 11 30 30

VARBERG
Eliassons Båtvarv 03 40 / 168 05

VÄNERSBORG
Vänersborg Marincenter 05 21 / 117 36

VÄSTERVIK
Västerviks Marina AB 04 90 / 169 80

VÄSTERÅS
Tr Marin Motor 0 21 / 14 25 85

VÄXJÖ
Bil & Marin i Växjö AB 04 70 / 150 80

ÅMÅL
Vexia AB 05 32 / 120 60

ÅRJÄNG
Vexia AB 05 73 / 110 50

ÄNGELHOLM
Skåne Marin AB 04 31 / 210 82

ÖREBRO
Marin Center i Örebro AB 0 19 / 11 74 00

ÖREGRUND
Carlssons Bil & Marin HB 01 73 / 304 23

ÖRNSKÖLDSVIK
Franzen Industri & Motorteknik AB 06 60 / 102 45

ÖSTERSUND
F:a Bäckman Marin 0 63 / 12 36 10

ÖSTHAMMAR
Marinservice 01 73 / 123 80

Generalvertretung:

Imatech AB

– Ein Unternehmen im Catena-Konzern –
Göteborg   Stockholm   Sundsvall
031 / 69 35 00   08 / 766 02 40   060 / 15 41 45

Hällevik

56°7'N 14°42,2'E   D 139, S 822, BSK 822.2, 8001.3

Fischer- und Sportboothafen auf Listerhuvudet, etwa 5sm W-lich Hanö

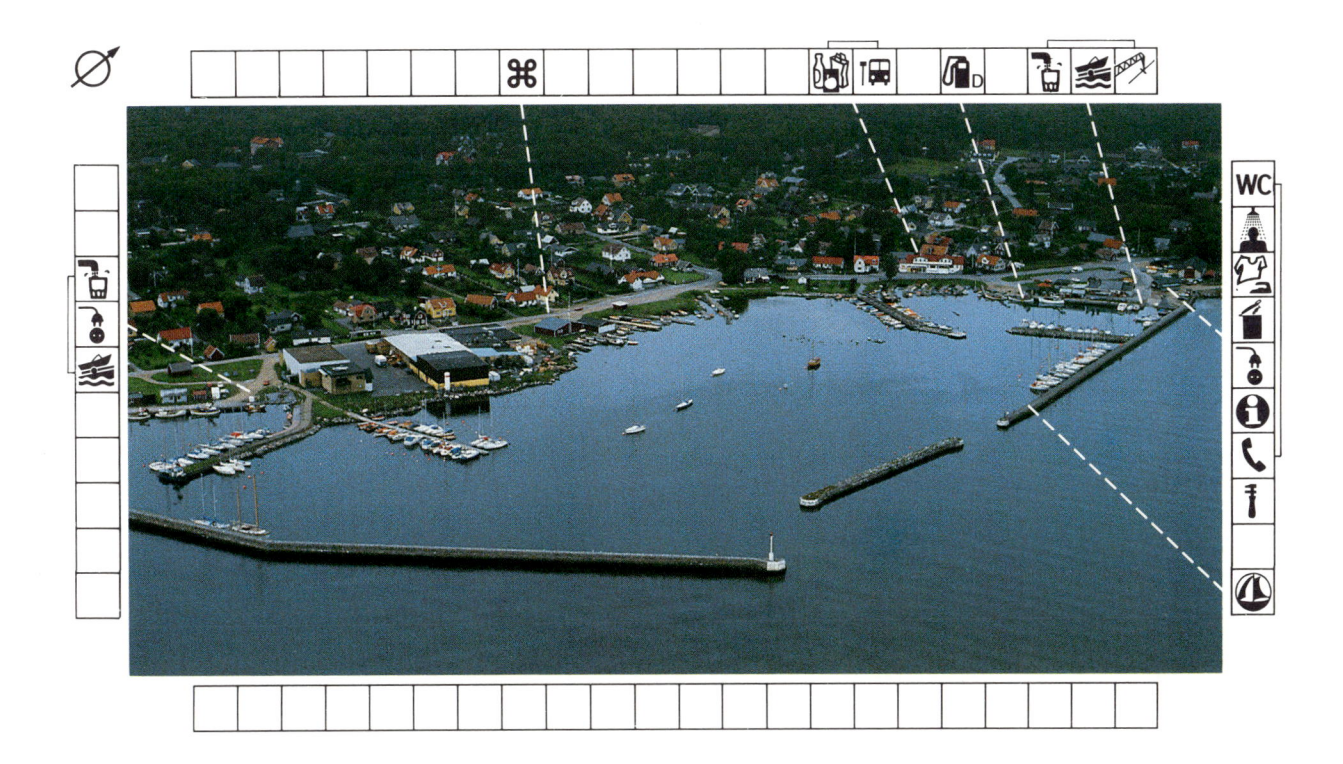

Service in der Nähe

Ansteuerung Das Wrack Kråkrevet ist deutlich zu sehen. Auf Björknabben stehen hohe Funkmasten mit roten Warnfeuern. Das Fahrwasser zum Hafen ist bezeichnet und befeuert. Bei günstigen Verhältnissen kann der Hafen mit etwa 2,3 m Tiefgang angelaufen werden.

Schiffahrtsvorschrift Die maximale Geschwindigkeit im Hafen und im N-Teil von Hälleviksviken darf nicht mehr als 5 kn betragen.

Hafenbeschreibung Der Hafen besteht aus einem großen äußeren Becken, das 2,5 – 3 m Wassertiefe im S-lichen und O-lichen Teil hat, aber im W-Teil untief ist. An der W-Seite des Wellenbrechers liegt ein langer Steinkai mit 1,5 – 3 m Wassertiefe. An der Innenseite des O-lichen Wellenbrechers sind Sportbootplätze mit Bojen und 2 – 3 m Wassertiefe vorhanden. Im N-lichen Becken liegt ein 65 m langer Kai mit etwa 1,6 m Wassertiefe und im S-lichen Becken ein 70 m langer Kai mit 2,5 m Wassertiefe. Beide dienen der Fischerei.

Gastplätze An der Innenseite des äußeren Teils des O-Wellenbrechers sind 9 Gastplätze mit 2 – 3 m Wassertiefe vorhanden. Wenn die Gastplätze besetzt sind, kann man sich vom Personal des Touristenbüros am Hafen einen anderen Platz anweisen lassen. Am Kai im N-Becken dürfen Gastboote nur zeitweilig festmachen.

Festmachen Die Gastplätze haben Bojen.

Hafenamt Touristenbüro Tel. 04 56 – 5 26 22.

Sonstige Einrichtungen Der Hafen hat eine Schlippanlage für Boote bis maximal 2 t. Die Werft führt Reparaturen an Rumpf und Motor aus und verkauft Bootszubehör. 200 m vom Hafen entfernt liegt eine Tankstelle, die auch Gasflaschen tauscht. Eine Fischräucherei mit Verkauf liegt direkt am Hafen. Es besteht eine Busverbindung mit Sölvesborg (13 km).

Geschichte/Tourismus Hällevik ist ein alter Fischerort. Der heutige Hafen wurde aber erst 1920 angelegt. Heute ist Hällevik gleichermaßen Bade- wie Fischerort. W-lich des Hafens liegen Sandstrände mit einem großen Hotel und einem Zeltplatz mit beheiztem Schwimmbad.
Im Hafen befindet sich ein Fischereimuseum mit einer interessanten Sammlung aus Fischerei und Schiffahrt. Es gibt eine Fischräucherei mit Verkauf. Hochseeangeltouren können vom Hafen aus unternommen werden.
Von Hällevik führen Wege auf den 70 m hohen Berg Stibybacke. Der Berg ist Naturschutzgebiet mit einer besonders artenreichen Flora. Das vielfältige Tierleben, mit einer großen Anzahl verschiedener Vogel- und Schmetterlingsarten, ist sehenswert. Vom Gipfel hat man eine gute Aussicht über Kråkenabben, Listerhuvud und Hanö.

Nogersund

56°00,2′N 14°44,3′E   D 139, S 822, BSK 822.2, 8001.3

Fischerhafen auf Listerlandet, etwa 3 sm W-lich von Hanö

Service in der Nähe

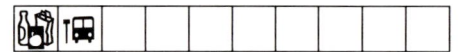

Ansteuerung Das Wrack Kråkrevet ist gut sichtbar. Zum Hafen führt eine 40 m breite und 4,5 m tiefe Baggerrinne für Fahrzeuge bis 3,5 m Tiefgang.

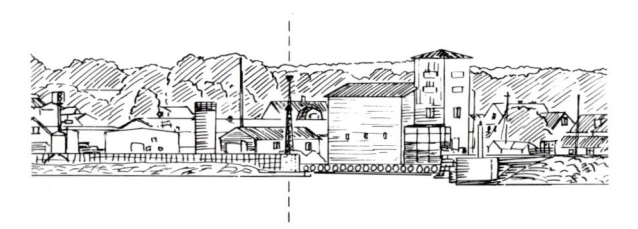

Die Richtfeuer Nogersund bestehen aus Gittermasten mit roten, dreieckigen Tagmarken.

Hafenbeschreibung Das äußere Becken hat 80 + 50 m Kai mit 4 m Wassertiefe. An der Innenseite des Wellenbrechers sind Sportbootplätze mit etwa 2 m Wassertiefe vorhanden. Das innere Becken hat etwa 220 m Kaianlagen für Sportboote mit etwa 2 m Wassertiefe. Im O-Teil des inneren Beckens ist, nachdem das Foto gemacht wurde, eine 30 m lange, freiliegende Pontonbrücke angelegt worden.
Der Hafen ist inzwischen weiter ausgebaut worden.

Gastplätze Gastboote sollen zuerst an der Pontonbrücke neben der Schlippanlage im inneren Hafen festmachen. Andere geeignete Plätze werden vom Hafenmeister angewiesen.
An Sonn- und Feiertagen kann auch längsseits der Fischkutter festgemacht werden. Der Liegeplatz für das Fährboot nach Hanö darf nicht blockiert werden.

Festmachen Längsseits des Kais oder vor Heckanker.

Hafenamt Tel. 04 56 – 5 24 06 oder 5 24 70.

Sonstige Einrichtungen Die Werft führt Reparaturen an Rumpf und Maschine aus und verkauft Bootszubehör. Die Schlippanlage kann Boote bis 120 BRT aufnehmen. Strom, Frischwasseranschluß und Abfallbehälter an mehreren Stellen des Hafens. Zur Post ist es 3 km weit. Busverbindung besteht mit Sölvesborg (12 km). Der Hafen hat eine regelmäßige Fährverbindung mit Hanö.

Geschichte/Tourismus Der kleine Ort Nogersund hat einen der größten Fischereihäfen des Landes. Der Ort ist deshalb der Fischindustrie angepaßt. Hier findet man Fischverarbeitung, Netzmacher, Werft usw.
„Julles hus" ist eine alte Fischerhütte, die als Heimatmuseum eingerichtet ist. Am ersten Wochenende nach Mittsommer

findet jährlich das große Hafenfest statt.
Für Naturinteressierte kann Kråknabben, S-lich des Hafens, einen Besuch wert sein. Die Landzunge besteht aus einer alten Kulturlandschaft mit Weideflächen für Schafe, die von einer Steinmauer eingefaßt ist. Im Frühling und im Herbst macht hier eine große Anzahl von Zugvögeln Rast, im Sommer findet man viele Wasservögel an den Stränden.

Hanö

Fischerhafen an der W-Seite der Insel

56°00,6′N 14°50,3′E   D 139, S 822, BSK 822.2, 8001.3

Ansteuerung Richtfeuer führen in den Hafen.

Hanö Hamn-Richtfeuer befinden sich auf Pfählen mit dreieckigen Tagmarken.

Hafenbeschreibung An der Innenseite der W-Pier sind ein 90 m langer Kai und im NO-Teil des Hafens 55 + 40 m Kai mit jeweils 4 m Wassertiefe vorhanden. An der Pier N-lich der Schlippanlage ist der Anlegeplatz für das Fährboot. Die sonstigen Kaianlagen haben etwa 2 m Wassertiefe.

Gastplätze Gastboote sollen an der Innenseite der W-Pier festmachen. Wegen anderer Plätze muß man sich im Hafen erkundigen. Der Platz für das Fährboot darf nicht blockiert werden.

Festmachen Längsseits des Kais und vor Heckanker.

Hafenamt Tel. 04 56 – 5 30 10 oder 5 30 41.

Sonstige Einrichtungen Die Schlippanlage hat ein Tragvermögen von 42 t. Der Hafen hat eine regelmäßige Fährverbindung mit Nogersund auf dem Festland. Am Hafen ist eine Sauna, die an einigen Abenden in der Woche geöffnet ist.

Geschichte/Tourismus Hanö steigt gleichmäßig auf 60 m an. Die einzige etwas höhere Vegetation befindet sich an der SO-Seite der Insel, wo es niedrigen Wald gibt.
Ansonsten sind nur Büsche vorhanden, mit Ausnahme der Bäume, die von den Einwohnern in den Gärten gepflanzt sind, und beim Leuchtfeuer auf dem höchsten Punkt der Insel. An den Enden der Insel sieht man noch die Strandwälle, die die frühere Strandlinie kennzeichnen.
Erst im 19. Jahrhundert hatte die Insel eine feste Bevölkerung. Heute gibt es etwa 100 Einwohner, die das ganze Jahr über auf der Insel wohnen. Alle Gebäude stehen in der Nähe des Hafens.

Die NW-Ecke der Insel heißt Bonsäcken und ist ein steiniges Riff. Das Riff ist durch Stürme und Eisgang veränderlich. Wenn die runden Steine von der Dünung hin und her geworfen werden, hört man ein dumpfes Donnern.
Nicht weit von Bonsäcken entfernt liegt der englische Friedhof. Hier wurden englische Marinesoldaten begraben, als Hanö von 1810 – 1812 der britischen Flotte als Basis für ihre Operationen in der Ostsee diente. Ein Gedenkstein und ein Kreuz erinnern an diese Zeit. Vom Leuchtturm aus hat man einen großartigen Blick über Hanöbukt, bei guter Sicht sieht man Karlskrona, Stenshuvud und Bornholm.

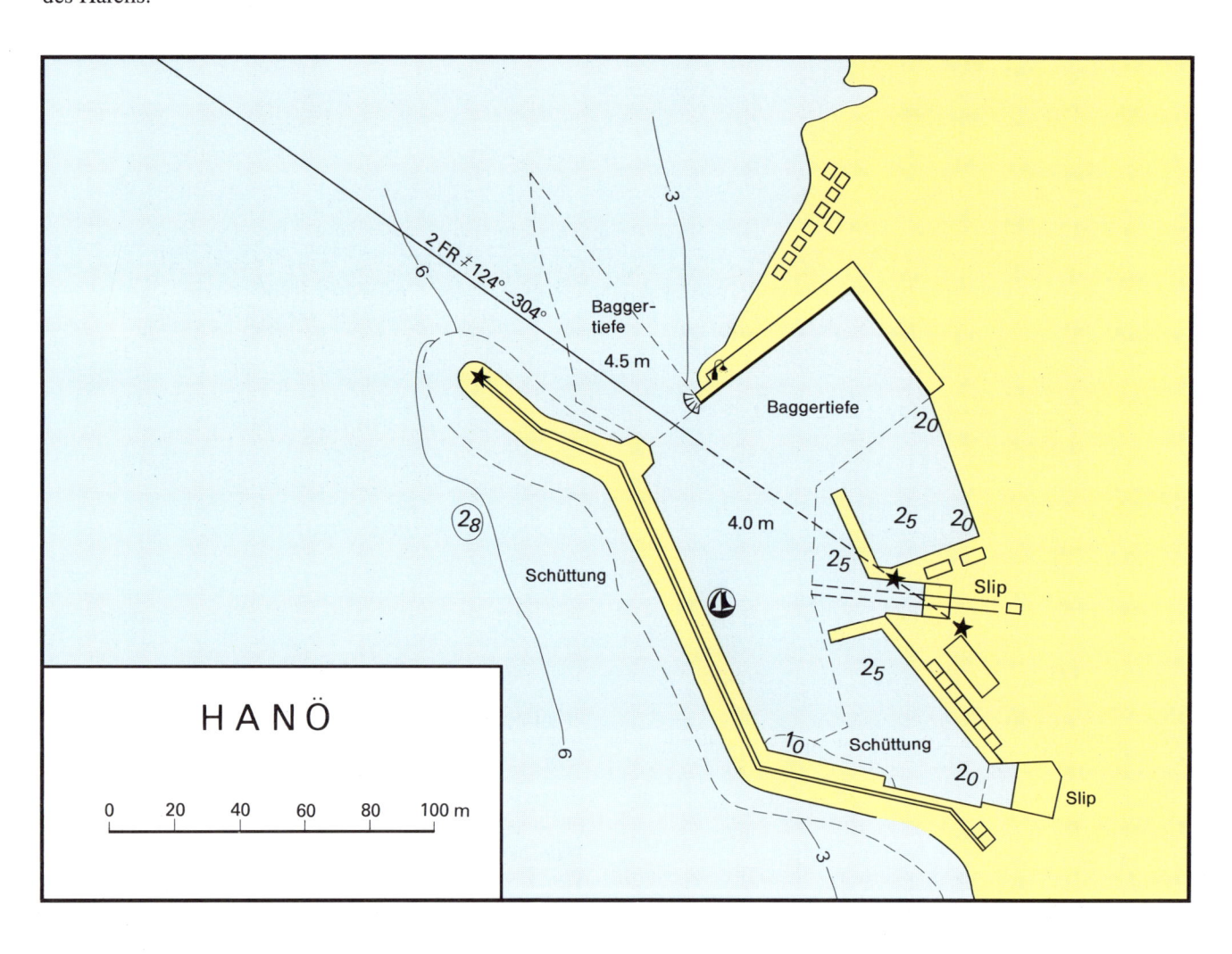

Hörvik

56°02,5′N 14°46,3′E   D 139, S 822, BSK 822.1, 8001.3

Fischerhafen auf Listerlandet etwa 3 sm N-lich von Hanö

Ansteuerung Bei der Untiefe NO-lich des Hafens liegen oft Fischfanggeräte aus. Deshalb muß die Einsteuerung im weißen Sektor des Hörvik-Feuers geschehen.

Hafenbeschreibung Der äußere Teil des Hafens ist etwa 4 m tief. Im SW-Teil sind 60 + 65 m lange Kais mit 4 m Wassertiefe vorhanden. An der Innenseite des N-lichen Wellenbrechers ist eine 150 m lange Kaianlage mit etwa 3,5 m Wassertiefe, und hier gibt es Liegeplätze für kleine Fischerboote und Sportboote.

Gastplätze Im äußeren Teil der Pontonbrücke sind Gastplätze für 4 – 6 Boote vorhanden. Auch freie Plätze, die durch grüne Schilder gekennzeichnet sind, können benutzt werden, oder man kann auch längsseits der Fischer festmachen.

Festmachen Vor Heckanker oder längsseits der Fischer.

Hafenamt Tel. 0456 – 51334.

Sonstige Einrichtungen Stromanschlüsse findet man an vielen Stellen des Hafens. Die Schlippanlage kann Boote bis 12 m Länge ohne Kiel aufnehmen. Eine Trailerrampe ist vorhanden. Der Kran hat 2 t Hebevermögen. Eisfabrik für Trockeneis.

Geschichte/Tourismus Dicht S-lich von Hörvik liegt der 84 m hohe Berg Listerhuvud. Der Berg ist geologisch einzigartig und deshalb Naturschutzgebiet. Vom 55-m-Niveau abwärts sind eine Reihe von Strandwällen sichtbar, die die unterschiedliche Höhenlage der Ostsee widerspiegeln. An einem Wanderweg geben Informationstafeln Auskunft über die Entwicklung nach der Eiszeit vor etwa 12 500 Jahren bis heute. Auf dem Berg gibt es auch andere interessante geologische Formationen, wie z.B. eine mehr als 150 m lange Grotte und sog. „doliner", die aus tiefen, trichterförmigen Löchern in der Erde bestehen und durch eingestürzte unterirdische Grotten gebildet worden sind. Wegen Einsturzgefahr dürfen die Grotten nicht betreten werden.

Auf dem Berg ist ein großer Buchenwald mit wahrscheinlich Schwedens größtem Bestand an Hainbuchen.

102 Lägerholmen – Torhamnsudde

Krokås

56°03′N 14°45,6′E   D 139, S 822, BSK 822.1

Fischerhafen auf Listerlandet etwa 3 sm N-lich von Hanö

Ansteuerung Das Fahrwasser führt in der Richtfeuerlinie 256° in den Hafen. Der maximale Tiefgang für den Hafen beträgt 1,8 m.

Hafenbeschreibung Der Hafen gehört und wird verwaltet von der Krokås-Fischereigenossenschaft. Die Wassertiefe in der Einfahrt und im N-lichen Becken beträgt etwa 3 m. Im N-lichen Becken sind 45 + 40 m Steinkai für die Fischerei vorhanden. Im S-lichen Becken, mit etwa 2 m Wassertiefe, gibt es Liegeplätze für Sportboote und kleinere Fischerboote. An der Innenseite des Wellenbrechers haben die Liegeplätze für Sportboote 2 m Wassertiefe; man liegt an Bojen.

Gastplätze Am S-lichen, inneren Kai des Wellenbrechers ist ein Gastplatz vorhanden. Auf Anfrage stellt man auch Liegeplätze für mehrere Gastboote zur Verfügung. Längsseits der Fischer darf nur zeitweilig festgemacht werden.

Festmachen Längsseits des Kais.

Hafenamt Tel. 0456 – 51130.

Sonstige Einrichtungen Die Schlippanlage besteht aus einer Rampe mit zwei Bootswagen auf Gummirädern und kann 10 m lange und 3,5 m breite Boote aufnehmen. Auch Bootstrailer können die Anlage benutzen. Im Hafen gibt es einen 9-t-Kran. Ein Kiosk steht in etwa 500 m Entfernung vom Hafen. Bis zum Lebensmittelgeschäft und zur Post geht man etwa 1 km. Eine Busverbindung besteht mit Sölvesborg (11 km).

Geschichte/Tourismus Auf Mjällbynabben, N-lich von Krokås, liegt das Naturschutzgebiet Spraglehall, das aus einem kleinen „Restberg" besteht. Von den kahlen Felsplatten auf dem Gipfel hat man eine gute Aussicht über Pukaviksbukten. In der Nähe des Strandes liegt ein Hainbuchenwald mit reicher Flora.

Pukavik

56°09,8′N 14°41,3′E   D 139, S 822, BSK 822.1, 8001.2

Werft- und Sportboothafen in Pukaviksbukten etwa 6 sm W-lich von Karlshamn

Service in der Nähe

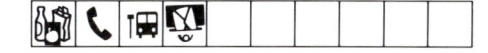

Ansteuerung Zum Hafen führt vom äußeren Teil der Pukaviksbucht ein sparsam bezeichnetes Fahrwasser für Fahrzeuge bis 1,8 m Tiefgang. Man kann auch Pukaviks Eiche, dicht links neben Vadholmstenen, mit 320° ansteuern und so in den Hafen gelangen. Die Tafeln in der Eiche und die Steine sind weiß gestrichen.
In der Sportbootkarte muß man beachten, daß der Hafen dicht N-lich des Planrandes liegt. Ausliegende Fischfanggeräte und die 1,5 m flache Untiefe, SSO-lich von Rönnholm, sind zu beachten.

Schiffahrtsvorschrift Die maximale Geschwindigkeit im inneren Teil von Pukaviksbukten und N-lich von Vadholmen beträgt 5 kn.

Hafenbeschreibung Der Hafen besteht aus drei Pontonbrücken sowie der Ausrüstungsbrücke der Werft. Die Wassertiefe im Hafen beträgt etwa 2 m.

Gastplätze An der Innenseite der innersten Pontonbrücke sind zwei feste Gastplätze mit etwa 2 m Wassertiefe vorhanden. Am Anleger der Werft darf nur zeitweilig festgemacht werden.

Festmachen In Boxen.

Hafenamt Tel. 04 55 – 5 20 07.

Sonstige Einrichtungen Die Werft hat eine Trailerrampe und eine 25-t-Schlippanlage sowie einen fahrbaren 40-t-Kran. Reparaturen an Rumpf und Maschine können durchgeführt werden. An jeder Brücke ist ein Stromanschluß. Ein Restaurant liegt 700 m vom Hafen entfernt.

Geschichte/Tourismus In Pukavik gibt es schon seit sehr langer Zeit eine Werft und einen Verladeplatz. Große Steinmengen wurden z.B. von der alten Verladebrücke S-lich der Werft verschifft. Schon Mitte des 19. Jahrhunderts stand folgendes im Leuchtfeuerverzeichnis über die Richtmarken von Pukavik: „Vadholmen: Die Tagmarke besteht aus einem 7 bis 8 Fuß hohen, weiß gestrichenen Stein, der auf einem 2 bis 3 Fuß hohen Grund liegt. Diese Marke sowie eine am Strand S-lich von Pukavik stehende Eiche, genannt Lotsen-Eiche, auf deren Stamm in etwa einer Höhe von 12 Fuß eine weiße Tafel angebracht ist, dient der Einsteuerung von Pukavik, zu dessen Lotsenstelle diese Marke gehört."

Gunnön

56°09,3′N 14°46,9′E   D 139, S 822, BSK 822.1

Sportboothafen N-lich von Gunnön, etwa 3 sm W-lich von Karlshamn

NY BRYGGA

Ansteuerung Der Hafen liegt an der W-Seite des Dammes zwischen Gunnön und dem Festland. Das Feuer Gunnön und die davor liegende Steinbake haben weiße, dreieckige Tagmarken mit rotem Band. Das Fahrwasser ist nicht bezeichnet, aber man kann es am Tage nach der Seekarte mit bis zu 1,8 m Tiefgang benutzen.

Hafenbeschreibung Der Hafen gehört dem Mörums/Bruks Bootsclub. Er ist 1,5 – 2,0 m tief und hat Anlegebrücken für etwa 60 Boote. Nachdem das Foto gemacht wurde, ist eine Pontonbrücke an der N-Ecke des Dammes hinzugekommen.

Gastplätze An der Gastbrücke bestehen Anlegemöglichkeiten für 6 Boote. Die Wassertiefe beträgt etwa 1,8 m. Wenn diese Plätze belegt sind, werden auch andere Plätze von den Clubmitgliedern zur Verfügung gestellt.

Festmachen Vor Heckanker oder in Boxen an der neuen Pontonbrücke.

Hafenamt Im Clubhaus, Tel. 04 54 – 5 40 90.

Sonstige Einrichtungen Im Hafen gibt es eine Schlippanlage für Boote bis maximal 4 t und eine Trailerrampe. Es ist kein Frischwasser zu bekommen. Strom an allen Anlegern. Nach Mörum 5 km, nach Karlshamn 8 km.

Geschichte/Tourismus Der für seine Lachsfischerei berühmte Mörrumsån mündet dicht W-lich von Gunnön. Im Lachsaquarium von Mörrum kann man die Entwicklung von Lachs und Lachsforelle studieren. Die Lachsaufzucht produziert tausende von Setzlingen. Während des Sommerhalbjahres ist die Aufzuchtstation für Besucher geöffnet.
Bei Dröseboviken, dicht O-lich des Hafens, befindet sich eine für dieses Gebiet typische Küstenlandschaft, die Naturschutzgebiet ist. Auf dem mageren Boden wachsen Eiche, Kiefer und Wacholder. Die Klippen bieten gute Bademöglichkeiten. Manche der Schären sind Vogelschutzgebiet und dürfen in der Zeit vom 1. April bis 15. Juli nicht betreten werden.
An der Mündung von Mörrumsån, etwa 2 km W-lich des Hafens, gab es im Mittelalter einen Ort, der Elleholm hieß und 1450 das Stadtrecht bekam. Während des nordischen siebenjährigen Krieges wurde die Stadt 1564 niedergebrannt und nicht wieder aufgebaut, deshalb gingen die Privilegien über die Jahre an Sölvesborg verloren.

Karlshamn

56°10,1′N 14°51,9′E   D 139, S 822, 8221, BSK 8221.1, 8001.4

Gasthafen innerhalb des Handelshafens von Karlshamn

Service in der Nähe

Ansteuerung Der Hafen ist leicht auch während der Dunkelheit anzusteuern. Am besten läuft man O-lich der Festung (Kastellet) entlang. Die Entmagnetisierungsstelle N-lich der Insel ist jedoch zu beachten. Die Anlage besteht aus einer Dalbenreihe, die durch Kabel verbunden ist.

Ankerverbot In dem verminten Gebiet vor der Einfahrt in den Handels- und Väggahafen darf nicht geankert, gefischt und getaucht werden.

Schiffahrtsvorschrift Maximal 5 kn Fahrt im Handelshafen.

Hafenbeschreibung Karlshamn hat einen großen Handelshafen, der aus den Teilen Stilleryd, Kölön, Stärnö Vindhamn und dem Zentralhafen besteht. Mehrere Bootshäfen liegen in der Nähe, z.B. in Boön, Mieån, Näsviken, Väggaviken und in Svanevik.

Gastplätze An der O-Seite von Mieån, im inneren Teil vom Zentralhafen, ist eine Gastbrücke mit etwa 4 m Wassertiefe und Platz für 24 Boote, s. auch Väggahamn.

Festmachen In Boxen.

Hafenamt Geöffnet von 8.00 – 19.00 Uhr, Tel. 04 54 – 1 56 35. Freizeitbüro Tel. 04 54 – 8 12 03.

Sonstige Einrichtungen Schiffshändler und Bootsausrüster befinden sich im Gasthafen. Ein Kran, um Boote an Land zu setzen, kann bei der Stauerei bestellt werden. Werft, Schlipp und Trailerrampe sind im Väggahafengebiet. Mastenkräne in Boön, Väggaviken und Svanevik. Zum Hauptbahnhof 1 km, zum Krankenhaus 2 km.

Geschichte/Tourismus Lange bevor Karl X. Gustav 1664 die Stadt gründete, gab es hier den Handels- und Hafenplatz Bodekull. Der für das 17. Jahrhundert typische, regelmäßige Grundriß ist von Erik Dahlberg gezeichnet worden. Er war es auch, der die Befestigungsanlage „Kastellet" 1675 in der Hafeneinfahrt und die Gustavskirche 1681 am Markt baute. Am Markt liegt das älteste Gebäude der Stadt, „Asschierska huset", es war früher Rathaus und beherbergt heute eine Bank. 1678 und 1710 wurde die Stadt von den Dänen gebrandschatzt, und auch später gab es leider noch viele Großbrände. 1710 bis 1711 wurde die Hälfte der Bevölkerung durch die Beulenpest dahingerafft.
Trotzdem entwickelte sich Karlshamn im 18. Jahrhundert zu einer großen Handels- und Hafenstadt. Es ist noch viel von

106 Lägerholmen – Torhamnsudde

der Holzbauarchitektur des 18. Jahrhunderts erhalten. Zu nennen sind das Kulturviertel mit dem Museum, Skottsbergska gården, Tabakmuseum, Punchmuseum, Druckereimuseum und Kunsthalle, Auswandererdenkmal im Hafenpark, die Fischräuchereien im Väggahafen usw. Zur Festung kommt man mit dem Fährboot Paddan.

Die großen Margarine- und Glasfabriken können besichtigt werden. Vom Innenhafen fährt ein Passagier- und Postboot in das schöne Schärengebiet SO-lich von Karlshamn.

Ortholmen-Feuer aus SSO

Väggahamnen und Svanevik

Fischer- und Sportboothäfen im Väggagebiet SO-lich von Karlshamn

56°09,3′N 14°53,3′E
D 139, S 822, 8221, BSK 822.1, 8001.4

Service in der Nähe

Ansteuerung Die hohe, weiße Eisfabrik im Fischereihafen ist weit zu sehen. Man beachte das Untiefengebiet bei Eneskärv. Bei der Ansteuerung von Svanevik sind die unbezeichneten Untiefen O-lich der Hafeneinfahrt sowie die Untiefe dicht N-lich des Kopfes der langen Anlegebrücke zu beachten.

Ankerverbot Im verminten Gebiet vor der Hafeneinfahrt zum Zentralhafen von Karlshamn und nach Väggahamnen darf nicht geankert, gefischt und getaucht werden.

Schiffahrtsvorschrift Fahrtgeschwindigkeit maximal 3 kn.

Hafenbeschreibung
Väggahamnen Im S-Teil liegt der Fischereihafen mit 2–4 m Wassertiefe und etwa 240 m Kaianlagen. An der O-Seite des

inneren Hafens liegt die Werft mit einem kurzen Ausrüstungskai mit 2 – 3 m Wassertiefe. In den übrigen Teilen der Bucht gibt es Plätze für Sportboote mit 1 – 2 m Wassertiefe. Man beachte, daß bei der Bunkerstation nicht mehr als 1,5 m Wassertiefe vorhanden ist.

Svanevik liegt an der O-Seite von Vägga Udde. Im äußeren Teil der Bucht betragen die Wassertiefen 3 – 5 m (man beachte jedoch die Untiefe N-lich des Brückenkopfes), während der innere Teil nur 1,5 – 3 m Wassertiefe hat und Steine mit noch weniger Wasser darüber vorkommen. Die Bucht wird in einen N-lichen und einen S-lichen Teil durch einen sehr langen Anleger mit Heckbojen geteilt. Im inneren Teil der Bucht, N-lich der Anlegebrücke, sind ein Ausrüstungskai und ein Mastenkran vorhanden. Liegeplätze gibt es auch an der Innenseite des Wellenbrechers.

Gastplätze In Väggaviken gibt es keine Gastplätze, aber auf Anfrage können einige Plätze zur Verfügung gestellt werden. In Svanevik können Plätze, die durch grüne Schilder gekennzeichnet sind, benutzt werden.

Festmachen Man macht mit dem Heck an Pfählen oder Bojen fest.

Hafenamt Freizeitbüro Tel. 0454 – 81200.

Sonstige Einrichtungen In Väggahamnen gibt es eine Bootswerft mit Schlippanlagen von 100 t und 25 t und eine kleinere für Sportboote. Die Werft erstellt Neubauten und macht Reparaturen. Bei der Werft gibt es eine Segelmacherei, Motorwerkstatt und Bootsausrüster. Im Hafen steht eine Fabrik für Trockeneis, und es gibt eine Trailerrampe.
Etwa 500 m O-lich des Hafens liegt Kollevik mit Campingplatz, Freibad und Kiosk. Etwa 600 m NW-lich des Hafens liegt Väggabadet mit Sauna und Schwimmbad.
In Svanevik gibt es ein Sanitärgebäude mit Toilette und Dusche sowie Trailerrampe und Mastenkran.

Tärnö-Feuer, ein weißer Turm auf der hohen, fast kahlen Südecke der Insel Tärnö, hier aus SO gesehen

Tjärö

56°10,3′N 15°03,1′E   D 140, S 821, BSK 821.4,

Gasthafen auf Tjärö zwischen Karlshamn und Ronneby

Der Hafen liegt im Blekinge-Kontrollgebiet und darf von Ausländern nicht angelaufen werden.

Ansteuerung Der Hafen liegt in der Bucht Maren innerhalb von Hattaholmen an der O-Seite von Tjärö. Die Ansteuerung geschieht entweder durch das Innenschärfahrwasser oder direkt von See O-lich von Tjärnö.
Zwei Tafeln auf Stora Boren und die Steinbake auf Tjärö sind weiß, ziemlich groß und deshalb gut von See aus sichtbar. Die kleine Schäre Yttre Gåse, dicht NO-lich von der Steinbake Tjärö, ist auch gut zu sehen.
Wenn man im Fahrwasser nach Järnavik Yttre Gåse passiert hat, dreht man nach Bb. und läuft in der Mitte des Sundes zwischen Hattaholmen und Tjärö weiter in die Bucht Maren.

Ankerverbot Im verminten Gebiet S-lich von Tjärö ist Ankern, Tauchen und Fischen verboten.

Hafenbeschreibung An der SW-Seite des äußeren Teils der Bucht Maren findet man tiefes Wasser bis dicht an den Strand. Im inneren Teil sind an den Felsen Festmacheringe vorhanden. Ganz drinnen gibt es eine Pontonbrücke mit 1 – 1,8 m Wassertiefe (s. Foto). Auch an der NO-Seite der Insel ist tiefes Wasser bis zu den Klippen. Anleger für das Fährboot befinden sich in Lerhallsviken an der NO-Seite der Insel. Sie dürfen nicht zum Anlegen benutzt werden.

108 Lägerholmen – Torhamnsudde

Gastplätze An den Brücken und Stränden der Bucht Maren sowie am NO-Strand.

Festmachen Vor Heckanker.

Hafenamt Tel. 0454 – 60063 (Tjärö-Touristenbüro).

Sonstige Einrichtungen Tjärö hat eine regelmäßige Fährverbindung mit Järnavik und Karlshamn. Die Insel ist Naturschutzgebiet. Jypsaholmen an der W-Seite der Insel sowie Hattaholmen und die Schäre S-lich von Bjämö an der O-Seite der Insel sind Vogelschutzgebiet und dürfen vom 1. 4. bis 15. 7. nicht betreten werden.

Geschichte/Tourismus Tjärö war wahrscheinlich schon in der Bronzezeit bewohnt. Nach dem 14. Jahrhundert nahm die Einwohnerzahl zu, und die Insel wurde intensiv landwirtschaftlich genutzt. Bis in das 18. Jahrhundert stieg die Einwohnerzahl und mit ihr die Bebauung. Ursprünglich war die Insel von Laub- und Nadelwald bedeckt, aber durch die starke Bebauung und die Landwirtschaft verschwand der Wald, und heute besteht die Insel aus kahlen Felstälern.

Das Tjärö-Touristenbüro liegt in dem roten Haus oberhalb der Gastbrücke. Auf der Insel gibt es zwei bezeichnete Wanderwege, ein Natursteg ist 1,5 km lang und ein Spazierweg 3 km. Von ihnen hat man einen schönen Ausblick über die umliegenden Schären.

Järnavik

56°10,9'N 15°04,5'E   D 140, S 821, BSK 821.4

Sportboothäfen mit Gastplätzen in Järnaviken und Bastuviken

Järnaviken und Bastuviken liegen im Blekinge-Kontrollgebiet und dürfen von Ausländern nicht angelaufen werden.

Ansteuerung Von See, O-lich Tärnö, führt ein unbezeichnetes Fahrwasser nach Järnavik. Die Tafel auf Stora Borren und die Steinbake auf Tjärö sind weiß und ziemlich hoch und gut von See aus zu sehen. Bei der Ansteuerung kann man mit Kurs etwa 22° auf Yttre Gåse zuhalten. Die Schäre soll dann in der Öffnung zu sehen sein, die das dahinterliegende Järnavik zwischen Hamngapsbergen bildet.

Hafenbeschreibung An der O-Seite von Järnaviken sind ein Ladekai mit etwa 3 m Wassertiefe sowie ein innerhalb liegender Sportboothafen vorhanden.
In Bastuviken, der nächsten Bucht O-lich von Järnavik, sind an beiden Seiten Bootsbrücken.

Gastplätze In Järnavik gibt es 4 Gastplätze an der Bootsbrücke beim Mastenkran mit etwa 2,5 m Wassertiefe. An der O-Seite von Bastuviken sind im äußeren Teil Gastplätze an der Brücke beim Campingplatz mit 2,5 m Wassertiefe.

Festmachen Vor Heckanker.

Hafenamt Freizeitbüro Ronneby, Tel. 0457 – 18000, Campingplatz 04 54 – 3 21 66.

Sonstige Einrichtungen An der O-Seite von Bastuviken liegt ein Campingplatz mit Duschen, Toiletten, Kiosk, Lebensmittelverkauf usw. Järnavik hat eine regelmäßige Fährverbindung mit Tjärö.

Geschichte/Tourismus Järnavik ist einer der schönsten Naturhäfen an der Blekingeküste. Schon im Mittelalter luden und löschten hier deutsche und holländische Schiffe ihre Waren, u.a. wurden Holzerzeugnisse von Småland über Järnavik verschifft. Während des 18. Jahrhunderts blühte der Hafen auf, aber in der Zeit vor dem 1. Weltkrieg wurde er von immer weniger Küstenschiffen angelaufen, und in den 50er Jahren wurde die Handelsschiffahrt völlig eingestellt. Die alten Hafenschuppen stehen noch bei der Anlegestelle des Fährbootes.
Das Gebiet um Järnavik ist Naturschutzgebiet und besteht aus Weideflächen, Wald, Grün- und Ackerland. Der Berg mit dem steilen Abhang zur Bucht ist charakteristisch für die Gegend.

Karön

56°09,9′N 15°17,4′E   D 140, S 821, BSK 821.3, 821.4

Gasthafen auf Karön, etwa 1 sm SW-lich von Ronnebyhamn

Ansteuerung Der Hafen wird über das Fahrwasser durch die Ronneby-Schären erreicht. Es kann unter günstigen Verhältnissen von Fahrzeugen mit bis zu etwa 1,6 m Tiefgang befahren werden. Das Fahrwasser ist sparsam bezeichnet und erfordert sorgfältige Navigation. Man beachte die Sandbank an der Nordseite im Sund zwischen Ekenäs und Karön, s. Foto Ekenäs.

Ankerverbot Im verminten Gebiet in der Einfahrt nach Ronneby ist Ankern, Fischen und Tauchen verboten. Auch das Ankerverbot bei der Unterwasserleitung zwischen Ekenäs und Karön ist zu beachten.

Schiffahrtsvorschrift Maximal 5 kn in den inneren Teil von Ronnebyfjärden sowie im Schärengebiet zwischen Ronnebyfjärden und Harön.

Hafenbeschreibung An der N-Seite von Karön, im Sund gegenüber Ekenäs, sind 4 Anlegebrücken vorhanden. Die W-liche Brücke hat nur vermietete Plätze, die nächste ist für Polizei, Zoll und Fährverkehr vorgesehen, dann folgt der Anleger der Fähre nach Ekenäs, und die O-lichste ist die Gastbrücke des Segelvereins von Ronneby.

Gastplätze An der Gastbrücke können etwa 30 Boote liegen. Im äußeren Teil der Brücke beträgt die Wassertiefe etwa 2 m.

Festmachen Längsseits der Brücke oder vor Heckanker.

Hafenamt Ekenäs Tel. 04 57 – 7 04 84.

Sonstige Einrichtungen Regelmäßige Fährverbindung mit Ekenäs, s. Ekenäs.
Die Ronneby-Schären liegen im Blekinge-Kontrollgebiet. Nur die zugelassenen Fahrwasser dürfen von Ausländern benutzt werden.

Geschichte/Tourismus Karön ist seit Mitte des 19. Jahrhunderts eine beliebte Badeinsel in Verbindung mit dem Kurort Ronnebybrunn. Auf der Insel gibt es ein Restaurant, gute Badeplätze im SO-Teil, Sommerhäuser und Wanderwege.

Ekenäs

56°10,1'N 15°17,3'E   D 140, S 821, BSK 821.3, 821.4

Sportboothafen N-lich von Karön, dicht SW-lich von Ronnebyhamn

Ansteuerung Den Hafen erreicht man durch ein Bootsfahrwasser zwischen den Ronneby-Schären. Das Fahrwasser kann unter günstigen Verhältnissen mit einem Tiefgang bis zu 1,6 m befahren werden. Es ist nur sparsam bezeichnet, und man muß vorsichtig navigieren. Man beachte auch die Sandbank N-lich des Fahrwassers durch den Sund zwischen Ekenäs und Karön, s. Foto.

Ankerverbot Im verminten Gebiet vor der Einfahrt nach Ronnebyfjärden darf nicht geankert, gefischt und getaucht werden.

Schiffahrtsvorschrift Maximal 5 kn Fahrt im inneren Teil von Ronnebyfjärden sowie im Schärengebiet zwischen Ronnebyfjärden und Harön.

Hafenbeschreibung Der Hafen gehört dem Segelverein von Ronneby und hat eine große Anzahl von Liegeplätzen mit 1 – 2,1 m Wassertiefe.

Gastplätze An der O-Seite der O-lichsten Brücke sind 23 Gastplätze mit Bojen vorhanden. Außerdem können Plätze, die durch grüne Schilder gekennzeichnet sind, benutzt werden.

Festmachen Die Gastplätze haben Bojen, die vermieteten Plätze Boxen.

Hafenamt Freizeitkontor Ronneby Tel. 04 57 – 1 80 00. Dienstleistungsgebäude Tel. 04 57 – 7 04 84.

Sonstige Einrichtungen Stromanschluß und Frischwasser an mehreren Stellen des Hafens, Motorservice, Tankstelle und Trailerrampe dicht NO-lich. Kräne und Post in Ronnebyhamn. Mastenkran bei Angelskogsvarvet, 1,5 sm NO-lich Ekenäs.
Gratis-Busverbindung zum Mittelpunkt von Ronneby jede Stunde.
Ronneby-Schären liegen im Blekinge-Kontrollgebiet, Bestimmungen s. S. 83.

Ronnebyhamn

56°10,6′N 15°18,2′E   D 140, S 821, BSK 821.3, 821.4, 8001.2

Sportbootplätze an der Mündung von Ronnebyån in Ronnebyhamn

Ansteuerung Von See führen zwei Fahrwasser nach Ronnebyfjärden. Das W-liche ist befeuert und wird von der Handelsschiffahrt benutzt, während das O-liche ein unbefeuertes Fahrwasser für Fahrzeuge mit bis zu 3 m Tiefgang ist.

Ankerverbot In dem verminten Gebiet in der Einfahrt zu Ronnebyfjärden ist Ankern, Fischen und Tauchen verboten.

Schiffahrtsvorschrift Maximal 5 kn im inneren Teil von Ronnebyfjärden sowie im Schärengebiet zwischen Ronnebyfjärden und Harön.

Hafenbeschreibung Im inneren Teil des Handelshafens, an beiden Seiten des Flusses, sind Holzbrücken für Sportboote vorhanden. Die Wassertiefen betragen 1 – 2,5 m. Eine Brücke mit nur 1,4 m Durchfahrtshöhe überquert den Fluß.

Festmachen Längsseits der Anlegebrücken.

Hafenamt Tel. 0457 – 70080.

Sonstige Einrichtungen Der Hafen hat drei fahrbare Kräne mit bis zu 32 t Hebevermögen. Zum Zentrum von Ronneby sind es 6 km. Dusche, Freibad, Restaurant, Sauna usw. bei Ronnebybrunn (2 km).

Geschichte/Tourismus Ronneby bekam 1387 Stadtrecht. Im Jahre 1564 wurde die damals dänische Stadt von Erik XIV. bis zu den Grundmauern niedergebrannt. Nur die Heliga Kors-Kirche aus dem 12. Jahrhundert blieb erhalten. Noch heute kann man Spuren dieses Brandes an der Kirche sehen. Als Karlskrona 1680 angelegt wurde, verlor Ronneby das Stadtrecht und erhielt es es erst 1882 zurück. 1864 wurde die Stadt durch ein großes Feuer zerstört, das nur die Kirche und die umliegenden Häuser verschonte.
Die eisenhaltigen Wasseradern bei Ronnebybrunn wurden schon 1705 entdeckt, und bald entstand ein Kurort an diesem Platz. Ronnebybrunn hatte seine Blütezeit als Kurort im 19. Jahrhundert. Heute ist dort ein großes Konferenz- und Freizeitzentrum mit Hotel, Restaurant, Freibad, Golfplatz, Tennisplätzen, Reithalle usw. Im schönen Kurpark liegt die Blekinge-Naturschutzhalle mit Ausstellungen und Tips für Ausflüge.

Göholm

Fischer- und Sportboothafen an der W-Seite von Kålviken, 3 sm S-lich Ronneby

56°07,7′N 15°19,1′E   D 140, S 821, BSK 821.3, 821.4

Der Hafen liegt im Blekinge-Kontrollgebiet und darf von Ausländern nicht angelaufen werden.

Ansteuerung Den Felsen Tote, N-lich der Spiere Nålsten, sieht man aus großer Entfernung, da auf dem Stein ein Betonfundament steht. Die Klippe Rännbåden, 0,5 sm W-lich Tote, hat eine ziemliche Ausdehnung und ist meistens über Wasser sichtbar. Auf der Klippe stehen noch Reste der zerstörten Steinbake Rännbåden.
Zum Hafen führt eine kurze, etwa 2,5 m tiefe Baggerrinne. Dicht O-lich des S-lichen Wellenbrechers liegt eine Sandbank. Man darf deshalb nicht zu zeitig in die Einfahrt eindrehen. Bei starkem S-Wind ist das Anlaufen des Hafens schwierig. Bei günstigen Verhältnissen kann der Hafen mit etwa 1,8 m Tiefgang angelaufen werden.

Hafenbeschreibung Im N-lichen und W-lichen Teil des Hafenbeckens beträgt die Wassertiefe etwa 3 m, längsseits des S-lichen Wellenbrechers nur 1,5 – 2 m. Am S-Ende des landseitigen Kais ist eine kurze, freie Kaistrecke vorhanden, während der N-liche Teil von Sportbootplätzen mit Bojen eingenommen wird. Auch am S-Wellenbrecher gibt es Sportbootplätze. Der Anleger am N-Wellenbrecher ist für Boote der Luftwaffe reserviert.

Gastplätze Der Hafen hat keine festen Gastplätze, aber Gastboote können freie Plätze, die gekennzeichnet sind, benutzen oder längsseits der Fischkutter festmachen.

Festmachen Mit dem Heck an Bojen, längsseits des Kais oder der Fischkutter.

Hafenamt Ronneby Tel. 04 57 – 7 00 80, Hafenaufsicht Tel. 04 57 – 3 00 46.

Sonstige Einrichtungen Telefon bei Millegarne, etwa 1 km vom Hafen. Busverbindung mit Ronneby (10 km).

114 Lägerholmen – Torhamnsudde

Hallarna

56°07,1′N 15°27,2′E   D 140, S 821, BSK 821.3

Fischerhafen im NW-Teil von Hasslö, etwa 5 sm SW-lich Karlskrona

Service in der Nähe

Gastplätze   Der Hafen hat keine festen Gastplätze, aber man kann am äußeren Teil des W-Wellenbrechers festmachen.

Der Hafen liegt im Blekinge-Schutzgebiet und darf von Ausländern nicht angelaufen werden.

Ansteuerung   nach Hallarna geschieht durch das W-Fahrwasser nach Karlskrona. Mit guter Ortskenntnis kann man den Hafen auch von Süden aus, durch das enge Fahrwasser dicht W-lich von Hasslö, ansteuern. Man beachte aber, daß die Feuer Asla, Kåsaskär-Richtfeuer und Hasslö nur für die Fischer des Ortes angezündet werden. Auch das große Untiefengebiet NO-lich des Hafens ist zu beachten.
Der Hafen kann mit maximal 3,3 m Tiefgang angelaufen werden.

Hafenbeschreibung   Das Hafenbecken ist an der W-Seite 4 m tief, nach Osten nimmt die Wassertiefe aber schnell auf 2 m ab. Das Gebiet innerhalb des O-lichen Wellenbrechers hat etwa 1,2 m Wassertiefe.
Der W-Kai ist etwa 100 m lang und für die Fischerei reserviert. Am äußeren Teil des W-Wellenbrechers ist ein kurzes Kaistück für Gastboote vorhanden. In den anderen Hafenteilen gibt es Anlegeplätze mit Bojen.

Festmachen   Längsseits des Kais. Der Kai ist dem Schwell vorbeifahrender Boote ausgesetzt. Gutes Festmachen und Fender sind erforderlich

Hafenamt   Karlskrona 04 55 – 8 31 30.

Sonstige Einrichtungen   Die Schlippanlage kann Boote bis 8 t aufnehmen und wird auch als Trailerrampe benutzt. Busverbindung mit Karlskrona von der Haltestelle 400 m vom Hafen. Lebensmittelgeschäft, Tankstelle, Post, Bank und Gesundheitsdienst sind 2 km entfernt.

Geschichte/Tourismus   Hallarna war früher der größte Fischereihafen von Blekinge. Heute wird nur noch Küstenfischerei betrieben. Die Fischerei hat aber in den letzten Jahren zugenommen.
In Hästholmsfjärden, dicht NO-lich des Hafens, liegt eine der modernsten Fischzuchtanlagen des Nordens. Das Gebiet ist 3000 m² groß und produziert u.a. etwa 250 t Lachsforellen. Besichtigung möglich, Tel. 0455 – 32878.
Sandviks Badeplatz mit feinem Sand liegt etwa 3,5 km S-lich des Hafens.

Garpahamnen

Fischerhafen im SO-Teil von Hasslö, etwa 5 sm SW-lich Karlskrona

56°06,1'N 15°28,8'E   D 140, S 821, BSK 821.3

Service in der Nähe

Der Hafen liegt im Blekinge-Schutzgebiet und darf von Ausländern nicht angelaufen werden.

Ansteuerung Von Süden führt ein befeuertes und bezeichnetes Fahrwasser für Boote bis 3,3 m Tiefgang in den Hafen. Mit einem Tiefgang bis zu 2,7 m kann die Ansteuerung auch von Norden durch Bollösund erfolgen. Man beachte die Senkkästen in dem schmalen Sund zwischen Norra Bollö und Hasslö.
Das Feuer Bollö besteht aus einer Laterne auf einem Fachwerkmast mit weißer Tafel. Die Richtfeuer haben rote, dreieckige Tagmarken.

Hafenbeschreibung Im inneren Teil des Hafens ist ein 140 m langer, winkelförmiger Kai mit etwa 4 m Wassertiefe vorhanden. Der Kai ist für die Fischerei reserviert. Im W-Teil des äußeren Beckens liegen Ausrüstungskaianlagen der Werft mit 3 bis 3,5 m Wassertiefe. Der O-Teil des Hafens hat Anlegebrücken und Kaianlagen mit 1 – 3 m Wassertiefe.

Gastplätze Der Hafen hat keine festen Gastplätze. Es können jedoch Plätze auf Anfrage bereitgestellt werden. Zeitweiliges Festmachen zum Bunkern oder zur Proviantübernahme an der W-lichen und O-lichen Pieranlage.

Festmachen Längsseits der Kaianlagen oder vor Heckanker.

Hafenamt Karlskrona Tel. 04 55 – 8 31 30.

Sonstige Einrichtungen Der Kran hat 2,5 t Hebevermögen. Dicht außerhalb des Fotos liegt eine große Bootswerft mit zwei Schlippanlagen für Boote bis 350 t. Busverbindung mit Karlskrona. Horns-Anlegebrücke, 3 km vom Hafen, hat während des Sommers Bootsverbindung mit Karlskrona und Aspö. 2 km vom Hafen entfernt gibt es ein Lebensmittelgeschäft, Post, Bank und Gesundheitsdienst.

Geschichte/Tourismus Hasslö hat fast keinen Wald, sondern kahle Klippen und steinigen Boden. Die Heidelandschaft W-lich des Hafens ist wahrscheinlich das Ergebnis des Abbrennens der Felder.
Auf der Insel war die Fischerei immer der wichtigste Industriezweig. Bis in die 70er Jahre wurden große Mengen Fisch angelandet. Die Menge wurde nur von wenigen Häfen an der Küste übertroffen. Auch heute noch ist Garpahamnen einer der größten Fischereihäfen von Blekinge, und es werden etwa jährlich 5000 t Fisch gelöscht.
Etwa 1 km N-lich des Hafens steht das Denkmal des bekanntesten Sohnes von Hasslö, Fabian Månsson, Reichstagsabgeordneter, Schriftsteller und Pädagoge. Etwa 700 m W-lich des Hafens liegt Sandviks-Badeplatz mit feinem Sandstrand.

Plan S. 124

116 Lägerholmen – Torhamnsudde

Tromtö Nabb

Gasthafen an SO-Seite der Halbinsel Tromtö, 3 sm W-lich Karlskrona

56°09,2′N 15°29,1′E   D 140, S 821, BSK 821.3

Der Hafen liegt im Blekinge-Kontrollgebiet und darf von Ausländern nicht angelaufen werden.

Ansteuerung Der Hafen liegt in der kleinen Bucht an der SO-Seite von Tromtö. An der N- und S-Seite der Bucht gibt es flache Stellen. Man muß bei der Einsteuerung die Mitte halten. Der äußere Teil des Anlegers kann mit etwa 2 m Tiefgang befahren werden.

Hafenbeschreibung Der Hafen gehört Karlskrona Navigationssällskap und besteht aus einer 40 m langen Pontonbrücke mit 2,2 m Wassertiefe an den Enden und etwa 1 m im inneren Teil. N-lich und S-lich der Brücke wird es schnell flach.
Der etwa 30 m S-lich der Brücke liegende Wellenbrecher besteht aus zusammengebundenen Pfählen. Der äußerste Pfahl ist durch zwei dreieckige Tagmarken bezeichnet. Bei starken O-lichen Winden entsteht starker Schwell im Hafen.

Gastplätze Alle Liegeplätze, etwa 30, können von Gastbooten belegt werden.

Festmachen Vor Heckanker.

Hafenamt Tel. 04 55 – 1 06 15, Clubhaus 04 55 – 3 52 32.

Sonstige Einrichtungen Nach Rücksprache mit dem Hafenmeister kann das Clubhaus, mit Küche und Übernachtungsmöglichkeiten, benutzt werden. Ein mobiler Stromgenerator ist im Clubhaus vorhanden.

Geschichte/Tourismus Die gesamte Halbinsel Tromtö ist Naturschutzgebiet. Sie ist bekannt für den schönen Buchenwald und für die Reiherkolonie an der W-Seite der Halbinsel, etwa 600 m vom Hafen entfernt.
Das Gut Tromtö liegt etwa 1,4 km N-lich des Hafens, es stammt aus dem 17. Jahrhundert und bekam seine heutige Gestalt 1834, nachdem es ausgebrannt war.
Etwa 2 km NW-lich des Hafens liegt das Gräberfeld von Hjorthammar, das aus mehr als 120 Grabsteinen aus der Zeit von 700 bis 1050 besteht.

Tallholmen

56°11,1'N 15°32,5'E D 140, S 821, BSK 821.1

Sportboothafen innerhalb Nötholmen, etwa 2 sm NW-lich Karlskrona

Service in der Nähe

Ansteuerung durch Danmarksfjärden mit N-lichem Kurs durch den Sund W-lich von Ramsö. Wenn man Åholmen passiert hat (die kleine Schäre NO-lich von Nötholmen), dreht man W-wärts auf den Hafen zu. Die Gewässer um den Hafen sowie N-lich von Nötholmen und Åholmen haben 1,3 – 1,8 m Wassertiefe. Da keine Spieren ausliegen, muß der Hafen vorsichtig und nur bis 1,3 m Tiefgang angelaufen werden.

Hafenbeschreibung Der Hafen gehört der Stadt Karlskrona, wird aber vom Nättraby Bootsklub verwaltet. Die Wassertiefe an der 100 m langen Pontonbrücke beträgt etwa 1,6 m am äußeren und 1,3 m am inneren Teil. Die vier kleinen Pontonbrücken haben nur etwa 1 m Wassertiefe.

Gastplätze Der Hafen hat keine festen Gastplätze. Wenn man im Hafen fragt, können freie, vermietete Plätze zur Verfügung gestellt werden. An der Jollenbrücke mit 1 m Wassertiefe kann zeitweilig festgemacht werden.

Festmachen In Boxen oder an Bojen.

Hafenamt Karlskrona Tel. 04 55 – 8 31 30.

Sonstige Einrichtungen In Nättraby, etwa 2,3 km vom Hafen, sind Lebensmittelgeschäft, Post, Bank, Gesundheitsdienst und Tankstelle vorhanden. Busverbindung mit Karlskrona von Mjövik. Fährboot u.a. nach Karlskrona von Åslättens hamn, 1 km N-lich von Tallholmen.

Geschichte/Tourismus Eine schöne Strandpromenade führt vom Hafen Tallholmen zum Bootshafen von Åslätten und weiter am Fluß entlang bis zum Zentrum von Nättraby. Tallholmens Badeplatz liegt dicht SW-lich des Hafens.

118 Lägerholmen – Torhamnsudde

Åslätten, Nättraby

Sportboothafen an der Mündung des Flusses Nättrabyån, etwa 2 sm NW-lich von der Karlskrona

56°11,5′N 15°32,6′E   D 140, S 821, BSK 821.1

Service in der Nähe

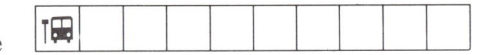

Ansteuerung Von Danmarksfjärden mit N-lichem Kurs durch den Sund W-lich von Ramsö und weiter bis zur Mündung des Nättrabyån. Das Nättraby-Feuer besteht aus einer Laterne auf einem Dalben dicht vor der Flußmündung.
Das Fahrwasser in der Flußmitte hat 1,8 – 2,3 m Wassertiefe bis Nättraby, etwa 0,8 sm stromaufwärts. Der Hafen sollte nicht mit mehr als 1,5 m Tiefgang angelaufen werden.

Schiffahrtsvorschrift Maximal 5 kn auf dem Fluß.

Hafenbeschreibung Der Hafen wird vom Nättraby Bootsklub verwaltet und liegt an der W-Seite des Flusses, etwa 300 m stromaufwärts der Mündung. In dem gebaggerten Becken beträgt die Wassertiefe an drei Pontonbrücken etwa 1,8 m. N-lich des Beckens liegt ein 110 m langer Kai mit 1,8 – 2,0 m Wassertiefe. Der N-lichste Teil des Kais ist für das Fährboot reserviert.

Festmachen In Boxen oder an Bojen.

Hafenamt Karlskrona Tel. 04 55 – 8 31 30.

Sonstige Einrichtungen Strom und Frischwasser findet man an allen Brücken und beim Mastenkran. In Nättraby, 1 km vom Hafen, gibt es ein Lebensmittelgeschäft, Post, Bank, Apotheke, Gesundheitsdienst und einen Schnellimbiß. Zur Tankstelle geht man 2 km.
Mit maximal 1,5 m Tiefgang kann man bis Nättraby laufen. Dort darf zeitweilig am Anleger für den Schärenverkehr festgemacht werden, der dicht beim Zentrum liegt. Die Wassertiefe am Anleger beträgt etwa 1,8 m. Das Boot muß jedoch jederzeit verholen können, um den Schärenverkehr nicht zu behindern.

Geschichte/Tourismus Ein schöner Spazierweg führt entlang des Flusses von Tallholmen nach Nättraby.
Schon seit 1862 gibt es Fährverbindungen mit Karlskrona. Nättraby hat eine mittelalterliche Kirche im romanischen Stil aus dem 12. Jahrhundert. Auf dem Friedhof liegt das Grab von Vittus Andersson. Er war ein Bauer, dem Trossö, heute das Zentrum von Karlskrona, gehörte, als Karl XI. entschied, dort Schwedens neuen Flottenstützpunkt zu bauen. Vittus war eigensinnig und wollte die Insel nicht verkaufen. Deshalb wurde er in die Festung Karlshamn gebracht, und Karlskrona konnte gebaut werden.

Dragsö

56°10,4′N 15°34′E   D 140, S 821, BSK 821.1

Sportboothafen an der W-Seite von Dragsö, 1 sm NW-lich Karlskrona

Ansteuerung durch ein gut bezeichnetes Fahrwasser, das aber nur am Tage befahren werden kann. Unter günstigen Verhältnissen kann der Hafen mit bis zu 2 m Tiefgang angelaufen werden.

Hafenbeschreibung Der Hafen gehört dem Segelverein von Karlskrona und liegt gut geschützt im S-Teil der Bucht an der W-Seite von Dragsö. Die Wassertiefe am Landkai und an den beiden Pontonbrücken beträgt 2,2 – 3 m. Man beachte, daß die Schienen der Schlippanlage bis zu 15 m ins Wasser führen.

Gastplätze Im W-Teil der äußeren W-lichen Pontonbrücke sind 10 Gastplätze vorhanden. Andere freie Plätze werden vom Hafenmeister angewiesen.

Festmachen An Heckbojen.

Hafenamt Clubhaus Tel. 04 55 – 8 02 81, Hafenmeister privat 04 55 – 1 05 96.

Sonstige Einrichtungen Die Schlippanlage hat 5 t Tragevermögen, Trailerrampe bei der Schlippanlage. Mastenkran mit 0,5 t Hebevermögen. Die Saltö-Werft, 500 m vom Hafen, führt Reparaturen an Rumpf und Maschine durch.
Beim Fischereihafen von Saltö, 1 km von Dragsö entfernt, ist ein Bootsausrüster, Lebensmittelgeschäft, Post, Tankstelle und Bushaltestelle mit Busverbindung zum Zentrum von Karlskrona.

Geschichte/Tourismus Fernseh- und Versammlungsraum im Clubhaus. Schöne Spazierwege um den Hafen.

120 Lägerholmen – Torhamnsudde

Saltö Fischereihafen

Fischereihafen von Karlskrona mit Gasthafen im Saltösund

56°09,7′N 15°34,4′E   D 140, S 821, BSK 821.1

Service in der Nähe

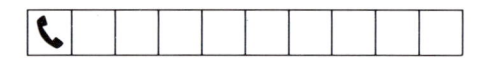

Ansteuerung Vom Fahrwasser S-lich von Karlsrona (Yttre Redden) gehen zwei befeuerte Fahrwasser zum Fischereihafen. Der Hafen kann von Fahrzeugen mit einem Tiefgang bis zu 4 m angelaufen werden, und das Fahrwasser zur Gastbrücke erlaubt bis zu 2 m Tiefgang.
Die beiden festen Brücken im N-Teil von Saltösund haben 5,7 m Durchfahrtshöhe bei Mittelwasser.

Schiffahrtsvorschrift Maximal 5 kn im Borgmästarefjärden und Saltösund.

Hafenbeschreibung An der W-Seite des Hafenbeckens liegt der Saltö-Fischereihafen mit etwa 420 m Kai und 4 – 5,7 m Wassertiefe.
Im inneren O-lichen Teil des Beckens liegt die Gastbrücke mit 2 – 4 m Wassertiefe. Der Hafen ist gegen starken SW-Wind nur schlecht geschützt.

Gastplätze An der Gastbrücke sind 10 Plätze mit 2 – 4 m Wassertiefe vorhanden. Zeitweilig kann man an dem Anleger, etwa 100 m S-lich, und bei der Tankstelle an der W-Seite festmachen.

Festmachen An der Gastbrücke vor Heckanker.

Hafenamt Karlskrona, Tel. 04 55 – 8 31 30.

Sonstige Einrichtungen Bei der Tankstelle Schiffshändler und Motorservice. Im Fischereihafen Trockeneisfabrik und 5-t-Kran.
Auf Saltö, etwa 800 m vom Hafen, liegt eine Bootswerft. Zum Zentrum von Karlskrona ist es etwa 1 km weit.

Geschichte/Tourismus Der Hafen liegt im ältesten Stadtteil von Karlskrona, Björkholmen, wo man das alte, unverfälschte Karlskrona erleben kann. Hier liegen u.a. die kleinen, alten Häuser der Werftzimmerleute aus dem 18. Jahrhundert. 1986 wurden im Saltö-Fischereihafen 14 000 t Fisch umgeschlagen, was den Hafen zu einem der größten Fischereihäfen Schwedens macht.

Tallebryggan, Karlskrona

56°10,1'N 15°35,5'E   D 140, S 821, BSK 821.1

Großer Gast- und Sportboothafen im inneren Teil des Handelshafens von Karlskrona

Service in der Nähe

Ansteuerung Vom Seegebiet W-lich der Karlskrona-Schären führt ein gut bezeichnetes, aber nicht befeuertes Fahrwasser für Fahrzeuge bis 4,2 m Tiefgang nach Västra fjärden. Das befeuerte Hauptfahrwasser nach Karlskrona geht von der Ansteuerungstonne S-lich Aspö nach Yttre redden. Vom Seegebiet SO-lich Torhamnsudde führt ein enges, kurvenreiches Fahrwasser für Fahrzeuge bis 3,2 m Tiefgang nach Östra Fjärden. Es ist nur bis Torhamnsfjärden befeuert.

Schiffahrtsvorschrift Maximal 5 kn Geschwindigkeit bei der Hasslöbrücke und der Möcklösundbrücke, im Ytterösund sowie im Hafen von Karlskrona.

Hafenbeschreibung Tallebryggans-Sportboothafen liegt im inneren Teil von Karlskronas Handelshafen. An drei Pontonbrücken sind etwa 200 Liegeplätze mit 2 – 4,5 m Wassertiefe vorhanden. Man beachte, daß das Wasser N-lich der grünen Spieren sehr flach ist.

Gastplätze Der Hafen hat etwa 100 Gastplätze mit 3,2 – 4,5 m Wassertiefe. Die Gastplätze befinden sich an der W-Seite des äußersten Anlegers und an der O-Seite der mittleren Brücke sowie am Kai. Auch vermietete Plätze im W-Teil des Hafens können benutzt werden, wenn sie durch grüne Tafeln gekennzeichnet sind. Zeitweilig kann man an der Außenseite des äußeren Teils der O-lichen Brücke sowie an der Pontonbrücke O-lich des Hafens festmachen.

Festmachen In Boxen.

Hafenamt Tel. 04 55 – 8 20 80, 8 20 30.

Sonstige Einrichtungen Frischwasser befindet sich an allen Brücken. Im Servicegebäude ist ein Bootsausrüster und eine Motorwerkstatt. Der Hafen liegt 500 m vom Zentrum Karlskronas entfernt.

Geschichte/Tourismus Karlskrona wurde 1680 von Karl XI. angelegt und ist seitdem Marinestützpunkt. Das Fort und die Befestigungen unterstreichen den militärischen Charakter. Anfang des 18. Jahrhunderts war Karlskrona die zweitgrößte Stadt Schwedens. Im Marinemuseum sind maritime Ausstellungsstücke aus drei Jahrhunderten zu sehen. Die alte Werft mit u.a. Schwedens erstem U-Boot „Hajen", Polhemsdock und die 300 m lange Reepschlägerei von 1690 sind im Sommer täglich zu besichtigen. Blekinge-Museum zeigt die Kultur der Küste mit Bootsbau, Steinbruch usw.
Vom Bryggarberget, in der Nähe des Wasserturmes beim Hafen, hat man eine gute Aussicht über die Schären. Die Fährboote zu den Schären gehen von Fisktorget ab.

122 Lägerholmen – Torhamnsudde

Drottningskär, Lökanabben

56°06,8′N 15°34′E   D 140, S 821, BSK 821.1

Kleiner Fischerhafen an der O-Seite von Aspö, 3 sm S-lich Karlskrona

Ansteuerung Der Hafen liegt dicht N-lich von Drottningskärs Burg. Das Fahrwasser ist nicht bezeichnet. Die Ansteuerung erfolgt vom Hauptfahrwasser nach Karlskrona und ist am Tage nicht schwierig. Der äußere Teil des Hafens kann mit bis zu 2 m Tiefgang angelaufen werden.

Ankerverbot Im verminten Gebiet zwischen Aspö und Tjurkö ist Ankern, Tauchen und Fischen verboten.

Hafenbeschreibung Im S-Teil des Hafenbeckens sind 100 m Kai mit 2 – 2,8 m Wassertiefe und im N-Teil 120 m Kai mit 1 – 2 m Wassertiefe vorhanden. Die Kaianlagen haben Liegeplätze für Sportboote mit Bojen. Der innere Teil des Beckens ist sehr flach. Die S-Pier ist für die Boote des Schärenverkehrs vorgesehen.

Gastplätze Am äußersten Teil des N-Wellenbrechers gibt es Plätze für einige Gastboote. Nach Erlaubnis durch den Hafenmeister können auch freie, vermietete Plätze benutzt werden. Am Anleger der Burg darf nur zeitweilig festgemacht werden.

Festmachen Längsseits des Kais oder vor Heckanker.

Hafenamt Tel. 04 55 – 3 91 08, 8 32 04.

Sonstige Einrichtungen Schlippanlage für Boote bis 3 t mit Handbetrieb. Fährverbindung mit Karlskrona.

Geschichte/Tourismus Erik Dahlberg, der Baumeister von Karlskrona, bekam 1680 von Karl XI. den Auftrag, Zeichnungen und Pläne für die Burg auf Drottningskär und das Fort auf Kungsholm anzufertigen. Die Anlagen wurden zu beiden Seiten der Einsteuerung nach Karlskrona gebaut. Um die Hafeneinfahrt noch weiter zu schützen, wurden im Wasser zwischen den Befestigungsanlagen Senkkästen auf den Grund gesetzt.
Die Burg auf Drottningskär wurde Mitte des 18. Jahrhunderts fertig und ist auch heute noch im damaligen Zustand erhalten. Von den Wällen hat man eine großartige Aussicht.
Das Fort auf Kungsholm wurde 1780 fertiggestellt und ist auch heute noch Militärstützpunkt und Manöverfeld. Im Gebiet des Forts gibt es einen Park mit exotischen Gewächsen, ein kleines Museum sowie einen einzigartigen runden Bootshafen, der von Mauern umschlossen ist.
Bei Hornudden liegt Aspös Badestrand mit feinem Sandgrund.

Ekenabben

56°06,1'N 15°38,4'E   D 140, S 821, BSK 821.1

Großer Fischereihafen an der W-Seite von Sturkö, etwa 4 sm SO-lich Karlskrona

Der Hafen liegt im Blekinge-Schutzgebiet und darf von Ausländern nicht angelaufen werden.

Ansteuerung Die Ansteuerung von Süden erfolgt in der Richtfeuerlinie der Tjurkö-Richtfeuer 9°. Die Feuer haben weiße, dreieckige Tagmarken. Boote, die weniger als 3 m Durchfahrtshöhe benötigen, können auch unter der Brücke über den Djupasund hindurchfahren.
In das Hafenbecken steuert man in der Richtfeuerlinie 143°, s. Plan S. 124.

Hafenbeschreibung Das äußere Hafenbecken hat etwa 230 m Kaianlagen mit 4 m Wassertiefe. Das Becken ist für die Fischerei reserviert.
Das innere Becken hat 2 m Wassertiefe und Liegeplätze für Sportboote und kleinere Fischereifahrzeuge.

Gastplätze Der Hafen hat keine festen Gastplätze. Es können jedoch einige Plätze nach Rücksprache mit dem Hafenmeister und den Fischern zur Verfügung gestellt werden. Zeitweilig kann längsseits der Fischer oder auch an der Außenseite der Pier zwischen dem kleinen und dem großen Becken festgemacht werden.

Festmachen Längsseits des Kais oder der Fischkutter.

Hafenamt Tel. 04 55 – 4 22 64, 4 22 23.

Sonstige Einrichtungen Schlippanlage für Boote bis 100 t. Stromanschluß an vielen Stellen des Hafens. Bus nach Karlskrona von der Haltestelle 1 km N-lich des Hafens. Lebensmittelgeschäft und Post in 3,5 km Entfernung. Sanda (2,5 km) hat Bootsverbindung mit Karlskrona.

Geschichte/Tourismus Sturkö ist die größte Insel der Blekinge-Schären. Sie ist besonders für den Anbau von Gurken und Erdbeeren bekannt, die man im Sommer selbst pflücken kann.
Bei Uttorp, im SO-Teil der Insel, liegen ein Zeltplatz mit Restaurant, Fridhems-Tierpark sowie Uttorps Kirche mit alten Einrichtungsstücken der mittelalterlichen Kirche St. Gertrud.
Der Hafen wurde 1933 angelegt und 1959 ausgebaut, als man die Tjurköbrücke baute.

Hafenplan s. S. 124.

124 Lägerholmen – Torhamnsudde

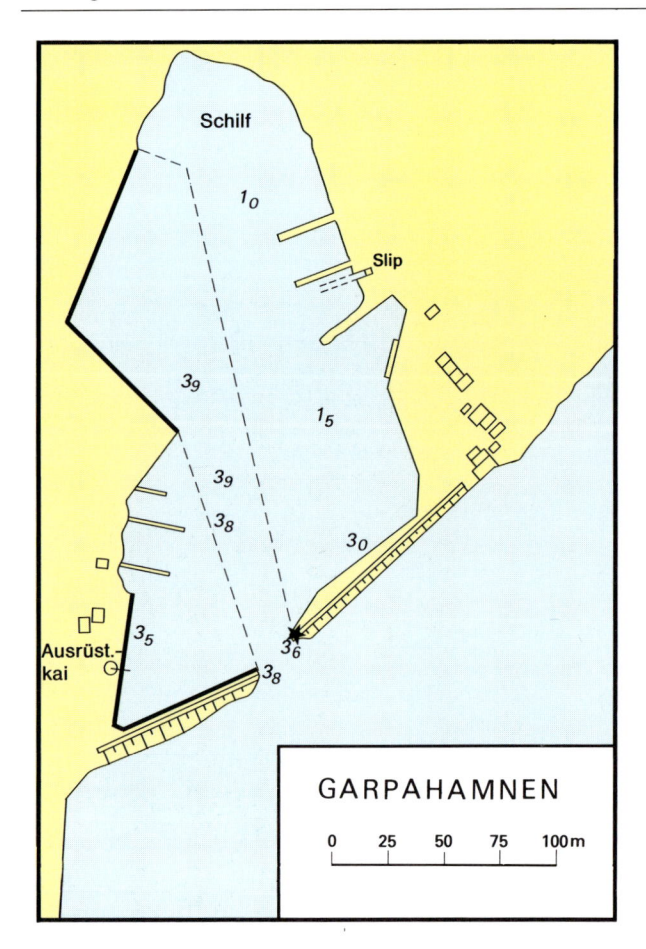

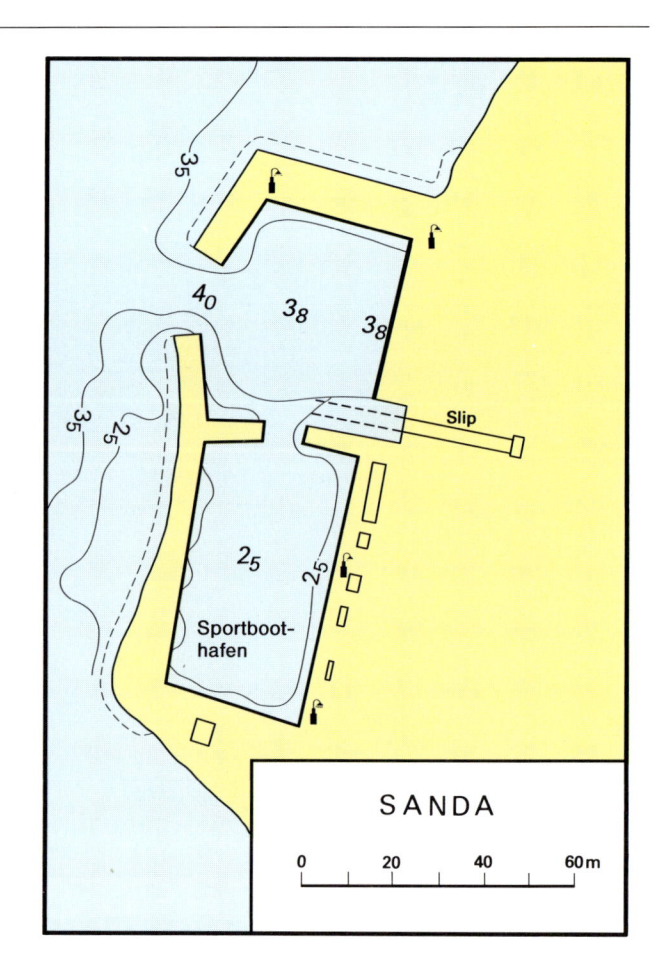

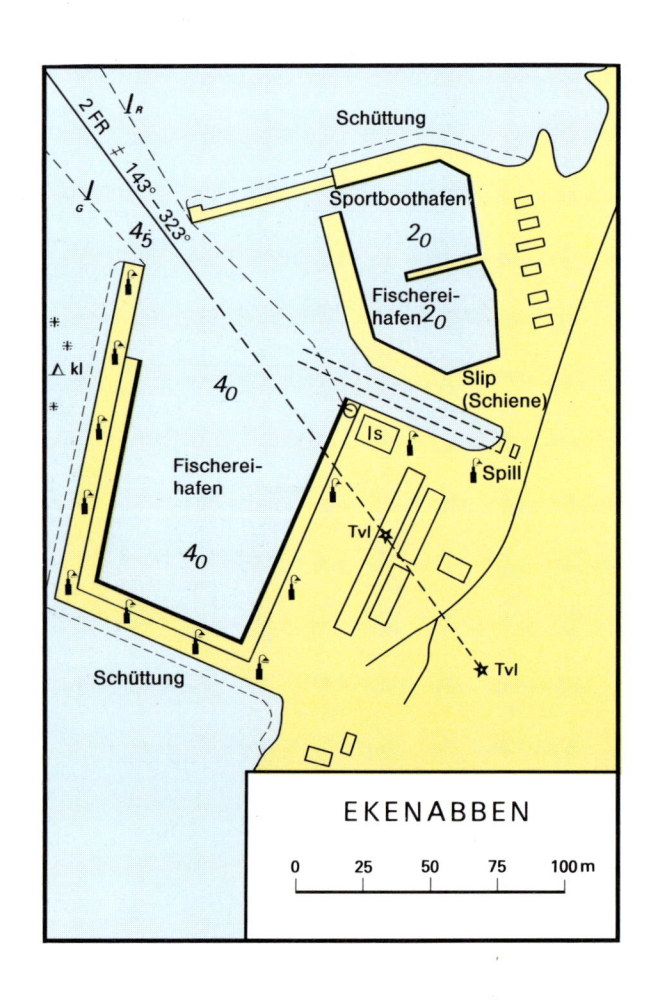

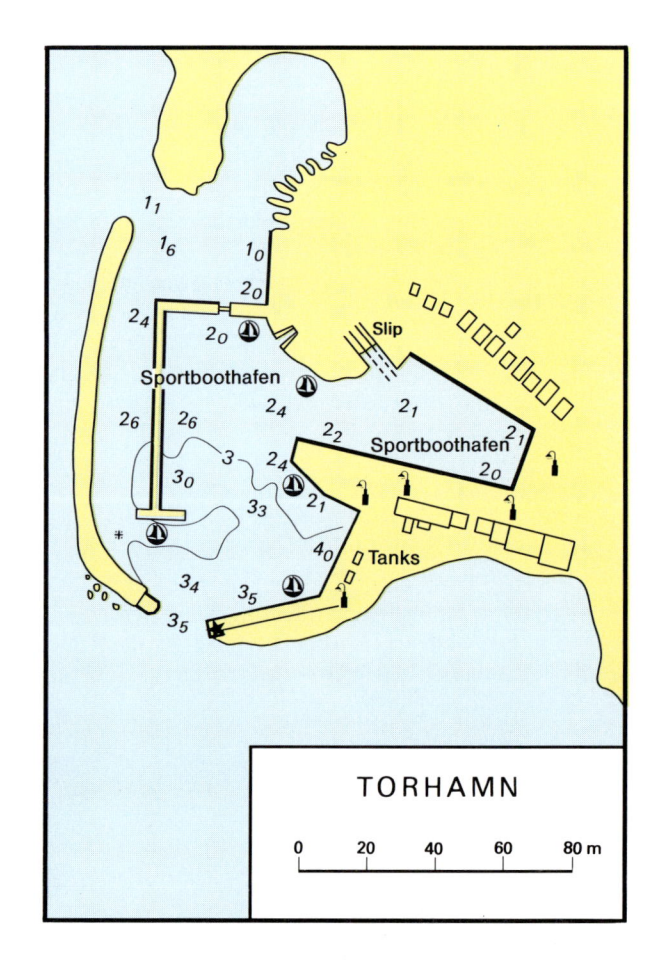

GARPAHAMNEN

SANDA

EKENABBEN

TORHAMN

Sanda

56°07,2′N 15°39,3′E   D 140, S 821, BSK 821.1

Fischerhafen im NO-Teil von Sturkö, 3 sm SO-lich von Karlskrona

Service in der Nähe

Der Hafen liegt im Blekinge-Schutzgebiet und darf von Ausländern nicht angelaufen werden.

Ansteuerung Der Hafen kann von Fahrzeugen mit einem Tiefgang bis 3 m angelaufen werden. Das Fahrwasser ist nicht bezeichnet.

Hafenbeschreibung Das innere Becken ist etwa 2,5 m tief und hat eine Kaianlage für die Fischerei und Liegeplätze mit Bojen für die Sportschiffahrt an der Innenseite des Wellenbrechers. An den Kaianlagen des äußeren Beckens beträgt die Wassertiefe 2 – 3,5 m. Die Außenseite der N-lichen, L-förmigen Pier ist für Boote des Schärenfährverkehrs reserviert. Bei starkem NW-lichem Wind steht Schwell im äußeren Becken.

Gastplätze Der Hafen hat keine festen Gastplätze. Die Kaiplätze im äußeren Becken können zum zeitweiligen Anlegen benutzt werden. Nach Erlaubnis durch den Hafenmeister kann man dort auch über Nacht liegen.

Festmachen Längsseits der Kaianlagen oder vor Heckanker. Man darf nicht längsseits der Fischkutter festmachen.

Hafenamt Tel. 04 55 – 4 22 64, 4 22 23.

Sonstige Einrichtungen Die manuelle Schlippanlage hat 10 t Tragfähigkeit. Bei Kullen, etwa 2 km O-lich des Hafens, gibt es ein Lebensmittelgeschäft, Post, Tankstelle und Café (in der Mühle). Busverbindung mit Karlskrona von der Haltestelle 1 km vom Hafen. Vom Hafen Bootsverbindung mit Karlskrona.

Geschichte/Tourismus Sturkö-Mühle liegt bei Kullen, etwa 2 km O-lich des Hafens. Die Mühle wurde um 1880 gebaut und ist im alten Stil restauriert. In der Mühle ist ein Café.

Hafenplan s. S. 124.

126 Lägerholmen – Torhamnsudde

Torhamn

56°05,6′N 15°49,6′E   D 140, S 821, BSK 821.1, 819,2

Kleiner Fischerhafen etwa 1 sm NW-lich Torhamnsudde.

Service in der Nähe

Der Hafen liegt im Blekinge-Schutzgebiet, darf aber von Ausländern auf den zugelassenen Fahrwassern für 72 Stunden, einschließlich der Fahrt durch das Schutzgebiet, angelaufen werden.

Ansteuerung Vom O-Fahrwasser nach Karlskrona steuert man etwa 14° im weißen Sektor des Torhamn-Feuers. Das Feuer steht auf dem Kopf der O-Pier. Ohne Ortskenntnis kann der Hafen aber nur am Tage mit bis zu 2,8 m Tiefgang angelaufen werden.

Warnung Bei starkem SW-Wind steht See und schwieriger Strom in der Hafeneinfahrt.

Hafenbeschreibung Das äußere Becken hat etwa 80 m Kai mit 2,1 – 3,5 m Wassertiefe und das innere Becken vermietete Bootsplätze mit 2 m Wassertiefe. An der inneren Hafenpier, die den Hafen teilt, sind der Kopf und 25 m an der N-Seite für den Schärenverkehr und die Fischerei reserviert.
Im W-Teil des Hafens hat eine 70 m lange Pontonbrücke 2 – 2,8 m Wassertiefe. An zwei Stellen beim W-Wellenbrecher liegen Steine dicht unter der Wasseroberfläche, s. Foto.

Gastplätze An den Kaianlagen im äußeren Becken und am Kopf der Pontonbrücke sowie am Kai W-lich der Schlippanlage. Die Wassertiefe beträgt 2 m.

Festmachen Vor Heckanker, bei starkem SW-Wind längsseits des Kais nach Anweisung durch den Hafenmeister.

Hafenamt Tel. 04 55 – 5 10 89. Karlskrona 04 55 – 8 31 30.

Sonstige Einrichtungen Die Schlippanlage hat 5 t Tragfähigkeit und kann auch als Trailerrampe benutzt werden. Lebensmittelgeschäft (Apotheke und Alkoholladen), Post und Bushaltestelle mit Verbindung nach Karlskrona etwa 900 m vom Hafen entfernt. Zum Zentrum von Jämjö sind es 1,2 km.

Geschichte/Tourismus An vielen Stellen an Land gibt es Steinzeichnungen aus der Bronzezeit. Am berühmtesten sind die sogenannten Hästhallen bei Möckleryd, etwa 3 km N-lich von Torhamn. Dort sind eine Menge Abbildungen von Schiffen und Menschen zu sehen.
Die Fischerhütten, Kanus und Ruderboote sind typisch für die Blekinge-Schären. Etwa 150 m O-lich des Hafens liegt ein kinderfreundlicher Strand.
Torhamns udde, Schwedens SO-lichste Ecke, ist ein bekanntes Vogelgebiet. Im Frühling und Herbst passieren hier Hunderttausende von Zugvögeln, und viele lassen sich zu einer Ruhepause nieder.

Hafenplan s. S. 124.

Die richtige Entscheidung

Der Reiz des Neuen ist schnell vorbei. Die Freude über gute Qualität aber dauerhaft. Noch nach Jahren schätzen Sie das gute Finish im Detail, das Gefühl der Funktionalität, das Raumangebot – all die zeitlosen Eigenschaften, die zu einer HR-Yacht gehören. Je länger Sie Ihre HR-Yacht haben, desto glücklicher werden Sie sein, sich für **HALLBERG RASSY** entschieden zu haben.

Hallberg Rassy

Verkaufsbüro Deutschland: Hallberg Rassy, 2000 Hamburg 53, Brandstücken 24, Tel: 040-80 11 22, Telex: 21 64 025 HRVB, Telefax: 040-80 40 17. **Hallberg Rassy:** S-440 80 Ellös, Tel: 0304-502 90, Telex: 2245 RASSY S, Telefax: 0304-513 31. **Danmark:** Hallberg Rassy, Marina Syd, DK-6000 Kolding, Tel: 05-53 29 00. **Schweiz:** Bootswerft Rolf Müller AG, Bottighofen, CH-8598 Lengwil, Tel: 072-75 41 41, Telefax: 072-75 41 46. **Holland:** Nova Yachting Int. BV, Jachthaven Aqua-Delta, Postbus 15, 4310 AA Bruinisse, Tel: 1113-1810, Telefax: 1113-2714.

Und wo segeln Sie?

Andrea Horn / Wyn Hoop
Kreuzen zwischen Türkischer Küste und Ostgriechischen Inseln
Edition Maritim – Nautischer Reiseführer
248 S., 120 Pläne, 80 Fotos, DM 78,-

Wyn Hoop / Andrea Horn
Türkische Südküste und Zypern
Edition Maritim – Nautischer Reiseführer
204 S., 85 Pläne, 140 Fotos, davon 16 farbig, DM 78,-

Andrea Horn / Wyn Hoop
Durch die Nordägäis nach Istanbul
Izmir-Marmarameer-Istanbul
Edition Maritim – Nautischer Reiseführer
224 S., 160 Pläne, 184 Fotos, davon 20 farbig, DM 78,-

Rod Heikell
Italienische Westküste
Von Genua bis Rom und Korsika
Edition Maritim – Nautischer Reiseführer
200 S., 151 Pläne, 80 Fotos, DM 78,-

Andrea Horn / Wyn Hoop
Korsika Nordost-Sardinien Toskanische Inselwelt
Edition Maritim – Nautischer Reiseführer
272 S., 195 Pläne, 200 Fotos, davon 16 farbig, DM 78,-

Nils Bahnsen / Uwe Karsten
Frankreichs Yachthäfen
Mittelmeerküste
Edition Maritim – Luftbildatlas
208 S., 196 farbige Luftbilder, 5 Karten, DM 78,-

Bernhard Bartholmes
Die Balearen
Pläne und Luftbilder von Häfen und Ankerplätzen
Edition Maritim – Luftbildführer
188 S., 60 farbige Luftbilder, 58 Pläne, DM 58,-

Hafenführer Dänemark
Die dänischen Ost- und Nordseehäfen
Schwedische Westküstenhäfen
Deutsche Ostseehäfen
Edition Maritim 1989-1990
496 S., 420 zweifarbige Hafenpläne, DM 49,80

Jan Ebert
Ankerplätze in Dänemark
Edition Maritim – Nautischer Reiseführer
160 S., 130 farbige Pläne, 40 Farbfotos, DM 39,80

Küstenhandbuch Schweden 1
Svinesund · Kullen
Luftbilder und Hafenbeschreibungen
Edition Maritim – Luftbildführer
200 S., 27 Karten, 181 Zeichn., 134 Luftbilder, DM 68,-

Küstenhandbuch Schweden 2
Kullen-Kråkelund, Öland, Gotland
Luftbilder und Hafenbeschreibungen
Edition Maritim – Luftbildführer
208 S., 140 Luftbilder, 45 Karten, 72 Küstenansichten, DM 74,-

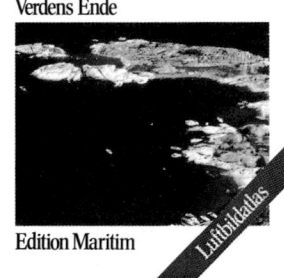

Norwegens Küste
Luftbilder von Häfen und Ankerplätzen
Schwedische Grenze · Oslofjord · Verdens Ende
Edition Maritim – Luftbildatlas
144 S., 91 farbige Luftbilder, 4 Karten, DM 78,-

EDITION MARITIM
– Überall im Buchhandel erhältlich –

Ungskär

Kleiner Fischerhafen im O-Teil der Karlskrona-Schären

56°02,5'N 15°48,3'E   D 140, S 821, BSK 821.1, 819,2

Service in der Nähe

Der Hafen liegt im Blekings-Schutzgebiet und darf von Ausländern nicht angelaufen werden.

Ansteuerung Das Fahrwasser um Ungskär ist voller Untiefen und kann nur mit großer Vorsicht befahren werden. Der Hafen kann von Westen oder von Osten angelaufen werden. Die auf 2 m gebaggerte Rinne erlaubt am Tage bis zu 1,6 m Tiefgang. Von Osten steuert man mit Kurs 266° in Richtlinie der Ungskärbaken (s. Foto, die Oberbake ist durch das gelbe Haus verdeckt). Wenn die rote Spiere passiert ist, dreht man auf S-lichen Kurs und steuert durch die gut bezeichnete Rinne in den Hafen. Auch aus SO mit Kurs 300° in der Richtlinie der Ungskär-Richtfeuer (Feuer auf Pfählen, die nur für die Fischerei angezündet werden) kann der Hafen angesteuert werden. Das W-liche Fahrwasser ist gut bezeichnet, und man erreicht es vom Fahrwasser nach Stenshamn.

Hafenbeschreibung Das Hafenbecken ist im W-Teil in der Nähe des Wellenbrechers 1,8 – 2,0 m tief. Die anderen Teile des Hafens sind sehr flach. An der Innenseite der Wellenbrecher sind 80 m Kaianlagen mit etwa 1,8 m Wassertiefe vorhanden. Ein Teil des Kais beim N-Wellenbrecher ist für das Fährboot reserviert, und die anderen Teile sind als Anleger für die Fischer vorgesehen.

Gastplätze Der Hafen hat keine Gastplätze. Am äußeren Teil des S-Wellenbrechers und am inneren Teil des N-Wellenbrechers kann man zeitweilig anlegen. Nach Erlaubnis durch den Hafenmeister und die Fischer kann man dort auch über Nacht liegen.

Festmachen Längsseits des Kais.

Hafenamt Tel. 04 55 – 5 40 72.

Sonstige Einrichtungen Die Schlippanlage hat etwa 6 t Tragfähigkeit. Bootsverbindung mit Karlskrona. Der Briefträger kommt an jedem Werktag.

Geschichte/Tourismus Ungskär war im 19. Jahrhundert und Anfang des 20. Jahrhunderts ein großer Ort und ein wichtiger Fischereihafen. Heute wohnen hier nur noch etwa 30 Personen, aber trotzdem ist es noch ein Zentrum für die etwa 100 Bewohner der umliegenden äußeren Schären von Karlskrona.
Auf der Schäre Inlängan gibt es Reste eines etwa 4000 Jahre alten Steinplattengrabfeldes. Der Platz ist der höchste Punkt in den O-lichen Schären, und man hat von dort eine einmalige Aussicht über die Inselwelt.

128 Lägerholmen – Torhamnsudde

Stenshamn

Kleiner Fischerhafen auf der Insel Utlängan in den O-lichen Karlskrona-Schären

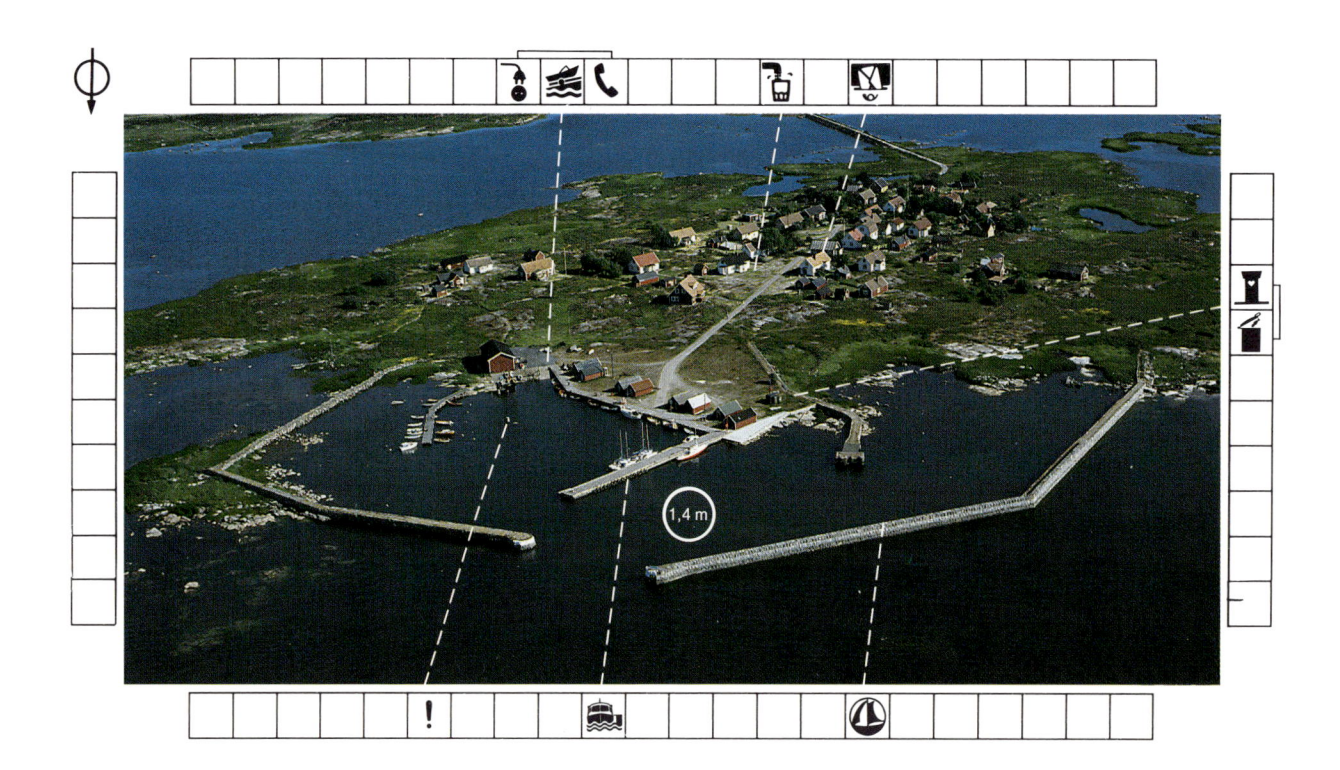

56°01,8′N 15°46,9′E   D 140, S 819, 821, BSK 821.2, 819,2

Der Hafen liegt im Blekinge-Schutzgebiet und darf von Ausländern nicht angelaufen werden.

Ansteuerung Vom Fahrwasser W-lich Utlängan hält man die Kuggaskär-Steinbake mit der Långören-Bake in Linie. Bei Flundrebåden dreht man nach Süden und steuert mit 178° in der Richtlinie der Stenshamn-Richtfeuer in den Hafen ein. Die Feuer haben rote, dreieckige Tagmarken.
Der Hafen kann bei günstigen Verhältnissen mit 1,8 m Tiefgang angelaufen werden.

Hafenbeschreibung Der Hafen wird durch eine 50 m lange Pier in einen W-Teil und einen O-Teil geteilt. Die Kaianlagen an beiden Seiten der Pier haben 2,2 – 2,4 m Wassertiefe, die inneren Pierenden haben nur etwa 1 m Wassertiefe.
Im O-Becken hat ein 60 m langer Kai 2,2 – 2,4 m Wassertiefe, und es ist eine Pontonbrücke für Sportboote vorhanden. Zwischen der Pontonbrücke und dem Ladekai liegt eine Untiefe.
Das W-Becken hat eine Badebrücke mit 1,6 – 2,2 m Wassertiefe und Plätze für Sportboote mit 1,8 – 2,2 m an der Innenseite des Wellenbrechers.

Gastplätze sind an der Innenseite des W-lichen Wellenbrechers vorhanden. An der O-Seite der Pier sowie an der Badebrücke darf zeitweilig festgemacht werden.

Festmachen An der Innenseite des Wellenbrechers vor Heckanker, in den anderen Hafenteilen längsseits des Kais oder der Brücken.

Hafenamt Tel. 04 55 – 5 40 09.

Sonstige Einrichtungen Die Schlippanlage kann nur von sehr kleinen Booten benutzt werden. Frischwasser aus einem Brunnen mit Pumpe. Der Hafen hat Bootverbindung mit Karlskrona, und an jedem Werktag kommt der Briefträger.

Geschichte/Tourismus Die äußeren Teile der O-lichen Karlskrona-Schären waren schon im Steinzeitalter (um 300 vor Chr.) bevölkert. Ende des 19. Jahrhunderts hatte das Gebiet etwa 1200 Einwohner. Heute wohnen noch knapp 100 Personen in den O-lichen Schären und nur noch 10 in Stenshamn.
Stenshamn hat durch einen Damm Verbindung mit Utlängan. Früher ernährte man sich hauptsächlich von der Landwirtschaft und betrieb nebenbei Fischfang. Sechs Bauernhöfe gab es auf der Insel, heute wird nur noch einer betrieben. Beim Leuchtturm Utlängan gibt es einen schönen Naturbadestrand.

Utklippan

56°57,3′N 15°42,4′E   D 140, S 821, BSK 821.2

Kleiner Hafen auf der NO-lichen Schäre etwa 13 sm SO-lich von Karlskrona

Ansteuerung Da sich vor dem Hafen seewärts ein großes Untiefengebiet erstreckt, sollte der Hafen nur bei guter Sicht angelaufen werden. Auch die Untiefe Holmebåden NO-lich Utklippan ist zu beachten.
Der Hafen kann von Westen und von Osten angesteuert werden. Beide Einsteuerungen haben 2 m Tiefgang. Von den äußeren Wellenbrechern geht das Fahrwasser weiter zum Hafenbecken auf der N-Schäre. Außerhalb der Rinne ist flaches Wasser.

Hafenbeschreibung Das Hafenbecken ist etwa 90 m lang, 35 m breit und 2,5 m tief mit zwei 10 m breiten Einfahrten. Die Öffnungen in den äußeren Wellenbrechern sind 17 m breit. Außerhalb der Fahrwasserrinne im äußeren Becken ist ziemlich flaches Wasser. Das gilt auch für das Gebiet dicht innerhalb der Wellenbrecherköpfe.

Gastplätze Man darf an allen Kaianlagen festmachen. Fischereifahrzeuge, die den Hafen manchmal zum Übernachten benutzen, haben jedoch Vorrecht. Sportboote können auch längsseits der Fischer festmachen. Bei gutem Wetter ist es auch möglich, an der Innenseite der Wellenbrecher zu liegen.

Festmachen Längsseits des Kais oder vor Heckanker.

Hafenamt Tel. 04 55 – 2 55 31.

Sonstige Einrichtungen Eine Hilfsradiostation steht auf der Insel. Utklippan ist Naturreservat.

Geschichte/Tourismus Der Leuchtturm ist seit vielen Jahren nicht mehr besetzt. Das einer Festung gleichende Gebäude des Leuchtturms wurde 1839 gebaut. Anfangs befand sich das Feuer auf einem nur 9 m hohen Turm. 1870 wurde das heutige Feuer auf dem 31 m hohen Turm fertiggestellt. Das Feuer ist nach dem Patent von Heidenstam eingerichtet.
Das kleine Hafenbecken auf der N-Insel baute man als Nothafen für die Fischer. Die Einfahrt hatte anfangs Tore, die bei Sturm geschlossen wurden und so Seegang im Hafen verhinderten.

Kapitel 4

Torhamnsudde – Kråkelund

Häfen

Sandhamns Fischereihafen 138	Grankullavik 154
Svanhalla 139	Byxelkrok 155
Kristianopel 140	Sandvik 156
Bergkvara 141	Borgholm 157
Kalmar 142	Stora Rör 158
Färjestaden 144	Revsudden 159
Mörbylånga 145	Saltor (Pataholm) 160
Degerhamn 146	Timmernabben 161
Grönhögen 147	Varvet (Mönsterås) 162
Gräsgård 148	Mönsterås 163
Skärlöv 149	Påskallavik 164
Bläsinge 150	Oskarshamn 165
Kårehamn 151	Figeholm 166
Källahamn 152	Blå Jungfrun 167
Böda 153	

Torhamnsudde – Kråkelund 131

KRÅKELUND

- Figeholm
- Byxelkrok
- Grankullavik
- Oskarshamn (Badholmen)
- *Blå Jungfrun*
- Böda
- Påskallavik
- Källa hamn
- Sandvik
- Mönsterås
- Varvet
- Timmernabben
- Kårehamn
- Pataholm (Saltor)
- Borgholm
- Revsudden
- Stora Rör
- Kalmar
- Färjestaden
- Bläsinge
- Mörbylånga
- Skärlöv
- Bergkvara
- Degerhamn
- Gräsgård
- Kristianopel
- Grönhögen
- Svanhalla
- Sandhamn

TORHAMNSUDDE

★ ÖLANDS S GRUND

Allgemeines

Ankerverbot
Im allgemeinen gilt Ankerverbot in der Nähe von Unterwasserkabeln und Rohrleitungen. Verbotstafeln sind an den Stränden aufgestellt.
Außerdem ist Ankern, Tauchen und Fischen in den folgenden verminten Gebieten verboten:
- SO-lich von Kalmar
- Einfahrt nach Oskarshamn

Brücke
Die Ölandbrücke kreuzt das Fahrwasser zwischen Svinö und Norra Skallö. Der 4. Brückenteil von Westen gerechnet ist die Durchfahrtsöffnung. Sie hat 36 m Durchfahrtshöhe und 80 m Breite. Die Pfeiler der Durchfahrtsöffnung werden angestrahlt und sind orangefarben angestrichen bis 10 m über der Wasseroberfläche.
Die Mitte der Durchfahrtsöffnung ist befeuert und mit einem Racon versehen. Grüne Festfeuer brennen an der O-Seite und rote an der W-Seite. Sie bezeichnen die Kanten der Tiefwasserrinne mit der garantierten Durchfahrtshöhe.

Schiffahrtsvorschriften
Schiffahrtsvorschriften sind bei den Häfen beschrieben.
Es gelten die folgenden Geschwindigkeitsbeschränkungen:
Grankullavik . . . . 5 kn
Byxelkrok . . . . 5 kn
Sandvik . . . . 5 kn
Borgholm . . . . 5 kn
Stora Rör . . . . 5 kn
Timmernabben . . . . 5 kn
Figeholm . . . . 5 kn

Landmarken im Kalmarsund

- Man läuft frei von Hagbygrundet und Hossmogrunden, wenn man den alten Wasserturm von Kalmar frei O-lich der Mauer des Schlosses von Kalmar hält. Man läuft so aber nicht klar von Stensögrunden.

- Man läuft frei OSO-lich von Stensögrunden und der Untiefe etwa 1 sm NNO-lich davon sowie WNW-lich von Trädgårdgrunden, wenn man den Leuchtturm Skansgrundet mit der Laterne auf der Ölandbrücke in etwa 22° in Linie hält, d.h. zwischen den 4. und 5. großen Brückenpfeiler von Westen gerechnet.

- Man läuft frei zwischen Ispe Bredgrund und Fäholmsgrund, wenn man den alten Wasserturm von Kalmar und den W-lichsten Brückenpfeiler in 223,5° in Linie hält.

- Man läuft frei von Ekerumsrevet wenn man den Leuchtturm Sillåsen, mit dem 2. großen Brückenpfeiler von Westen gerechnet, in 215° in Linie hält.

- Man läuft WNW-lich von Grebygrundet und Sollidsgrundet, wenn man den alten Wasserturm von Kalmar mit dem alten Feuerhaus auf Skäggenäs (das 2. Haus auf Revsudden von Osten gerechnet) in 211° in Linie hält.

- Man läuft frei OSO von Nygrund, wenn man das alte Feuerhaus von Skäggenäs mit dem O-lichsten Brückenpfeiler der Ölandsbrücke in 205° in Linie hält.

- Man läuft frei OSO-lich der 7,5 m Untiefe SO-lich von Enskärsrevet, wenn die Leuchttürme von Slottsbredan und Dämman in 21/° in Linie sind.

- Man läuft frei OSO-lich von Yttre Bengtsan, wenn die Schäre Blå Jungfrun in voller Breite WNW-lich des Hauses auf Dämman (früheres Leuchtfeuer) zu sehen ist.

- Man läuft frei SO-lich der Untiefe Sjöberget, wenn der Leuchtturm von Dämman mit dem Funkmast bei Byxelkrok in etwa 35° in Linie ist.

- Man läuft frei zwischen Lars Persson und dem Grund etwa 1 sm S-lich der Untiefe Flisbotten, wenn der Dämman-Leuchtturm mit Blå Jungfrun in 16° in Linie ist.

- Man läuft frei O-lich der Untiefe Kvisslan (O-lich von Vällöromp), wenn das Haus auf Dämman (früheres Leuchtfeuer) mit Borgholms Wasserturm in Rosenfors Süd oder Dämman mit den Funkmasten bei Borgholm etwa 174° peilen.

Fähren
Der Fährverkehr im N-lichen Kalmarsund ist im Sommer zu beachten.

Küstenbeschreibung
Die Küste von Torhamnsudde bis Kråkelund ist, am Festland wie auf Öland, teils kahl, teils bewaldet. Wo sie kahl ist, überschätzt man leicht den Abstand zur Küste. Deshalb ist besonders bei verminderter Sicht ständiges Loten erforderlich. Bei unbeständigem Wetter können unsichere Strömungsverhältnisse zu erheblichen Fehlern in der Ortsbestimmung durch Koppeln führen.
Ölands O-Küste hat keine natürlichen Landmarken. Die höchste Erhebung, Alvaret, liegt nahe der W-Küste, weshalb man dort besonders bei diesigem Wetter den Abstand zur Küste leicht überschätzt.
Die Leuchttürme und die Funkmasten auf Ölands Södra Udde, Borgholm und Byxelkrok bilden gute Landmarken. Einige Kirchen sind gut zu sehen. Im S-Teil der Insel sind die Schornsteine von Degerhamn, im mittleren Teil Borgholms Schloßruine (auf 12 - 16 sm Abstand in 260° und 235°) und über dem N-Teil der Insel in die Blå Jungfrun gut zu sehen.

Ölands O-Küste ist flach und das Wasser vor der Küste untief.
Das Foto zeigt einen Küstenabschnitt beim Leuchtturm Högby.

Leuchtturm Kapelluden

Leuchtturm Segerstad

Leuchtturm Högby

Leuchtturm Ölands Norra Udde („Der lange Erik")

Nachstehend eine kurzgefaßte Beschreibung einiger Landmarken im Kalmarsund:

- auf der Festlandseite sind die Kirche von Torhamn und der Funkmast gut sichtbar

- An Ölands S-Ecke sieht man den Leuchtturm Ölands Södra Udde, Ottenbylund und die Funkmasten

- bei Kristianopel sieht man die Kirche und W-lich davon den Wasserturm von Fågelmara vor dem Hintergrund der 82 m hohen Anhöhe Granhultsåsen

- Ölands höchste Erhebung, Alvaret, liegt in der Nähe der W-Küste

- im S-Teil von Öland sieht man die Ventlinge-Kirche, die Schornsteine von Degerhamn und die Kastlösa-Kirche

- vor Bergkvara ist ein 32 m hohes Silo zu sehen

- vor Mörbylånga sieht man Silos und die Gebäude der Zuckerfabrik

- vor Kalmar sieht man viele hohe Gebäude. Im S-Teil der Stadt vor allem das Krankenhaus und im N-Teil den Berga-Wasserturm

- die Lotsenwache von Kalmar befindet sich im weißen Turm mit braunem Band auf Tjärhovet

- schon aus großer Entfernung ist die Öland-Brücke zu sehen

- Skäggenäs ist leicht auszumachen wegen des dunklen Waldes und der hervortretenden Lage des Landes

- die Küste zwischen Skäggenäs und Vållö ist bewaldet. Es gibt keine besonderen Landmarken an der Küstenstrecke

- bei Borgholm sieht man den Funkmast, das Schloß Solliden mit zwei Windmühlen, die Schloßruine von Borgholm und den Wasserturm in Rosenfors

- bei Stora Jättersön sind die Schornsteine und Gebäude der Zellulosefabrik zu sehen

- vor Oskarshamn sieht man mehrere hohe Gebäude und Schornsteine sowie den Bockkran der Werft

- die Insel „Blå Jungfrun" ist 86 m hoch, gleichmäßig rund und hügelig. Das Aussehen der Insel kann sich durch tiefliegende Wolken und Luftspiegelungen ändern

- bei Simpevarp sieht man die Gebäude und Schornsteine des Kraftwerks

- bei der N-Spitze Ölands ist der Funkmast bei Byxelkrok und der Leuchtturm Ölands Norra Udde weit sichtbar

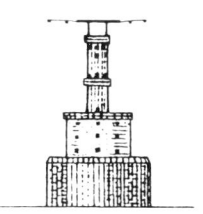

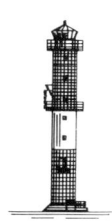

Leuchtturm Ölands Södragrund   Leuchtturm Utgrunden

Leuchtturm Ölands Södra Udde („Der lange Jan")

Strömung
Bei starken Winden kann erhebliche Strömung in der Kalmarsundrinne laufen, s. Stromkarten. Abhängig von Windrichtung und -stärke kann die Strömung im N-Teil des Sundes etwas anders sein als die Stromkarten zeigen. Besonders starker S-Strom erfordert große Aufmerksamkeit beim Passieren von Prästör, da man dort in ein Gebiet kommt, wo der Strom quer zum Fahrwasser läuft.

Bei starkem N-lichen Wind entsteht im N-Teil des Kalmarsundes grobe und kabbelige See, und der Strom setzt oft auf die Küste von Öland zu.
Bei Ölands Södra und Norra Udde kann die Strömung O-W-lich laufen, während im Sund selber N-S-Strömung herrscht.
Angaben über örtliche Stromverhältnisse findet man bei den Hafenbeschreibungen.

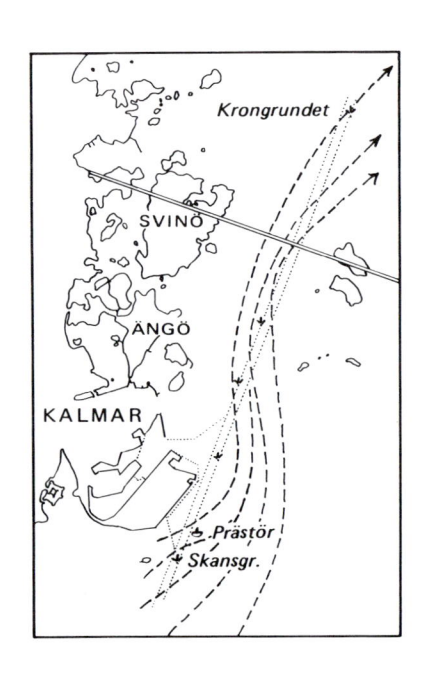

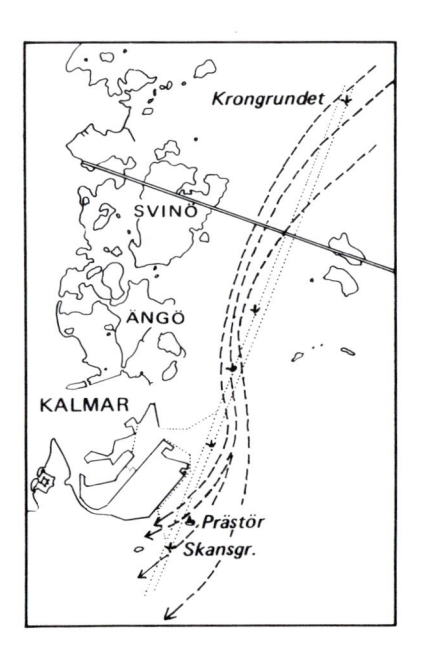

Nordstrom der Tiefwasserrinne im Kalmarsund

Südstrom der Tiefwasserrinne im Kalmarsund

Wasserstand

Luftdruck und Wind verursachen Wasserstandsänderungen, die in diesem Teil der Ostsee im Süden größer sind und geringer werden, je weiter man nach Norden kommt. Der Unterschied zwischen Mittelwasser und normalem Niedrigwasser beträgt bei Torhamnsudde etwa 0,6 m und bei Kråkelund 0,5 m.

Charakteristischer Wasserstand bei Ölands Norra Udde:
Höchstes Hochwasser (HHW) .... + 135 cm
Mittleres Hochwasser (MHW) .... + 65 cm
Mittelwasser (MW) .... ±   0 cm
Mittleres Niedrigwasser (MLW) ....- 42 cm
Niedrigstes Niedrigwasser (LLW) ....- 80 cm

Durchsteuerung

Gåsö-Simpevarp

An der Festlandseite im N-lichen Kalmarsund verläuft ein etwa 27 sm langes zusammenhängendes Fahrwasser zwischen Gåsö und Simpevarp. Das Fahrwasser ist größtenteils nicht befeuert und wird von der Sportschiffahrt benutzt. Innerhalb von Vålö sowie bei Oskarshamn ist das Fahrwasser jedoch befeuert und wird von der Handelsschiffahrt nach den Häfen Stora Jättersön und Oskarshamn benutzt. Andere Teile des Fahrwassers sind sehr eng und kurvenreich und können nicht unter Segeln befahren werden.

Das gesamte Fahrwasser ist gut bezeichnet. Im Sportbootfahrwasser werden dicke Spieren aus Kunststoff mit eingebauten Radarreflektoren benutzt. Das Fahrwasser kann bei günstigen Verhältnissen von Booten bis 2 m Tiefgang benutzt werden. Einige Fahrwasserabschnitte lassen jedoch einen bedeutend größeren Tiefgang zu.

Gåsö-Näset

Das Fahrwasser auf dieser Strecke ist nach Osten hin ziemlich gut durch die großen, bewaldeten Inseln Vållö, Runnö usw. geschützt. Der S-Teil des Fahrwassers ist durch Spieren und Richtbaken bezeichnet. Ab der Mündung des Flusses Emå und weiter N-wärts liegen im Fahrwasser viele Steine. Auch hier gibt es Richtbaken an den Stellen, wo es besonders kurvenreich ist.

Diese Richtbaken sind jedoch nicht in den Seekarten dargestellt:
- auf dem Festland N-lich der Emå-Mündung liegt ein großer Stein mit rotem Fleck, der mit einer roten Tafel die Richtlinie bildet. Diese führt durch die Enge zwischen Littlö und Gräsgrund.
- am N-Strand von Littlö liegt an der Wasseroberfläche ein Stein mit rotem Fleck, der zusammen mit einer roten Tafel in Linie durch das Fahrwasser NNO-lich von Littlö führt.

Enegatsleden führt von Näset in Våneviksfjärden zum Seegebiet dicht O-lich von Stångehamn. Das Fahrwasser ist gut geschützt und führt durch ein Schärengebiet voller kleiner steiniger Schären. In Fläskösund ist das Fahrwasser sehr eng und flach dicht außerhalb der Spieren.

Unmittelbar S-lich von Fläskö kann man jedoch das Fahrwasser etwas in Richtung Osten verlassen, um dort den Gegenverkehr abzuwarten. Die Fahrrinne kann bei guten Wetterverhältnissen mit bis zu 2 m Tiefgang befahren werden. Auf der W-Ecke von Fläskö gibt es Abfallbehälter.

Stångehamn – Rödskär

Vom Fahrwasser vor Stångehamn führt ein Fahrwasser nach Oskarshamn, durch den äußeren Teil des Hafens, innerhalb von Tillingeö und weiter nach Rödskär. Die Fahrwasserstrecke ist gut bezeichnet, aber ziemlich ungeschützt.

Rödskär – Simpevarp

Die Fahrwasserstrecke ist gut bezeichnet, aber teilweise sehr kurvenreich und erfordert große Aufmerksamkeit. Die flachen Inseln und Schären in dem Seegebiet geben nur wenig Windschutz, brechen aber die gröbste See. Das Fahrwasser kann bei günstigen Wetterverhältnissen von Yachten bis 2,4 m Tiefgang befahren werden.

Bei Kalehatt, etwa 2,5 sm O-lich Figeholm, ist das Fahrwasser sehr eng, mit großen Steinen zu beiden Seiten. Auf Stora Måsskär gibt es Abfallbehälter. Bei Björkskär liegen meistens Stellnetze bis zum Fahrwasser hin aus.

Wenn man das Fahrwasser von Norden aus ansteuert, muß man sich dicht an die Spieren SO-lich des Simpevarp-Kraftwerks halten, um das Untiefengebiet O-lich Gröttlan zu meiden.

Naturschutz

Naturschutzgebiete

1 Örarevet Lange Moränenlandzunge mit Strandwiesen und Wacholderbüschen. Sehr reicher Vogelbestand.

2 Beijershamn Eine 2 km lange Steinpier. Langgestrecktes Schilfgebiet und Strandwiesen mit Wacholder. Sehr reicher Vogelbestand. Vogelstation mit Beobachtungsturm.

3 Strandhagen Blühende Wiesen vor allem mit Frühlingsteufelsauge.

4 Ölands Södra Udde-Ottenbylund Bekannt sind der Leuchtturm Långe Jan, die Vogelstation, Wanderwege und Rastplätze der Zugvögel. Große Strandwiesen. Laubwald bei Ottenbylund. Das Gebiet ist reich an historischen Funden.

5 Högenäs Orde Die Huk hat eine für Öland verhältnismäßig große Höhe von 10 m. Gute Aussicht über die Küste und die See.

6 Ölands Norra Udde-Getterum Strandwiesen mit Lagunen. Weideflächen, Buchen- und Kiefernwälder.

7 Neptuni Åkrar Schöne wellige Strandwälle und Kieselsteinfelder. Reich an Blauem Heinrich. Gräberfeld aus der Eisenzeit und Steinsetzung „Forgallaskeppet".

8 Byerums Raukar Ölands einziges Raukfeld. Ausgezeichneter Badestrand.

9 Horns Kungsgård Langgestreckte Felder mit für Öland typischer Natur. Ölands größter Binnensee Hornsjön.

10 Knisa Mosse Kalkhaltiger Sumpf mit offenem Wasser nach Süden und Bewuchs nach Norden. Reicher Vogelbestand.

11 Borga Hage umfaßt die großen Parkanlagen von Solliden. Der N-Teil, der Schloßwald, ist Naturschutzgebiet mit vielen Wanderwegen.

12 Halltorps Hage Laubwald.

13 Horsö-Värsnäs Naturschutzgebiet, Badeplatz, Wander- und Joggingwege.

14 Lövö Die Insel ist bewohnt. Wanderwege, leicht zugängliche Strände.

15 Vållö Äußerer SO-Teil der Insel. Vållöromp hat gute Badestrände. Reicher Vogelbestand. Fischen verboten.

16 Ekö-Schären Altes Schärengebiet mit geschliffenen Klippen. Reicher Vogelbestand.

17 Blå Jungfrun Nationalpark, s. S. 167.

Vogelschutzgebiete

1 Stora und Lilla Bommeskär
Betreten verboten vom 1.4. bis 15.7.

2 Gräsör, Långaskär, Stora Korsaskär
Betreten verboten vom 1.4. bis 15.7.

3 Stora und Lilla Tärningsör
Betreten verboten vom 1.4. bis 15.7.

4 Danör, Varpan
Betreten verboten vom 1.4. bis 15.7.

5 Majö Betreten verboten vom 1.4. bis 15.7.

6 Revelen, Långören, Rönneskär, Stolp, Brunnskär, Vieskär, Långaskär, Mölleskär
Betreten verboten vom 1.4. bis 15.7.

7 Svartö Eine der wenigen Nistplätze der „ålakråkan" (Krötenart) im Norden.
Betreten verboten vom 1.4. bis 30.6.

8 SW-lich von Kalmar, die Schären S-lich von Stensöudde sowie mehrere kleinere Gebiete in Västra sjön
Betreten verboten vom 1.4. bis 30.6.

9 Eckelsudde
Betreten verboten vom 1.4. bis 15.7.

10 Ottenby Im Anschluß an den kleinen Ort beim Leuchtturm Långe Jan liegt die Vogelstation von Ottenby mit Vogelkundemuseum. Reicher Vogelbestand. Zwei Beobachtungstürme und Wanderwege.
Betreten verboten vom 1.4. bis 31.8., außer besonders bezeichneten Wegen.

11 Södviken ist ein international bekanntes Vogelschutzgebiet mit flachen Buchten und Strandwiesen.
Betreten verboten vom 1.4. bis 15.7.

12 Ölands Norra Udde, Lilla Grundet
Betreten verboten vom 1.4. bis 15.7.

13 Nordmanskär, Nordmannen
Betreten verboten vom 1.4. bis 15.7. Kalvholmarna. Verboten, sich dem Land auf mehr als 300 m zu nähern in der Zeit vom 1.4. bis 15.7.

14 Lövö Vier kleinere Gebiete um Lövö Södra Udde.
Betreten verboten vom 1.4. bis 10.7.

15 Stora und Lilla Rönnen
Betreten verboten vom 1.4. bis 10.7.

Robbenschutzgebiete

1 Isaks Kläpp Aufenthalts- und Geburtsplatz der Seehunde.
Betreten verboten vom 1.4. bis 30.9.

2 S-lich von Väranäs
Betreten verboten vom 1.1. bis 15.10.

3 SW-lich von Kalmar
Betreten verboten vom 1.1. bis 15.10.

4 Eckelsudde
Betreten verboten vom 1.1. bis 31.8.

Torhamnsudde – Kråkelund 137

NATURSCHUTZ

✳ Naturschutzgebiet
🔴 Vogelschutzgebiet
🔵 Robbenschutzgebiet

★ ÖLANDS S GRUND

138 Torhamnsudde – Kråkelund

Sandhamns Fischereihafen

Fischereihafen im O-Teil von Blekinge, etwa 1 sm N-lichTorhamnsudde

56°05,6′N 15°51,7′E   D 167, S 819, BSK 819.2

Ansteuerung Der Funkmast auf Torhamnsudde ist weit nach See sichtbar. Er ist 107 m hoch und hat Warnfeuer. W-lich des Hafens ist die Kirche von Torhamn mit hohem spitzem Turm zu sehen.
Von See, etwa 2 sm SO-lich Torhamnsudde, führt ein Fahrwasser für Fahrzeuge bis 4,5 m Tiefgang SW-lich an Revet vorbei auf die Reede und weiter mit bis 3,4 m Tiefgang in den Hafen. Zur Gastbrücke kann der maximale Tiefgang 1,9 m betragen.
Die Einsteuerung geschieht mit Hilfe der Richtfeuer 342° in Linie. Wenn die Feuerträger, weiße Pfähle mit weißen, dreieckigen Tagmarken, nicht auszumachen sind, hält man den Funkmast zwischen die Öffnung der Wellenbrecher.

Hafenbeschreibung Der Hafen hat zwei 4 m tiefe Becken für die Fischerei. Im äußeren Teil der mittleren Pier steht eine Eisfabrik mit Verladeanlage. Im inneren Becken hat eine etwa 50 m lange Pontonbrücke 1 – 2 m Wassertiefe.

Gastplätze An der Pontonbrücke sind etwa 20 Gastplätze vorhanden. Wenn diese belegt sind, kann man mit Erlaubnis durch die Fischer auch bei ihnen längsseits festmachen. Zeitweilig darf auch an den anderen Kaianlagen festgemacht werden, wenn der Hafenmeister diese Plätze anweist. Die Liegeplätze der Fischer sollen nicht benutzt werden.

Festmachen An der W-Seite der Pontonbrücke längsseits, an der anderen Seite vor Heckanker.

Hafenamt Tel. 0455-51146, 51179.

Sonstige Einrichtungen Post, Lebensmittel (auch Arzneimittel und Alkohol) in 1,4 km Entfernung, Gesundheitsdienst 900 m. Busverbindung mit Torhamn, Jäsjö und Karlskrona.

Geschichte/Tourismus Sandhamn liegt an der Küstenstrecke zwischen Torhamn und Kristianopel, die der Strandgrenze der Litorinasee, d.h. der Strandlinie der Steinzeit (3000 Jahre vor Chr.) folgt. Entlang dieser Linie gibt es viele Spuren von Wohnplätzen aus dieser Zeit. Als ältester Platz wird der sogenannte „Pysslingebacken" bei Sandhamn angesehen.
Etwa 3 km NO-lich von Sandhamn liegt Hästhallen mit Steinzeichnungen aus dem Bronzezeitalter.

Svanhalla

56°07,1′N 15°53,5′E   D 167, S 819, BSK 819.2

Kleiner Fischerhafen etwa 3 sm NO-lich von Torhamnsudde

Ansteuerung Zum Hafen führt eine kurvenreiche, etwa 200 m lange und 15 m breite Baggerrinne mit 1,5 m – 2 m Wassertiefe.
Vom Fahrwasser, etwa 0,5 sm SW-lich der Untiefe Spanstakakullen, setzt man Kurs 305° auf den Funkmast von Torhamnsudde ab. Wenn Trestenarna und der Steinwall an der NO-Seite der Fahrwasserrinne mit Sicherheit auszumachen sind, hält man den Funkmast dicht SW-lich des Steinwalls. Man passiert den Steinwall an Steuerbord in etwa 10 m Abstand. Private Richtfeuer der Fischer, rote und weiße Tagmarken, bezeichnen die Mitte der Baggerrinne.

Warnung Der Hafen ist sehr klein und schwer anzusteuern. Bei N-lichen und NO-lichen Winden kann die Baggerrinne voller Tang sein. Ohne Ortskenntnis sollte der Hafen nicht angelaufen werden.

Hafenbeschreibung Der Hafen hat einen winkelförmigen Kai mit etwa 2 m Wassertiefe im äußeren und 1,5 – 2 m im inneren Teil.

Gastplätze Der Hafen hat keine Gastplätze. Wenn man im Hafen fragt, kann jedoch an freien Plätzen am Kai oder längsseits der Fischer festgemacht werden.

Sonstige Einrichtungen Keine Versorgungsmöglichkeiten. Bushaltestelle in 700 m Entfernung.

Geschichte/Tourismus Etwa 1,5 km N-lich des Hafens gibt es Steinzeichnungen aus dem Bronzezeitalter.

140 Torhamnsudde – Kråkelund

Kristianopel

56°15,5′N 16°03,8′E   D 167, S 819, BSK 819.1

Fischer- und Sportboothafen im S-Teil des Kalmarsunds

Service in der Nähe

Ansteuerung Der Wasserturm in Fågelmara sowie die Kirche von Kristianopel, weiß mit rotem Dach, sind gute Landmarken.
Man kann den Hafen mit einem Tiefgang bis zu 2,2 m anlaufen.
Vom Fahrwasser etwa 2 sm SO-lich des Hafens setzt man Kurs 312° in der Richtlinie der Kristianopel-Richtfeuer ab. Man beachte, daß die Richtfeuerlinie über den Wellenbrecherkopf geht, der während der Dunkelheit angestrahlt wird.

Hafenbeschreibung Der S-Teil des Hafens ist für die Boote der Einwohner reserviert und hat 1,5 – 2,5 m Wassertiefe. Der N-Teil des Hafens hat einen 70 m langen Kai mit 2,8 – 3,3 m Wassertiefe.
Im rechten Winkel zum landseitigen Kai liegt ein 40 m langer Kai mit 2,1 – 2,7 m Wassertiefe. Dieser Kai ist für die Fischer reserviert. Bei SO-lichem Wind kann Seegang im Hafen entstehen.

Gastplätze Der Hafen hat etwa 50 Gastplätze, s. Foto. An der N-lichen Pier sind nur vier Gastplätze vorhanden, da die anderen Liegeplätze für Fischereifahrzeuge bestimmt sind.

An der N-Seite der N-lichen Pier sind nur vermietete Plätze vorhanden.

Festmachen Vor Heckanker. An der N-lichen Pier längsseits (4 Plätze). Man darf nicht längsseits der Fischer gehen.

Hafenamt Geöffnet von 9.00 – 11.00 und von 14.00 – 23.00 Uhr. Tel. 0455-66100.

Sonstige Einrichtungen Der Kran hat 2 t Hebevermögen bei 4,5 m Auslage. Gesundheitsdienst und Bank in Fågelmara (6 km). Lebensmittelgeschäft und Arzneimittelverkauf. Räucherei. Briefträger kommt zum Hafen. Busverbindung mit Fågelmara.

Geschichte/Tourismus Dicht N-lich von Kristianopel lag die mittelalterliche Stadt Avaskäs, die mehrere Male von feindlichen Truppen zerstört worden war. Der dänische König Christian IV. beschloß 1600, die Stadt auf die Insel Korseskär zu verlegen, wo es bessere Verteidigungsmöglichkeiten gab. Die Stadt wurde Kristianopel genannt, und die Bürger von Avaskär zogen dorthin um. Aus jener Zeit sind Teile des Friedhofs von Avaskär erhalten.
Im Jahre 1658 wurde Kristianopel schwedisch, und 1677 wurde die Stadt teilweise zerstört. Die Kirche ist 1642 im Stil

der nordischen Renaissance erbaut worden und hat u.a. einen Thronsessel von 1635.
Innerhalb der 2 km langen Stadtmauer, die restauriert worden ist, gibt es u.a. Zeltplatz, Sommerhäuser und Restaurants.

Ein kinderfreundlicher Strand ist vorhanden. Von der Stadtmauer hat man eine herrliche Aussicht. Bei guter Sicht kann man den Leuchtturm Länge Jan auf Ölands S-Spitze sehen.

Bergkvara-Sportboothafen

56°23,4'N 16°05,7'E   D 167, S 819, BSK 819.1, 8001.1

Ladeplatz und Sportboothafen im S-lichen Kalmarsund

Service in der Nähe

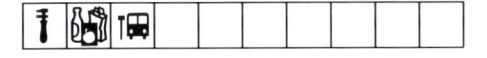

Ansteuerung Nach Bergkvara führen zwei Fahrwasser. Das O-liche kann von Fahrzeugen bis 4,8 m Tiefgang und das N-liche bis 3 m Tiefgang befahren werden. Den Gasthafen bei Dalskär erreichen Boote mit bis zu 2,2 m Tiefgang. Das 32 m hohe Silo ist weit von See aus zu sehen. Auch der weiße Turm der Kirche ist eine gute Landmarke.
Man steuert das O-liche Fahrwasser mit Hilfe der Leuchttürme Utgrunden und Garpen an. Die Dalskär-Richtfeuer sind in 301° in Linie und bestehen aus roten, dreieckigen Tagmarken auf grauem Gestell.

Hafenbeschreibung Der Hafen wird als bester natürlicher Hafen im S-lichen Kalmarsund angesehen.
Der S-Teil des Hafens ist Handelshafen und hat etwa 400 m Kaianlagen mit 4,3 – 5,2 m Wassertiefe. Dicht N-lich davon liegt der Gasthafen.

Gastplätze Der Sportboothafen hat 25 Gastplätze. Weitere Plätze können durch den Hafenmeister angewiesen werden.

Festmachen Vor Heckanker oder an Heckbojen (12). Die Brücke der Tankstelle darf nur zum zeitweiligen Festmachen benutzt werden.

142 Torhamnsudde – Kråkelund

Hafenamt Der Gasthafen wird vom Dalskärs Zeltplatz verwaltet. Tel. 0486-20587, geöffnet von 8.00 – 22.00 Uhr.

Sonstige Einrichtungen Toilettenabfall kann bei der Bunkerstation abgegeben werden. Fahrbarer 10-t-Kran. Bootsausrüster, Seefahrtsmuseum, Sommerhausvermietung. In 2 km Entfernung Post, Bank, Gesundheitsdienst, Fremdenverkehrsamt, Werkstatt, Tankstelle usw. Fahrräder mit Anhänger können im Hafen gemietet werden.

Geschichte/Tourismus Bergkvara ist ein alter Seefahrtsort, wo auch heute noch Handelsschiffahrt betrieben wird. Hier gibt es ein interessantes Schiffahrtsmuseum, alte Handelshöfe und Seemannshäuser.
Das Kunsthandwerk der Umgebung ist bekannt und hat lange Tradition. Im Fremdenverkehrsamt kann man sehen, was in der Umgebung hergestellt wird.

Kalmar, Ölandshamnen

56°39,6'N 16°22,4'E
D 180, S 812, 819, BSK 812.2, 812.3, 8001.2, 8001.3

Großer Hafen mit Sportboothafen und Gasthafen im Kalmarsund

Service in der Nähe

Ansteuerung Nach Kalmar mit Hilfe der Pläne in den Seekarten. Strömung ist zu beachten.

Ankerverbot In dem verminten Gebiet vor dem Hafen ist Ankern, Tauchen und Fischen verboten.

Hafenbeschreibung Der Gasthafen von Kalmar liegt in Ölandshamnen, der 2,4 – 4,5 m Wassertiefe hat.

Gastplätze In Ölandshamnen, dem innersten Teil des alten Hafens, sind etwa 100 Gastplätze vorhanden. Der Hafen ist nur für Gastboote vorgesehen.

Festmachen Längsseits des Kais, an Bojen oder vor Heckanker.

Hafenamt Geöffnet zwischen 7.00 – 23.00 Uhr, Tel. 0480-83607.

Sonstige Einrichtungen Strom und Wasser an den Kaianlagen. Bootsausrüstung 200 m. Toilettenentsorgung. Sauna 300 m. Kran, Mastenkran und Trailerrampe im Sportboothafen von Ängö, 1 km.

Geschichte/Tourismus Kalmar ist eine der ältesten Städte Schwedens. Mitte des 12. Jahrhunderts wurde eine Burg und ein Festungsturm an der Stelle gebaut, wo heute das Schloß steht. Der Grund dafür waren die Streitigkeiten mit Dänemark, die Grenze verlief dicht S-lich von Kalmar.

Als Gustav Vasa König wurde, baute man das Schloß in seiner heutigen Form. 1647, nach einem großen Brand, flüchtete die Bevölkerung aus der Altstadt, W-lich des Schlosses, nach Kvarnholmen, wo das heutige Zentrum liegt.

Sehenswert sind, außer dem Schloß, noch die Domkirche, Schwedens größte Barockkirche, die Stadtmauer mit den Stadttoren und die einzigartigen Fundstücke des königlichen Kriegsschiffes „Kronan". Die Fundstücke sind im W-Flügel des Schlosses ausgestellt.

Kalmar von Südwesten

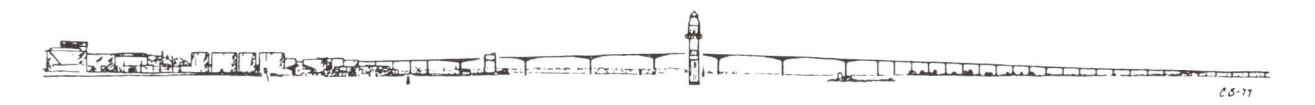

Lotsenausguck

Feuer Skansgrundet

144 Torhamnsudde – Kråkelund

Färjestaden

Ladeplatz, Fischer- und Sportboothafen an der W-Küste von Öland (O-lich Kalmar)

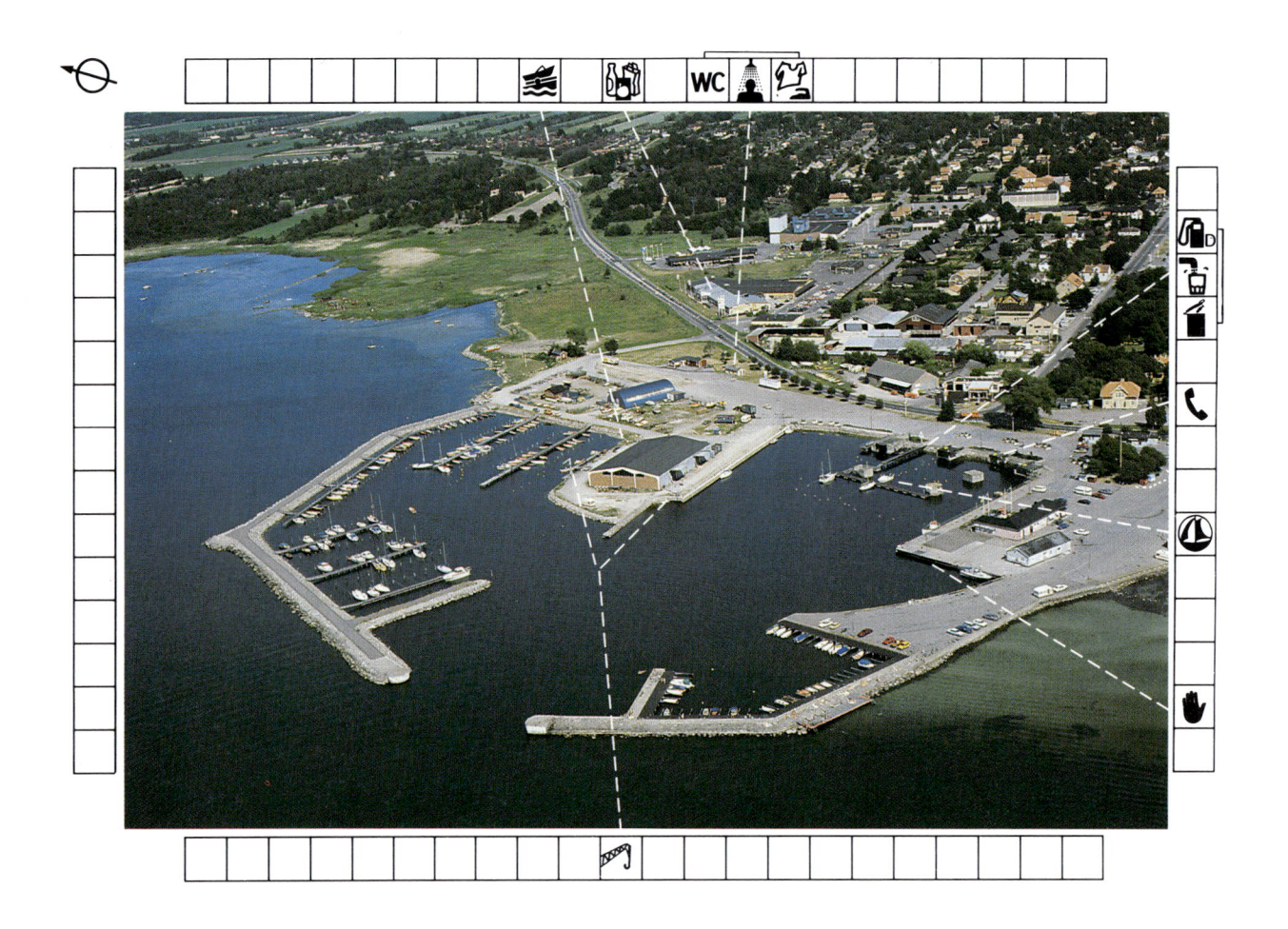

56°39′N 16°28′E   D 180, S 812, 819, BSK 812.2, 8001.2

Service in der Nähe

Ansteuerung Die Baken Kalmar Tredingsgrund, Norra Midsundsgrundet, Postgrundet und Färjestadens ränna sind ehemalige Leuchttürme, die nun als Baken dienen.
Von der Kalamarsund-Tiefwasserrinne bei der Bake Omböjningen führt nach Färjestaden ein Fahrwasser für Fahrzeuge bis 3,4 m Tiefgang. Die Einsteuerung geschieht in der Richtfeuerlinie 103° der Färjestaden-Richtfeuer. Die Richtlinie führt zwischen den weiß gestrichenen Molenköpfen hindurch.

Hafenbeschreibung Die Durchfahrtsöffnung ist 55 m breit. Der N-Kai ist etwa 80 m lang und hat 4 m Wassertiefe. Im S-Teil des Hafenbeckens hat ein etwa 70 m langer Kai 3,8 – 4 m Wassertiefe. Dieser Kai ist für die Fischerei reserviert. Der Sportboothafen mit 2 – 2,5 m Wassertiefe liegt innerhalb des N-lichen Wellenbrechers.
Gastplätze sind bei dem ehemaligen Fähranleger vorhanden.

Gastplätze Der Hafen hat 20 Gastplätze beim ehemaligen Fähranleger im inneren Teil des S-Beckens.

Festmachen Mit dem Heck an Bojen. Man darf nicht längsseits der Fischer festmachen. Am N-Kai darf zeitweilig zur Proviantübernahme festgemacht werden.

Hafenamt Tel. 0485-31146.

Sonstige Einrichtungen Tankstelle 50 m. Stromanschluß möglich. Bootsausrüstung in der Nähe des Hafens. Restaurant, Schnellimbiß und Café. Touristenbüro, Jugendherberge.

Geschichte/Tourismus Man weiß nicht, wie alt Färjestaden ist, aber schon im 14. Jahrhundert wurde es als Überfahrtsort erwähnt. Die ältesten Fähren waren schwere Boote mit flachem Boden, die gerudert oder gesegelt wurden.
Die erste Fähre mit Dampfmaschine legte 1867 innerhalb des S-Wellenbrechers an. Erst Anfang des 20. Jahrhunderts wurden die Kaianlagen gebaut, und 1931 baggerte und baute man den Hafen weiter aus. Als 1972 die Ölandbrücke fertiggestellt wurde, verlor der Hafen seine Bedeutung. Die Fährrampe wurde gesprengt und die Anlage für Sportboote hergerichtet. Im ehemaligen Fährterminal wurden Geschäfte eingerichtet. Im Hafen werden noch Dünger und Fisch verladen. Badeanstalt mit Wasserrutsche und Zeltplatz 300 m vom Hafen.

Mörbylånga

56°31,8′N 16°22,6′E
D 180, S 812, 819, BSK 812.3, 819.1, 8001.1

Ladeplatz und Sportboothafen an der W-Seite von Öland im S-lichen Kalmarsund

Service in der Nähe

Ansteuerung In Mörbylånga sieht man die Kirche und die Zuckerfabrik mit hohem Schornstein. Im Hafen steht ein weißes, graublaues Silogebäude, das gut von See aus zu sehen ist. Zum Hafen führt eine 4,4 m tiefe Fahrwasserrinne mit etwa 40 m Bodenbreite. Die Hafeneinfahrt ist 35 m breit.
Die Einsteuerung geschieht, indem man in einem Abstand von etwa 1,5 sm vom Hafen in die Richtlinie 127° der Mörbylånga-Richtfeuer einläuft. Als Tagmarke kann man die Kirche und die Hafeneinfahrt in Linie halten.

Warnung Die Fahrwasserrinne neigt zur Versandung.

Hafenbeschreibung Der Hafen ist gut geschützt. Der O-Kai wird zum Umschlag für die Handelsschiffahrt benutzt. Im äußeren Teil des W-Kais gibt es einen 75 m langen Steinkai mit 2,5 – 3,6 m Wassertiefe für Gastboote. Der innere Teil ist 60 m lang und hat etwa 2,5 m Wassertiefe. Der S-Kai hat eine 60 m lange Bootsbrücke mit etwa 2,5 m Wassertiefe.

Gastplätze Der Hafen hat 7 Gastplätze im äußeren Teil des W-Kais. Andere freie Plätze können angewiesen werden.

Festmachen Mit dem Heck an Bojen. Man darf nicht längsseits der Fischer festmachen. Der S-Teil des O-Kais kann zum zeitweiligen Festmachen benutzt werden.

Hafenamt Tel. 0485-40751.

Geschichte/Tourismus Mörbylånga ist das Zentrum der Großgemeinde im S-Teil von Öland, und in seiner Umgebung liegen die fruchtbarsten Ackerböden Schwedens. Es gibt eine Zuckerfabrik, die die hier geernteten Zuckerrüben verarbeitet. Auch Zwiebeln werden in großen Mengen angebaut. Es gibt eine Fabrik zur Schlachtung und Verarbeitung von Hühnern und eine Gummifabrik.

Bejershamn, etwa 4 sm N-lich Mörbylånga. Die Pier wurde in der Mitte des 19. Jahrhunderts gebaut und war einige Jahre Fähranleger. Der Hafen versandete jedoch schnell, und der Verkehr wurde eingestellt. Heute ist Bejershamn völlig versandet, mit großen Schilfgebieten, die ein reiches Vogelleben beherbergen.

Degerhamn

Ladeplatz und Sportboothafen an der SW-Seite von Öland

56°21,3′N 16°24,6′E   D 180, S 819, BSK 819.1, 8001.1

Service in der Nähe

Ansteuerung Zum Hafen führt eine 40 m breite und 6,5 m tiefe Baggerrinne.
Die Einsteuerung geschieht mit Kurs 52° in der Richtfeuerlinie der Degerhamn Södra-Richtfeuer. Die Feuer stehen auf orangefarbenen Dreiecken.
Die Degerhamn-Richtfeuer in 18° in Linie bestehen aus gelben Dreiecken mit rotem Rand auf Pfählen. Der Tiefgang zum Gasthafen darf 2 m nicht übersteigen.

Hafenbeschreibung Der Hafen ist gut geschützt. Die Hafeneinfahrt ist etwa 55 m breit. Das Foto zeigt nur den Gasthafen. Der gesamte Hafen ist im Plan der Seekarte dargestellt.

Gastplätze Im O-Teil des N-Beckens sind 20 Gastplätze vorhanden. Der Hafenmeister weist andere freie Plätze an. Wenn alle Plätze besetzt sind, darf man auch längsseits der Fischer festmachen.

Festmachen Längsseits des Kais. Am Kai für die Handelsschiffahrt darf nicht festgemacht werden. Zur Proviantübernahme oder zum Bunkern kann man jedoch zeitweilig am Kai Nr. 5, unmittelbar O-lich des S-Wellenbrechers, festmachen.

Hafenamt Während der Saison geöffnet von 7.00 – 18.00 Uhr, Tel. 0485-60370.

Sonstige Einrichtungen Der Kran hat 4 t Hebevermögen. Benzin, Diesel (Automat) und Gas sind in 1 km Entfernung zu bekommen. Post, Bank, Gesundheitsdienst, Arznei- und Lebensmittel, Alkoholladen, Schnellimbiß und Bushaltestelle in 800 m Entfernung.

Geschichte/Tourismus Degerhamn ist Ölands Industriezentrum und wird von der Zementindustrie beherrscht. Die erste Industrie, die hier entstand, war der Alaunbruch, der 1923 begann. Er liegt dicht S-lich des Hafens. Dort findet man noch den alten Schornstein, die Arbeiterwohnungen und Schlackehalden.

Grönhögen

Fischer- und Sportboothafen 4 sm N-lich Ölands Södra udde

56°16′N 16°24,1′E   D 180, S 819, BSK 819.2, 8001.1

Service in der Nähe

Ansteuerung Das Waldstück Ottenbylund ist gut auszumachen. Die Ventlinge-Kirche ist weiß mit rotem Dach. Die Grönhögen-Richtfeuer bestehen aus Feuern auf Pfählen mit gelben, rotumrandeten Dreiecken.
Die Einsteuerung in die Baggerrinne erfolgt mit Kurs etwa 56° in der Richtfeuerlinie. Diese Richtlinie führt dicht an der Baggergrenze am S-Wellenbrecher vorbei, was bei der Einsteuerung zu beachten ist, s. Hafenplan.
Auf dem N-Wellenbrecher steht der weiße Turm des ehemaligen Feuers.
Man kann den Hafen mit einem Tiefgang bis zu 2,8 m anlaufen.

Hafenbeschreibung Das O-Becken hat im W-Teil einen 120 m langen Kai und ist auf 4 m gebaggert. Die anderen Teile sind flach. Das W-Becken ist 3 – 3,6 m tief. Im inneren Hafen liegt ein kleines Becken für Fischerboote.

Gastplätze Im W-Becken sind etwa 15 Gastplätze vorhanden.

Festmachen Längsseits des Kais. Es ist verboten, längsseits der Fischer festzumachen.

Hafenamt Tel. 0485-61082.

Sonstige Einrichtungen Die Schlippanlage kann Boote bis 50 t aufnehmen, jedoch nur Langkieler. Die Bank ist werktags von 11.00 – 13.00 und donnerstags zusätzlich von 16.00 – 17.00 Uhr geöffnet. Arzneimittel und Alkohol sind zu erhalten. Vermietung von Sommerhäusern.

Geschichte/Tourismus Bis etwa 1970 gab es lebhaften Küstenverkehr im Hafen. Vor allem Ytong, Kalk und Kalkstein wurden verschifft, Brennholz und Holzprodukte von Blekinge und Småland importiert. Als die Ytongfabrik 1971 geschlossen wurde, hörte allmählich jegliche Handelsschifffahrt auf.
Sehenswürdigkeiten in der Nähe sind Eketorps Burg, die Mauer Karl X. Gustaf, Ottenbys Parkanlage und Vogelstation, ein Museum sowie der Leuchtturm Lange Jan.

Gräsgård

Fischerhafen etwa 8 sm NO-lich Ölands Södra udde

56°19′N 16°32,1′E   D 167, S 819, 81, BSK 819.1

Gräsgård-Richtfeuer in Linie

Ansteuerung Gräsgård und Segerstads Kirche sind gut von See aus zu sehen. Das Segerstad-Feuer ist weiß und 22 m hoch. Zum Hafen führt eine bezeichnete Rinne, die jedoch der Versandung und Tang ausgesetzt ist. Die Einsteuerung geschieht mit Hilfe der Gräsgård-Richtfeuer in 322,5° in Linie. Die Feuer stehen auf Pfählen mit roten, dreieckigen Tagmarken.

Hafenbeschreibung Der Hafen wird durch zwei Wellenbrecher geschützt, die eine 12 m breite Durchfahrtsöffnung haben. Der N-Teil des Hafens ist 2,2 m tief und für die Fischerei bestimmt. An der Innenseite des N-Wellenbrechers ist ein 70 m langer Kai mit 2,2 m Wassertiefe vorhanden. Der Kai an der Pier in der Mitte des Hafens ist winkelförmig mit 12 und 50 m Länge und 2,2 m Wassertiefe.
Der S-Teil des Hafens ist 1,5 m tief und hat eine 100 m lange, hölzerne Anlegebrücke an der Innenseite des S-Wellenbrechers.

Gastplätze Der Hafen hat keine festen Gastplätze. Freie Plätze werden vom Hafenmeister angewiesen.

Festmachen Längsseits des Kais. Wenn alle Plätze belegt sind, kann auch längsseits der Fischer festgemacht werden, wenn man diese fragt.

Sonstige Einrichtungen Die Schlippanlage nimmt Boote bis 7 t auf. Stromanschluß ist vorhanden, man frage den Hafenmeister. Werkstatt 3 km. Telefon an der Straße. Bushaltestelle, Essen und Unterkunft 2 km. Der nächste größere Ort ist Degerhamn, 7 km.

# Skärlöv

56°25,5'N 16°35,1'E   D 167, S 81

Kleiner Sportboothafen etwa 15 sm NO-lich Ölands Södra udde

Ansteuerung Der Leuchtturm Segerstad ist weiß und 22 m hoch. Die Einsteuerung geschieht mit Hilfe der Skärlöv-Richtfeuer in 295°in Linie. Die Feuer stehen auf Gestellen mit roten, dreieckigen Tagmarken.

Hafenbeschreibung Der Hafen ist klein und flach und kann nur von Booten bis zu etwa 1 m Tiefgang angelaufen werden.

Gastplätze Im Hafen gibt es keine festen Gastplätze. Freie, vermietete Plätze dürfen nicht benutzt werden. Man kann aber längsseits der Fischer festmachen, wenn man diese fragt.

Sonstige Einrichtungen Bushaltestelle 1,8 km.

Skärlöv-Richtfeuer in Linie

Bläsinge

Kleiner Fischerhafen auf Ölands O-Küste, etwa 13 sm S-lich Kapelludden

56°37,3′N 16°42,3′E   D 167, S 819, 81

Ansteuerung Zum Hafen führt eine 20 m breite und 2,1 m tiefe Rinne für bis zu 1,5 m Tiefgang. Der Grund besteht teilweise aus Fels.
Man steuert in der Richtlinie 310° der Bläsinge-Richtfeuer ein. Die Feuerträger bestehen aus Pfählen mit weißen, rotumrandeten Dreiecken.

Hafenbeschreibung Der Hafen wird durch einen freiliegenden Wellenbrecher geschützt. Im Hafen gibt es zwei Becken mit etwa 2 m Wassertiefe.

Gastplätze Der Hafen hat keine festen Gastplätze. Freie Plätze werden vom Hafenmeister angewiesen.

Festmachen Längsseits des Kais. Mit Erlaubnis kann man auch längsseits der Fischer festmachen.

Hafenmeister Tel. 0485-32419.

Sonstige Einrichtungen Frischwasser, Bushaltestelle 2 km.

Bläsinge-Fischerhafen Richtfeuer in Linie

Kårehamn

56°57,4′N 16°53,5′E   D 167, S 81

Großer Fischerhafen an der O-Küste Ölands, etwa 8 sm NO-lich von Kapeludden

Kårehamn-Richtfeuer in Linie

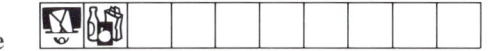

Ansteuerung Zum äußeren Hafenbecken führt eine etwa 4 m tiefe Baggerrinne.
Man läuft frei SO-lich von Klappervallen und Matkroksgrundet, wenn die Löts-Kirche über dem Strand von Varholmsudde in 235° zu sehen ist.
Varholmsudde, die aus größerer Entfernung schwer auszumachen ist, erkennt man an einer Gruppe grauer Fischerschuppen und einer großen Steinbake.
Von See, O-lich des Hafens, steuert man das Fahrwasser nach Kårehamn an, indem man Kurs 265° auf die Kirche von Alböke absetzt.
Die Kårehamn-Richtfeuer, Laternen auf Pfählen mit weißen, dreieckigen, rotumrandeten Tagmarken, sind in 289° in Linie.
Das Bootshaus der früheren Rettungsstation ist aus großer Entfernung zu sehen. Die Steinbake Kårholm ist 3,9 m hoch, weiß mit rotem Rand.

Warnung Das Fahrwasser ist 1986 vertieft und verbreitert worden. Mit Veränderungen der Bezeichnung und der Richtlinien muß gerechnet werden.

Schiffahrtsvorschrift Maximal 5 kn im Hafen.

Hafenbeschreibung Das äußere Hafenbecken ist Fischereihafen und hat etwa 4 m Wassertiefe. Innerhalb des Fischereihafens liegt der Sportboothafen mit etwa 3 m Wassertiefe im äußeren Teil. Der innere Teil ist untief.

Gastplätze Im Hafen sind etwa 15 Gastplätze vorhanden. Nach Anweisung durch den Hafenmeister können auch andere freie Plätze benutzt werden.

Festmachen Längsseits des Kais oder vor Heckanker.

Hafenamt Tel. 0485-73077.

Sonstige Einrichtungen Die Schlippanlage kann Boote bis 50 t aufnehmen. Ein Kiosk mit begrenztem Lebensmittelangebot in 200 m Entfernung. Bushaltestelle in 1 km.

152 Torhamnsudde – Kråkelund

Geschichte/Tourismus Kårehamn war schon im 18. Jahrhundert ein bedeutender Hafen, der u.a. als Reservehafen für das Postboot nach Gotland diente, wenn dieses nicht Böda oder Gaxa anlaufen konnte. Kårehamn ist noch immer der größte Hafen an der O-Küste Ölands. Auf dem Festland und auf den Halbinseln vor der Küste findet man Befestigungsanlagen aus dem 17. Jahrhundert.
Etwa 2 km SW-lich von Kårehamn liegt Petgärdeträsk, ein Naturschutzgebiet mit einem Turm zur Beobachtung der Vögel und mit Wanderwegen.

Källa hamn

57°06,6′N 17°00′E   D 167, S 81

Kleiner, enger Fischerhafen an der NO-Seite Ölands, etwa 15 sm S-lich Ölands norra udde

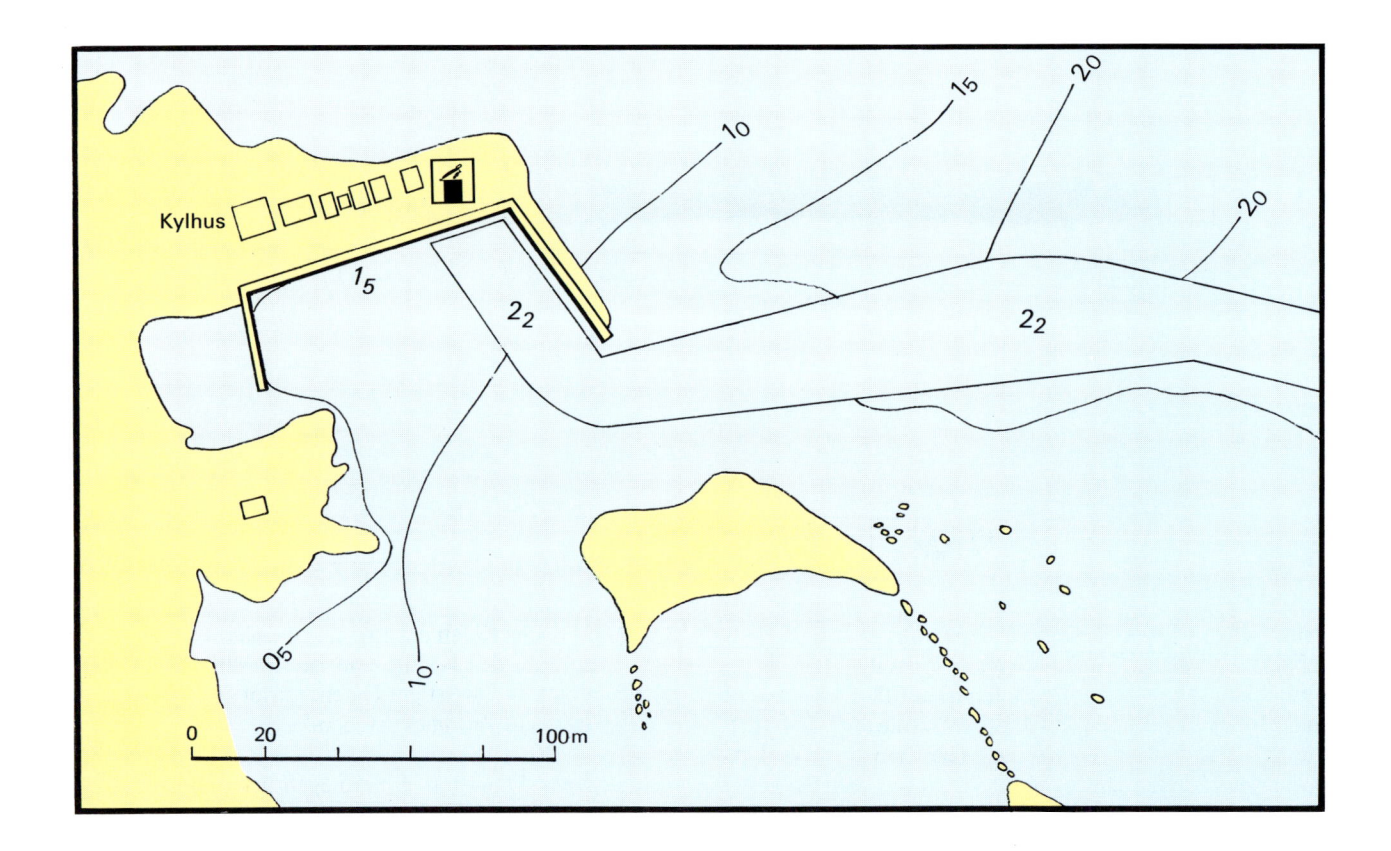

Service in der Nähe

Ansteuerung Zum Hafen führt eine etwa 20 m breite und etwa 500 m lange Baggerrinne mit etwa 2,2 m Wassertiefe. Örtliche Richtfeuer sind vorhanden. Der Hafen muß mit großer Vorsicht angelaufen werden.

Schiffahrtsvorschrift Maximal 5 kn im Hafen.

Hafenbeschreibung Der Hafen besteht aus einem winkelförmigen Kai von 20–25 m Länge. Im äußeren Teil beträgt die Wassertiefe etwa 2,2 m. Im inneren Teil gibt es eine hölzerne Anlegebrücke.
Die Wassertiefe im inneren Teil beträgt etwa 1,5 m.

Warnung Hafen und Einsteuerungsrinne sind der Versandung ausgesetzt.

Gastplätze Es gibt keine festen Gastplätze. Freie Plätze werden von der Hafenaufsicht angewiesen.

Sonstige Einrichtungen In 2 km Entfernung gibt es eine Werkstatt, Bushaltestelle, Lebensmittelgeschäft, Schnellimbiß und Minigolf.

Geschichte/Tourismus Der Ortsname Källa stammt wahrscheinlich aus der Vorzeit, als es hier in der Nähe eine Quelle gab, oder es ist die verschüttete Quelle auf dem Friedhof gemeint. Die alte Kirche von Källa ist Ende des 12. Jahrhunderts auch zu Verteidigungszwecken gebaut worden.
Um 1960 wurde sie renoviert, und heute wird sie zu Sommergottesdiensten und Konzerten benutzt.
3 km S-lich von Källa liegt Högenäs orde (das öländische Wort für Landzunge), das Naturschutzgebiet ist. Hier gibt es verschiedene Orchideenarten.

Böda

57°14,4′N 17°04,8′E   D 167, S 81, BSK C624 SE

Fischer- und Sportboothafen im N-Teil von Ölands O-Küste, etwa 6 sm N-lich des Leuchtturms Högby

Ansteuerung Zum O-Teil des Hafens führt ein Fahrwasser für Fahrzeuge bis 3 m Tiefgang. Die 32 m breite Durchfahrtsöffnung zwischen den Molenköpfen ist auf 18 m Breite etwa 4 m tief. Die Einsteuerung geschieht mit Hilfe der Richtfeuerlinie 298° der Böda-Richtfeuer, Laternen mit weißen, schwarzumrandeten Dreiecken.
In einem Abstand von etwa 3 Kbl vom S-Wellenbrecher dreht man nach Steuerbord auf Kurs 315°und hält das Feuer auf der Pier mit der dreieckigen Tagmarke auf der Stange in Linie. Die Tagmarke besteht aus einem weißen, schwarzumrandeten Dreieck mit der Spitze nach unten. Es ist zu beachten, daß die Feuer nur bei Bedarf für die Fischer angezündet werden.

Schiffahrtsvorschrift Maximal 5 kn im Hafen.

Hafenbeschreibung Der Hafen wird durch zwei Molen gebildet. Im SO-Teil des Hafenbeckens beträgt die Wassertiefe etwa 3 m. Die übrigen Teile sind flach. Im äußeren Teil der Innenseite der S-Mole gibt es eine 60 m lange Holzbrücke mit 3 - 4 m Wassertiefe für Gastboote. Der vorderste Teil, nach See zu, ist für den Rettungskreuzer reserviert. Am inneren Teil der S-Mole liegt ein 95 m langer Betonkai mit 40 m Länge und 4 m Wassertiefe im äußeren Teil und mit 55 m Länge und 3 m Wassertiefe im inneren Teil. Der Kai ist für die Fischerei reserviert.

Gastplätze Der Hafen hat etwa 20 Gastplätze an der hölzernen Brücke an der S-Mole und der N-Mole. Wenn diese Plätze belegt sind, weist der Hafenmeister andere Plätze an, wenn solche zur Verfügung stehen.

Festmachen Längsseits der Anlegebrücke oder vor Heckanker. Wenn man die Fischer fragt, kann auch bei ihnen längsseits gegangen werden.

Hafenamt Tel. 0485-22050.

Sonstige Einrichtungen Stromanschluß kann man auf Anfrage erhalten. Die Schlippanlage nimmt Boote bis 30 t auf. Der Kran hat 1,5 t Hebevermögen. Werkstatt in 3 km Entfernung. Im Kiosk beim Zeltplatz gibt es ein begrenztes Sortiment von Lebensmitteln. Lebensmittelgeschäft, Restaurant, Hotel, Bushaltestelle und Touristenbüro in 1 km Entfernung.

Geschichte/Tourismus Von Mitte des 17. Jahrhunderts bis Mitte des 19. Jahrhunderts gingen die Postboote nach Gotland von Böda ab. Man hatte kleine Ruder- oder Segelboote, und eine Reise zwischen Böda und Visby dauerte in der Regel neun Tage, bei schlechtem Wetter mehrere Wochen.
Böda kronopark, der sich von der N-Ecke bis nach Homnsjön erstreckt, ist Ölands größtes Waldgebiet. Hier gibt es 30 m hohe Kiefern sowie exotische Gewächse wie Schwarze Walnuß, Zypressen und korsische Schwarzkiefern.

154 Torhamnsudde – Kråkelund

Grankullavik

Fähr- und Sportboothafen bei Ölands norra udde

57°20,9′N 17°05,6′E
D 182, S 726, 81, BSK C624 SE, F726.5

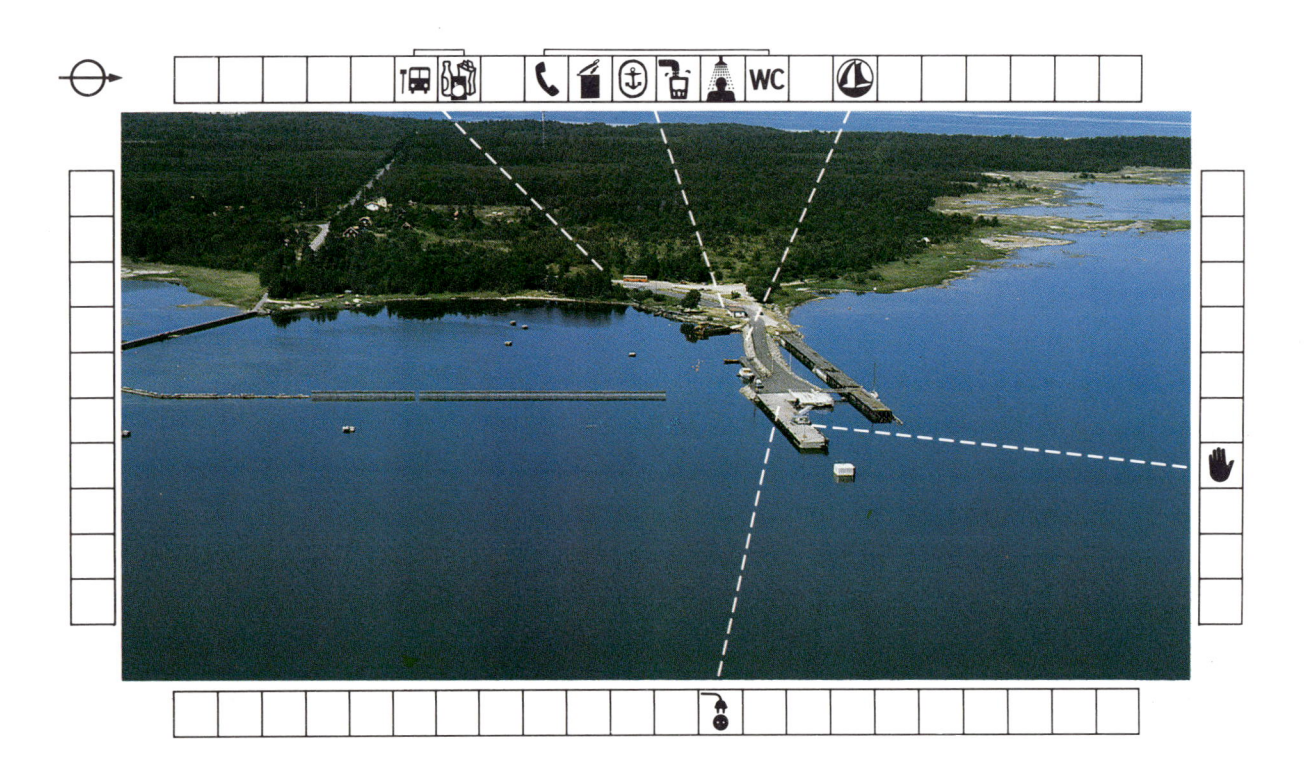

Ansteuerung Der Leuchtturm Ölands norra udde ist weiß und 32 m hoch. Nach Grandkullavik führt eine etwa 40 m breite und 5,4 m tiefe Baggerrinne für Boote bis 4,5 m Tiefgang.
Die Einsteuerung geschieht in der Richtfeuerlinie 218° der Grankullaviken-Richtfeuer, Laternen mit weißen, schwarzumrandeten Dreiecken.

Schiffahrtsvorschrift Maximal 5 kn im Hafen.

Hafenbeschreibung Im N-Teil des Hafens gibt es eine 200 m lange Holzbrücke, die aber in schlechtem Zustand ist. Sie ist für die Schiffahrt gesperrt. Dicht S-lich der Brücke hat eine Fähranlage etwa 65 m Betonkai mit etwa 5 m Wassertiefe. An der S-Seite der Fähranlage sind Plätze für die Fischerei und für Gastboote mit etwa 2 – 3 m Wassertiefe vorhanden.

Gastplätze S-lich der Fähranlage gibt es 15 Gastplätze. Die Wassertiefe beträgt 2 – 3 m. Weitere Plätze werden vom Hafenmeister angewiesen.

Festmachen Mit dem Heck an Bojen oder vor Heckanker. Man kann auch längsseits der Fischer gehen, wenn man diese vorher fragt.

Hafenamt Tel. 0485-24059.

Sonstige Einrichtungen Der Kiosk hat eine kleine Auswahl an Lebensmitteln. Briefkasten, Hotel und Restaurant in 400 m Entfernung.

Geschichte/Tourismus Auf der anderen Seite der Bucht liegt Trollskogen (Urwald), eine der am meisten besuchten Touristenattraktionen Ölands.
Eine andere Sehenswürdigkeit sind die Neptuni-Felder. Der Name stammt von Carl von Linné, sie liegen an der NW-Küste in Richtung Byxelkrok.

Byxelkrok

Fischer- und Sportboothafen an der W-Küste Ölands, etwa 4 sm S-lich Ölands norra udde

57°19,7′N 17°00,5′E
D 181, S 726, 72, 81, BSK F726.5, C624 SE

Service in der Nähe

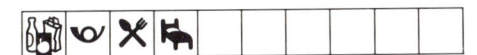

Ansteuerung Von See bis zur Fähranlage bei der S-lichen Betonbrücke ist das Fahrwasser auf 4,5 m gebaggert.
Die Einsteuerung erfolgt mit Kurs 127° in der Richtfeuerlinie der Byxelkrok Hamn-Richtfeuer. Die Feuer stehen auf Stützen mit weißen, schwarzumrandeten Tagmarken. Das Unterfeuer steht auf einer weißen Bake. Das Byxelkrok-Feuer ist eine Laterne auf einem Pfahl auf dem Molenkopf.

Schiffahrtsvorschrift Maximal 5 kn innerhalb des Hafens.

Hafenbeschreibung Der Hafen ist durch einen langen Wellenbrecher gut geschützt. Er besteht aus zwei freistehenden Pieranlagen mit dazwischen liegendem Kai. An der S-Pier ist eine Fähranlage mit 4,5 m Wassertiefe an der S-Seite und 78 m Kai mit 2,1 - 4,5 m Wassertiefe an der N-Seite. Der Kai zwischen den Pieranlagen ist 47 m lang und hat 2,1 m Wassertiefe. Er ist für die Fischerei reserviert.
Der N-liche Betonkai ist 60 m lang mit 2,4 m Wassertiefe. An der Innenseite des Wellenbrechers beträgt die Wassertiefe 1,5 - 2 m und S-lich der Schlippanlage 1 - 1,5 m.

Gastplätze An Heckbojen oder vor Heckanker. Mit Erlaubnis kann auch längsseits der Fischer festgemacht werden.

Hafenamt Tel. 0485-28089.

Sonstige Einrichtungen Kiosk, Schnellimbiß, Räucherei mit Fischverkauf im Hafen. Bootsausrüster, Auto- und Fahrradverleih. Post, Hotel, Fremdenpensionen, Restaurant, Lebensmittel- und Alkoholladen in 300 m Entfernung. Fährverbindung mit Oskarshamn.

Geschichte/Tourismus N-lich von Byxelkrok liegen die Neptuni-Felder, ein etwa 50 ha großes Gebiet, das aus Kalksteinformen und Kalksteinresten besteht, die an Ackerfurchen erinnern. Der Name wurde dem Gebiet von Carl von Linné gegeben.
An der Straße dicht N-lich von Byxelkrok liegt Höga Flisan, eine etwa 1,5 m hohe Kalkplatte, die einem Halbkreuz ähnelt.

Sandvik

Fischer- und Sportboothafen an der W-Küste Ölands, etwa 13 sm N-lich von Borgholm

57°04,3'N 16°51,4'E

D 181, S 811, BSK 811.2, 811.4, 8001.1

Ansteuerung Die Mühle von Sandvik ist eine gute Landmarke. Die Sandvik-Richtfeuer bestehen aus Laternen auf Pfählen mit gelben, rotumrandeten, dreieckigen Tagmarken. Zum 4 m tiefen NW-Teil des Hafens führt eine teilweise gebaggerte Rinne für Fahrzeuge bis 3 m Tiefgang. In der Nähe der Hafeneinfahrt ist sie der Versandung ausgesetzt. Die Einsteuerung geschieht mit Hilfe der Sandvik-Richtfeuer in 84°und nach dem Hafenplan in der Seekarte.

Schiffahrtsvorschrift Maximal 5 kn im Hafen.

Hafenbeschreibung Der Hafen ist durch zwei Wellenbrecher geschützt. An der Innenseite des N-Wellenbrechers liegt ein 35 m langer Kai mit 3,4 – 4 m Wassertiefe, der für die Fischerei vorgesehen ist. Im NO- und im O-Teil sind Anleger für kleinere Boote. Der S-Teil des Hafenbeckens ist sehr flach.

Gastplätze Der Hafen hat etwa 40 Gastplätze, die etwa gleichmäßig auf beide Anlegebrücken verteilt sind. Die Wassertiefe beträgt etwa 2 m. Weitere Plätze werden vom Hafenmeister angewiesen.

Festmachen Vor Heckanker oder an Bojen. Längsseits der Fischer darf nicht festgemacht werden.

Hafenamt Tel. 0485-26474. Auskunft erhält man auch in der Mühle.

Sonstige Einrichtungen Der Kran hat 8 t Hebevermögen. Post bei der Mühle, werktags um 11.30 Uhr. Werkstatt 2 km. Jugendherberge 400 m, Pension und Apotheke in 3 km Entfernung. Auto-, Moped- und Fahrradverleih. Minigolf, Spielplatz. Busverbindung mit Borgholm sowie täglich Schnellbusverbindung mit Stockholm über die Fähre Byxelkrok – Oskarshamn.

Geschichte/Tourismus Steine, sogenannte „ölandsplank", sind hier seit dem Mittelalter gebrochen worden. Sandvik ist heute das Zentrum für die Steinindustrie Ölands. Hier wird der dunkelbraune Kalkstein bearbeitet.
Die Windmühle von Sandvik soll die größte Skandinaviens gewesen sein, sie hat 8 Stockwerke. Die Mühle kam 1885 von Vimmerby an den heutigen Platz und ist nun ein bekanntes Restaurant. Außerdem beherbergt sie das Mühlenmuseum.

Torhamnsudde – Kråkelund 157

Borgholm

56°52,9′N 16°39′E

D 180, S 811, 812, BSK 812.1, 811.4, 8001.1

Ölands größter Ort und Hafen mit großem Gasthafen an der W-Küste von Öland

Service in der Nähe

Ansteuerung Die beste Landmarke in diesem Teil ist die Schloßruine von Borgholm, die auf 25 m Höhe an einer steilen Klippenwand steht. Der Funkmast bei Borgholm ist weit sichtbar. Der Wasserturm von Rosenfors hat 46,5 m Höhe über Wasser. An der N-Seite des Hafens sieht man das 27 m hohe, helle Silo.
Zum äußeren Teil des Hafenbeckens verläuft S-lich von Hamngrund ein teilweise gebaggertes Fahrwasser für Fahrzeuge bis 4,5 m Tiefgang. Die Einsteuerung geschieht in der Richtfeuerlinie 111°der Richtfeuer. Die dreieckigen Tagmarken sieht man in der Nähe des Giebels des großen weißen Hotelgebäudes. Wenn diese Tagmarken schwer auszumachen sind, kann stattdessen der Schornstein des Krankenhauses von Borgholm mit dem Wasserturm von Rosenfors in etwa 115°in Linie genommen werden.

Schiffahrtsvorschrift Maximal 5 kn im Hafen.

Hafenbeschreibung Der äußere Teil des Hafens ist Handelshafen mit 4,5 – 5 m Wassertiefe. Im inneren Teil liegt der Fischereihafen und der Sportboothafen mit etwa 350 Gastplätzen und 2 – 4 m Wassertiefe. Der Kai im inneren Becken ist für die Fischerei reserviert.

Gastplätze Gastplätze im inneren Hafen, jedoch nicht im Fischereihafen. Der Hafen hat etwa 350 Gastplätze. Weitere Plätze können vom Hafenmeister angewiesen werden.

Festmachen Vor Heckanker. Man darf nicht längsseits der Fischer festmachen.

Hafenamt Tel. 0485-11020. Das Hafenamt ist zwischen 7.00 – 21.00 Uhr geöffnet.

Sonstige Einrichtungen Bootsausrüster, Krankenhaus in 900 m Entfernung. Jugendherberge. Auto- und Fahrradverleih. Busverbindung mit Kalmar.

Geschichte/Tourismus Borgholm bekam das Stadtrecht 1816. Vorher gab es hier schon seit 1620 den kleinen Hafen mit etwa 30 Einwohnern. Im Jahre 1865 wurde das Badehaus und das Hotel gebaut, und die Badegäste strömten nach Borgholm.
Königin Victoria zog 1906 in das Schloß Solliden ein, das im Schloßwald, einem schönen Naturschutzgebiet, in etwa 2 km Entfernung vom Hafen liegt.
Eine wirkliche Sehenswürdigkeit ist die Schloßruine von Borgholm, 1 km vom Hafen entfernt. Auch Ölands Forngård, bei Tullgatan, ist einen Besuch wert.

Stora Rör

Fischer- und Sportboothafen, etwa 7 sm N-lich von Färjestaden

56°45,4′N 16°31,8′E   D 180, S 812, BSK 812.2, 8001,2E

Ansteuerung Der Leuchtturm Sillåsen ist weiß und schwarz gestreift, 21 m hoch und steht auf einem grauen Sockel im Wasser.
Der Leuchtturm Ispeudde ist weiß und etwa 7 m hoch.
Nach Stora Rör führt ein etwa 3,6 m tiefes Fahrwasser für Fahrzeuge bis 3 m Tiefgang. Die Einsteuerung geschieht mit Kurs 85° in der Richtfeuerlinie der Stora Rör-Richtfeuer. Die Feuer stehen auf Pfählen mit gelben, rotumrandeten Dreiecken.

Warnung Es kann Strom vor dem Hafen setzen.

Hafenbeschreibung Der Hafen wird durch zwei Wellenbrecher mit etwa 30 m breiter Durchfahrtsöffnung geschützt. Im NW-Teil des Hafens, vom Wellenbrecher bis zur O-lichen Fähranlage, beträgt die Wassertiefe etwa 3,6 m, die anderen Hafenteile sind flach. Es gibt drei Anlegeplätze für Autofähren im N-lichen Becken. Der Fährverkehr ist eingestellt.

Am Landkai zwischen den Fähranlegern sind auf 45 m Länge 3,4 – 3,6 m Wassertiefe. Der Kai ist für die Fischer reserviert.

Gastplätze Der Hafen hat 4 bis 5 Gastplätze im äußeren Teil der N-Pier. Weitere Plätze werden vom Hafenmeister angewiesen.

Festmachen Mit dem Heck an Bojen. Zur Proviantübernahme darf zeitweilig an dem alten Dalben im äußersten Teil der Pontonbrücke festgemacht werden.

Geschichte/Tourismus Hier, am schmalsten Teil des Kalmarsunds, gab es früher eine Fährverbindung zwischen Revsudden und Stora Rör. Über diese ging die Postbeförderung zwischen 1807 und 1880. Dann wurde der Dampfer „Öland" eingesetzt, der mehrere Häfen an der Küste anlief. Während kalter, eisreicher Winter wurde die Postbeförderung über Stora Rör jedoch bis in das 20. Jahrhundert fortgesetzt.

Revsudden

56°46,5′N 16°29′E   D 180, S 812, BSK 812.2

Fischer- und Sportboothafen bei Skäggenäs, etwa 8 sm N-lich von Kalmar

Ansteuerung Skäggenäs ist wegen des dunklen Waldes und seiner hervortretenden Lage gut auszumachen. Auf der O-lichsten Ecke der Halbinsel, Södra Revsudden, sieht man mehrere Fischerschuppen und den Wellenbrecher des Hafens. Das 2,4 m tiefe Hafenbecken erreicht man mit bis zu 1,8 m Tiefgang.
Die Einsteuerung in den Hafen geschieht mit Hilfe der Revsudden-Richtfeuer in 305°in Linie. Die Feuer stehen auf Pfählen mit orangefarbenen, rotumrandeten Dreiecken.

Hafenbeschreibung Der Hafen, der von einem 120 m langen Wellenbrecher geschützt ist, hat etwa 110 m Kai mit 1,5 – 2,4 m Wassertiefe. Die Fähranlagen befinden sich in schlechtem Zustand, der Fährverkehr ist eingestellt. Im Anschluß an den Kai am Wellenbrecher gibt es einen Landkai, der für die Fischerei reserviert ist. Die anderen Kaianlagen, einschließlich des ehemaligen Fähranlegers, werden als Gast- und Sportboothafen benutzt.

Gastplätze Im Hafen gibt es sechs Gastplätze. Weitere Plätze werden vom Hafenmeister angewiesen. Zeitweilig kann man an der S-lichen Fähranlage festmachen.

Festmachen Mit dem Heck an Bojen oder vor Heckanker.

Hafenamt Geöffnet von 8.00 – 16.00 Uhr. Tel. 0480-67095.

Sonstige Einrichtungen Die Schlippanlage hat 8 t Tragfähigkeit.

Geschichte/Tourismus Revsudden liegt am schmalsten Teil des Kalamarsunds. Auf der gegenüberliegenden Seite liegt Stora Rör auf Öland. Über mehrere hundert Jahre gab es eine Fährverbindung zwischen den beiden Häfen, bis zum Jahre 1972.

Saltor (Pataholm)

Früherer Ladeplatz, etwa 15 sm N-lich von Kalmar

56°54,6′N 15°26,7′E   D 181, S 811, 812, BSK 812.1

Ansteuerung Die Schäre Paslan ist niedrig und mit Gras bewachsen. Die Paslan-Steinbake ist weiß, rund, 4 m hoch und hat eine Stange mit Kreuz auf der Spitze. Pata Eneskär ist auf dem etwa 5 m hohen NW-Teil bewaldet. Am SW-Strand des niedrigen SO-Teils der Schäre liegt ein großer Steinblock. Das Fahrwasser bis zum Ankerplatz WNW-lich von Paslan kann mit einem Tiefgang bis 3,5 m befahren werden. Von hier bis zum Kai mit 3,6 m Wassertiefe beträgt der empfohlene Tiefgang 3 m.

Warnung In der Einsteuerung liegen viele Untiefen, und mehrere unbezeichnete Gründe liegen dicht beim Fahrwasser.

Hafenbeschreibung Bei dem früheren Sägewerk von Saltor gibt es eine Holzbrücke mit 20 m Kai und etwa 3,7 m Wassertiefe. Der 6 m breite Kai hat 1 – 2,5 m Wassertiefe längsseits.

Gastplätze Im Hafen gibt es keine Gastplätze, aber man kann im äußeren Teil des Anlegers über Nacht liegen. Weitere Plätze auf Anfrage.

Festmachen Mit dem Heck an Bojen oder vor Heckanker.

Hafenamt Tel. 0499-24001.

Sonstige Einrichtungen Der mobile Mastenkran steht etwa in 100 m Entfernung vom Anleger. Stromanschluß kann man erhalten. Zur Bushaltestelle 800 m. Telefon, Lebensmittel sowie Poststelle in Pataholm, etwa 1 km entfernt.

Geschichte/Tourismus Der alte Marktflecken Pataholm mit den Harbergska- und Hullgrenska-Höfen ist sehenswert. Schöne Naturlandschaft.

Timmernabben (Tillingenabben)

Fähr- und Sportboothafen, etwa 18 sm N-lich von Kalmar

56°58′N 16°26,9′E   D 181, S 811, BSK 811.3

Service in der Nähe

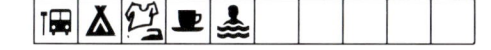

Ansteuerung Der 21 m hohe Leuchtturm Slottsbredan ist schwarz mit grünem Band und weißer Laterne. Die Steinbake Matge ist 3,9 m hoch. Oberhalb und um die Bake herum stehen drei Stangen mit dreieckigen Tagmarken. Die Stangen sind weiß, 7 m hoch und mit Brettern verkleidet. Zum Fähranleger führt ein Fahrwasser bis 3 m Tiefgang. Der innere Teil des Fahrwassers besteht aus einer 25 m breiten Baggerrinne.

Warnung In der Nähe des Fahrwassers liegen mehrere unbezeichnete Untiefen. Besonders ist die 1,2 m-Untiefe NO-lich der grünen Spiere, unmittelbar vor dem Hafen, zu beachten.

Schiffahrtsvorschrift Maximal 5 kn in den Råsnäs- und Nyemåla-Schären.

Hafenbeschreibung Im S-Teil des Hafens gibt es eine 30 m lange Brücke mit etwa 4 m Wassertiefe an der S-Seite und einen Fähranleger mit 2 - 3,8 m Wassertiefe an der N-Seite. N-lich davon liegt der Landkai mit Gastplätzen. Dicht N-lich des Fähranlegers befindet sich der geschützte Sportboothafen mit etwa 2,5 m Wassertiefe und Liegeplätzen für Gastboote.

Gastplätze Am Landkai sowie an der Außenseite der äußersten Pontonbrücke sind etwa 12 Gastplätze vorhanden. Andere freie Plätze werden durch grüne Schilder gekennzeichnet. Zeitweilig darf auch an der Brücke S-lich des Fähranlegers festgemacht werden.

Festmachen An Heckbojen oder längsseits des Anlegers.

Hafenamt Tel. 0499-23455.

Sonstige Einrichtungen Zeltplatz mit Dusche, Waschmaschine, Schnellimbiß und Freibad 500 m S-lich des Hafens. Treibstoff, Lebensmittel (Apotheke), Post und Bank 800 m N-lich vom Hafen.

162 Torhamnsudde – Kråkelund

Varvet (Mönsterås)

Kleiner Bootshafen bei Nynäs, etwa 1,5 sm SO-lich von Mönsterås

57°01,5′N 16°28,9′E   D 181, S 811, BSK 811.3

Ansteuerung Oknöskär ist etwa 5 m hoch und teilweise mit Bäumen bewachsen. Der S-Teil von Stora Svartören ist bewaldet. Törneskär ist etwa 5 m hoch und teilweise bewaldet. Vom Fahrwasser NO-lich von Sjöberget setzt man Kurs etwa 271° in der Richtfeuerlinie der Oknö-Richtfeuer ab. Die Feuer stehen auf roten Leuchthäusern. Das Oberfeuer trägt eine rote Tafel.

Warnung Vor dem Hafen liegen viele an Bojen festgemachte Boote.

Hafenbeschreibung Der Hafen besteht aus einem alten Werftgelände. Innerhalb eines etwa 25 m langen Wellenbrechers gibt es einen 45 – 50 m langen Landkai mit etwa 1,8 m Wassertiefe.

Gastplätze Der Hafen hat fünf Gastplätze.

Festmachen Vor Heckanker.

Hafenamt Tel. 0499-10442.

Sonstige Einrichtungen Schlippanlage für Boote bis 5 t. Der Kran hat 5 t Hebevermögen. Weitere Einrichtungen in Mönsterås (2 km).

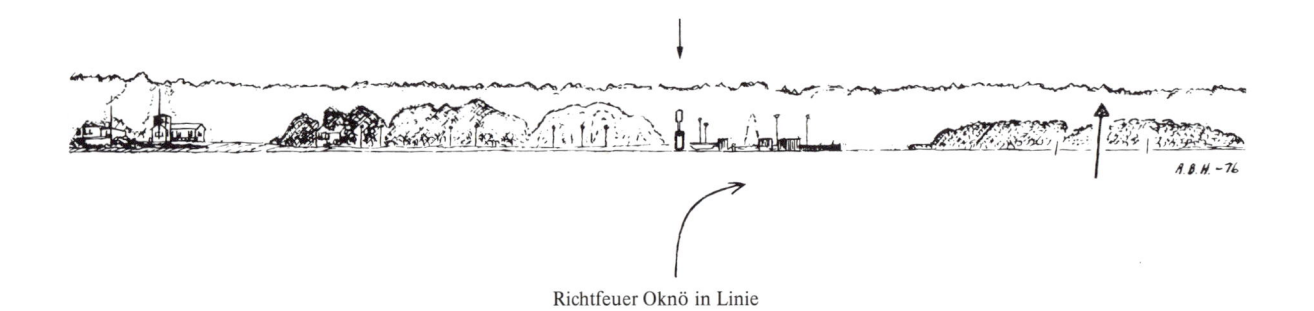

Richtfeuer Oknö in Linie

Mönsterås

Handels- und Sportboothafen etwa 14 sm S-lich Oskarshamn

57°02,5′N 16°27,2′E   D 181, S 811, BSK 811.3, 8001.1

Ansteuerung Landmarken und Ansteuerung s. Varvet. Die gebaggerte und teilweise gesprengte Rinne von der inneren Reede nach Mönsterås ist etwa 20 m breit und 3,1 m tief. Die Rinne ist der Versandung ausgesetzt.

Hafenbeschreibung Der S-Kai ist 150 m lang und hat etwa 3,1 m Wassertiefe längsseits. Der Kai ist abgesenkt, um das Festmachen der Sportboote zu erleichtern.

Gastplätze Im äußeren Teil des Kais gibt es sechs Gastplätze. Weitere Plätze werden vom Hafenmeister angewiesen.

Festmachen Mit dem Heck an Bojen.

Hafenamt Der Hafenmeister kommt zweimal täglich. Tel. 0499-11170.

Sonstige Einrichtungen Schlippanlage, Kran, Mastenkran und Trailerrampe bei der Werft, s. Varvet. Eisenhandel mit Bootsausrüstung im Ort. Zur Tankstelle 1 km.

Geschichte/Tourismus Das Gebiet um Mönsterås wurde vor etwa 5000 Jahren bevölkert. Damals reichte die Bucht etwa 4 km weiter landeinwärts. Im Jahre 1960 entdeckte man bei Sprengungen den s. g. „Stubbemålaschatz". Der Schatz enthält Schmuckstücke und Münzen aus den Jahren 738–957 und beweist, daß man bereits damals Verbindungen nach Polen hatte.

Påskallavik

57°09,8′N 16°28,1′E   D 181, S 811, BSK 811.1

Sportboothafen und früherer Ladeplatz, etwa 6 sm S-lich von Oskarshamn

Ansteuerung Die Schornsteine von Stora Jättersön sind weit seewärts zu sehen. Der Schornstein von Emsfors und die Kirche von Påskallavik sind, besonders von Norden, gut auszumachen. Die schwarze Stangenbake Flutan hat eine weiße Tafel auf der Spitze.

Warnung Bei der Einsteuerung in den Hafen muß man eine 2,2 m-Untiefe, die mitten im Hafenbecken liegt, beachten.

Hafenbeschreibung Der Hafen hat eine etwa 100 m lange Holz- und Betonpier mit 4 – 4,6 m Wassertiefe. Der Landkai, dicht N-lich der Pier, ist ein 90 m langer Betonkai mit etwa 5 m Wassertiefe.

Gastplätze In Påskallavik gibt es etwa 30 Gastplätze am Landkai und im N-Teil der Pier. Freie, vermietete Plätze dürfen nach Erlaubnis durch den Hafenmeister belegt werden. Zur Proviantübernahme darf zeitweilig an der S-Seite der Pier festgemacht werden.

Festmachen An Heckbojen oder vor Heckanker oder längsseits des Kais.

Hafenamt In Oskarshamn. Tel. 0491-88000.

Sonstige Einrichtungen Bis zur Tankstelle 300 m, sie veranlaßt auch den Transport von Treibstoff zum Hafen. Stromanschluß, Bootsausrüstung. Fremdenpension, Bushaltestelle.

Geschichte/Tourismus In Påskallavik liegt Källströmsgården mit den berühmten Skulpturen.

Oskarshamn (Badholmen)

Großer Hafen und Sportboothafen mit Gasthafen im N-lichen Kalamarsund

57°16′N 16°27,5′E
D 181, S 811, 726, 6241, BSK F811.1, C6241 S

Service in der Nähe

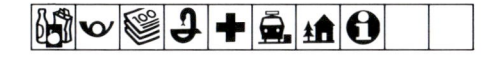

Ankerverbot In dem verminten Gebiet in der Einfahrt nach Oskarshamn ist Ankern, Tauchen und Fischen verboten, Grenzen s. Karte.

Ansteuerung Die Insel Blå Jungfrun ist gleichmäßig rund und weit zu sehen. Gute Landmarken in Oskarshamn sind der Wasserturm, die Kirche, der Bockkran der Werft sowie der Schornstein des Wärmekraftwerkes und die Hochhäuser von Kristineberg.
Nach Oskarshamn führen mehrere Fahrwasser. Von Süden nach Klubbdjupet geht ein Fahrwasser für bis zu 3,5 m Tiefgang. Das Hauptfahrwasser, S-lich von Furön, kann von Fahrzeugen mit bis zu 10,5 m Tiefgang befahren werden. Das Tagfahrwasser N-lich von Furön gestattet bis zu 4,5 m Tiefgang. Bei starken N-lichen Winden steht grobe See und Schwell im N-Teil des Kalamarsunds. Bei schlechter Sicht sollte man beachten, daß N-licher Wind und See die Fahrzeuge auf die Küste von Öland zu versetzen.

Hafenbeschreibung Bei Badholmen, im inneren Teil des Handelshafens, liegt der Gasthafen von Oskarshamn. Bei Ernemar, O-lich des Handelshafens, gibt es einen Sportboothafen, der aber keine Gastplätze hat.

Gastplätze Auf beiden Seiten der Brücke nach Badholmen und an der Pontonbrücke sind etwa 90 Gastplätze vorhanden. Am Kai innerhalb der Pontonbrücke darf nicht festgemacht werden.

Festmachen In Boxen oder vor Heckanker.

Hafenamt Auf Badholmen, Tel. 0491-88180.

Sonstige Einrichtungen Tankstelle mit Geldautomat, Schiffshändler und Bootsausrüstung im Zentrum. Werkstatt, Schlippanlage, 7-t-Kran, Mastenkran und Trailerrampe in Ernemar, etwa 3 km entfernt.
Weitere Einrichtungen im Zentrum in 200 – 700 m Entfernung. Jugendherberge.

Geschichte/Tourismus Früher hieß Oskarshamn Döderhultshamn und war für seinen Schiffbau und Handel bekannt. 1856 änderte der Ort seinen Namen und bekam Stadtrecht.
„Döderhultarn" Axel Robert Petersson ist berühmt für seine geschnitzten Holzskulpturen, die heute im Döderhultarnmuseum in Oskarshamn zu sehen sind. Etwa 12 km N-lich von Oskarshamn liegt Stensjö, ein idyllischer Ort aus dem 18. Jahrhundert, wo auch heute noch nach altertümlichen Methoden gearbeitet wird.

166 Torhamnsudde – Kråkelund

Figeholm

Sportboothafen etwa 7 sm N-lich Oskarshamn

57°22,2′N 16°32,2′E
D 182, S 726, 624, 6241, BSK C6241 N, F726.4

Service in der Nähe

Ansteuerung Die Reaktorgebäude bei Simpevarp und die bis 116 m hohen Masten sind weit sichtbar. Das Fischerfeuer Rödskär ist etwa 6 m hoch. Die Stangenbake Homeskär ist weiß und etwa 9 m hoch (14 m über MW) und hat ein Tafeltoppzeichen. Die frühere Lotsenstation von Fågelö hat einen gelben Giebel nach SO.
Bei der Ansteuerung hält man die Stangenbake Homeskär mit der früheren Lotsenstation bei Fågelö in 320° in Linie. Die Richtmarken sind wegen der Vegetation im Umkreis teilweise schlecht auszumachen.

Schiffahrtsvorschrift Maximal 5 kn im inneren Teil des Fahrwassers von der SO-Spitze von Träggesholm bis in den Hafen.

Hafenbeschreibung Der Hafen ist 2 – 4 m tief und hat Schlickboden. Vasakai, im Außenhafen, hat 50 m Steinkai mit Festmachebojen und 4 m Wassertiefe. Der innere Hafen ist Boots- und Gasthafen. Er wird heute nur noch von der Sportschiffahrt benutzt.

Gastplätze Im inneren Teil des Hafens sind 14 Gastplätze und beim Vasakai im äußeren Hafen 10 Gastplätze vorhanden. Weitere Plätze können vom Hafenmeister angewiesen werden.

Festmachen An Heckbojen oder vor Heckanker.

Hafenamt Oskarshamn. Tel. 0491-88000.

Sonstige Einrichtungen Bootswagen mit Zugmaschine für Boote bis 8 t und Bootsausrüstung bei der Werft. Restaurant, Schnellimbiß, Apothekenwaren und Alkoholbestellung, Jugendherberge.

Geschichte/Tourismus Sehenswerte Ausstellungen im Kernkraftwerk Simpevarp (8 km).

Blå Jungfrun (Blaue Jungfrau) Nationalpark auf der Insel im N-Teil des Kalmarsunds

57°15′N 16°47,8′E
D 182, S 81, 811, 726, 624, BSK C624 SW, F811.2, 726.5

Die Insel, etwa 11 sm O-lich von Oskarshamn, ist 86 m hoch, gleichmäßig rund und hügelig. Das Aussehen der Insel kann sich aufgrund von Wolken und Luftspiegelungen ändern.
Die Strände sind breit und fallen steil ab, außer am SO-Strand, wo es eine 100 m breite Sandbank gibt. Vor der Insel liegen viele Steine auf dem Meeresgrund. Bei Seegang und Dünung ist es schwierig, am Strand der Insel zu landen. Die besten Landeplätze Lervik und Sikhamn liegen im N-Teil der Insel.
In Schriften von Anfang des 15. Jahrhunderts hieß die Insel Blaakulla und war Gegenstand vieler Legenden. Abergläubische Seeleute navigierten in ihrer Nähe mit besonderer Vorsicht, und es wurde behauptet, daß die Osterhexen auf die Insel reisten, was in Gesängen und Sagen beschrieben wurde. Damals war die Insel in ihrem natürlichen Urzustand. Anfang des 20. Jahrhunderts begann man, den roten Granit zu brechen. Die Vegetation veränderte sich durch Trockenheit und ausgesetzte Kaninchen.
Im Ersten Weltkrieg wurde der Steinbruch eingestellt, aber nach dem Krieg industriemäßig wieder aufgenommen.
1925 gelang es jedoch dem Heimatverein von Oskarshamn, die Insel zu kaufen, und seit 1926 ist die Insel Nationalpark. An der S-Seite der Insel gibt es ein Labyrinth aus der Vorzeit, von dem Linné 1741 das erste Mal berichtete.
Es ist verboten, Hunde mit auf die Insel zu bringen, Beeren, Steine und sonstige Gewächse zu pflücken oder zu beschädigen, das Tierleben zu stören, Feuer zu machen und zu zelten. Die Insel wird bewacht.
Bootstouren zur Blå Jungfrun gibt es von Oskarshamn und von Byxelkrok auf Öland.

Kapitel 5

Gotland

Häfen

Visby 176	Herrvik 193
Själsö 178	Sysne 194
Lickershamn 179	Ljugarn 195
Kappelshamn 180	Närshamn 197
Bläsehamn 181	Ronehamn 198
Lauterhorn 182	Vändburg 101
Fifang 183	Burgsvik 120
Fårösund 184	Djupvik 203
Valleviken 186	Klintehamn 204
Kyllaj 187	Västergarn 205
Sankt Olofsholm 188	Gnisvärd 206
Slite 189	Stora und Lilla Karlsö 207
Botvaldevik 191	Gotska Sandön 208
Katthammarsvik 192	

Gotland

# Allgemeines

Ankerverbot

Im allgemeinen ist das Ankern bei Unterwasserkabeln und Rohrleitungen, die am Meeresgrund liegen, verboten. Tafeln an Land weisen auf das Ankerverbot hin.

Außerdem ist Ankern, Fischen und Tauchen in folgenden verminten Gebieten verboten:
- Fårösund N-Einfahrt und S-Einfahrt
- Smöjen
- Visby
- St. Olofsholm
- Einfahrt nach Slite
- Herrvik
- Ljugarn
- Närshamn
- Ronehamn
- Burgsvik
- Klintehamn
- Kappelshamnsviken

Fischerei

Um Gotland findet alljährlich zwischen dem 16. September und 14. Juni Lachsfischerei statt. Ein Lachsnetz besteht aus schwimmendem, synthetischem Material von etwa 0,6 sm Länge (jedes Boot hat etwa 18 bis 20 derartige Netze). Jede Einheit ist durch eine beleuchtete Boje mit Flagge und Radarreflektor bezeichnet, manchmal fehlt der Radarreflektor. Fahrzeuge, die sich den Netzen nähern, sollen einen Mindestabstand von 0,6 sm vom Radarecho halten. Wenn das Fischerboot mit dem Scheinwerfer blinkt, drehe man nach Stb. oder nach Bb., bis das andere Seitenlicht klar zu sehen ist. Den Fischern wird empfohlen, UKW-Kanal 16 zu benutzen, um Kontakt mit passierenden Fahrzeugen aufzunehmen. Eine gute Radarbeobachtung ermöglicht es, die Netze frühzeitig zu entdecken und ihnen auszuweichen.

Küstenbeschreibung

Vor der Küste von Gotland liegen keine Schären, mit Ausnahme des NO-Teils der O-Küste. Die O-Küste hat flacheres Wasser und ist zerschnittener als die W-Küste. Deshalb scheint die W-Küste aus navigatorischer Sicht leichter anzusteuern zu sein als die O-Küste. Gewarnt werden muß jedoch vor den s.g. „pallkanten", die einen Felssprung unter Wasser in 50 bis 500 m Abstand vor der Küste abgrenzen. Vor dem Sprung kann die Wassertiefe mehr als 50 m betragen, innerhalb davon nur wenige Meter.

Hallshuk an der W-Küste Gotlands

Bei der Ansteuerung der W-Küste bei Nebel ist deshalb das Echolot keine Hilfe, und man bleibt besser auf See, bis sich die Sichtverhältnisse gebessert haben.

Auf Gotland gibt es nur künstliche, keine natürlichen Häfen. Die Fischereihäfen sind meist klein und flach. Während der letzten Jahrzehnte hat die Küstenfischerei ab- und die Hochseefischerei zugenommen.

Mehrere Häfen wurden modernisiert und ausgebaut.

Die meisten Fischereihäfen nehmen auch Gastboote auf, wegen des begrenzten Raumes sollte jedoch nur nach Anweisung durch den Hafenmeister ein Liegeplatz eingenommen werden.

Im N-lichen und NO-lichen Gotland gibt es einige frühere Kalkverladehäfen, die heute von Gastbooten angelaufen werden können. Die Kaianlagen sind jedoch meist verfallen, und es gibt keine Serviceeinrichtungen.

Während des 19. Jahrhunderts erhielten einige Häfen an der Küste Gotlands den Status eines „lanthamn". Diese Häfen wurden von der Handelsschiffahrt im Küstenverkehr rund Gotland benutzt. Die Frachtschiffahrt wurde jedoch in den 30er Jahren eingestellt. Heute sind diese Häfen gutgeschützte Fischer- und Sportboothäfen.

In den wenigen Handels- und Industriehäfen, die Gotland hat, ist es von besonderer Wichtigkeit, daß Gastboote nur die vorgesehenen Gastliegeplätze benutzen. Man beachte, daß manche Industriehäfen keine Sportbootplätze haben.

Nachstehend folgt eine kurze Beschreibung einiger Landmarken, die für die Ansteuerung und die Identifizierung der Küste von Bedeutung sein können:

Die W-Küste von Gotland

- die S-Ecke hat helle Kalkberge. Weiter nach Norden ist die Küste in Strandnähe kahl und zur Vamlingbo-Kirche hin hoch und stark abfallend. Erst in der Nähe von Burgsvik ist sie bewaldet. N-lich von Burgsviken steigt das Land wieder an und ist bei Klintehamn und Västergarn bewaldet

- Hoburgen ist ein 35 m hoher, platter und zerklüfteter Berg. Der Leuchtturm steht auf dem 37,3 m hohen Berg Kleven etwas O-lich von Hoburgen. In der Nähe des Leuchtturms stehen einige Häuser, die gut von See aus zu sehen sind

- auf Näsudden steht ein 147 m hoher Mast mit doppelten Warnfeuern an der Spitze in 75 m Höhe

- Stora und Lilla Karlsö sind wegen ihrer hohen, steilabfallenden hellen Kanten gut auszumachen

- Utholmen, vor Västergarn, ist sehr flach und kahl, mit einem Haus und einer Baumgruppe in der Mitte

- die Küste von Visby vorbei an Stenkyrkehuk nach Hallshuk ist steil und bewaldet. Norsklint ist eine bewaldete Anhöhe SW-lich Hallshuk. Hallshuks helle, steile Kalkabhänge sind aus N-licher Richtung gut zu sehen

- Fårö ist gleichmäßig hoch und bewaldet. Der N-Strand ist im allgemeinen steil und hell und hat freiliegende Klippen. Digerhuvudet ist die am besten sichtbare Ecke. Innerhalb von Avanäset, Fårös O-Ecke, sieht man weiße Sandhügel, die Ullahau genannt werden. Sie liegen etwa 3 sm W-lich Holmudden

Leuchtturm Hoburg

Leuchtturm Näsrevet

Windkraftwerk bei Näsudden

Leuchtturm Stora Karlsö

Leuchtturm Stenkyrkehuk aus W

Leuchtturm Hallshuk

Die O-Küste von Gotland

– die S-Küste von Fårö bis Holmudden ist bewaldet. Fårö-Kirche ist gut auszumachen, und die Sandhügel Ullahau sieht man auch aus S-licher Richtung

– S-lich von Fårösund liegen die bewaldeten Furillen mit einem nach Süden gerichteten Bergrücken. Skenholm, NNO-lich der Furillen, ist sehr flach und schwer auszumachen

– die Küste zwischen Slite und Grogarnshuvud, die Ecke W-lich von Östergarnsholm, ist gleichmäßig hoch und bewaldet. Die Schornsteine bei Rute, Slite und die Kirche von Gothem sind Landmarken, die weit von See zu sehen sind. Torsburgen (68 m) liegt innerhalb des hohen, bewaldeten Landes W-lich von Östergarnsholm und ist auch schon aus großer Entfernung von See aus sichtbar. Der Berg ist an der Spitze platt und fast rund, mit steilen Kanten. Die O-, N- und W-Seite sind bewaldet

– von Grogarnshuvud, wo das Land steil nach See abfällt, ist die Küste an Ljugarn und Ronehamn vorbei gleichmäßig bewaldet mit Ausnahme des Strandes, wo es Unterbrechungen gibt. Bei Virudden, N-lich des Leuchtturms Är, ist die Küste flach und kahl. Es sind viele Orte zu sehen, von denen Ljugarn und Ronehamn die größten sind. Bei Ronehamn stehen viele Schiffahrtszeichen. Die Halbinsel Närsholm hat keinen Wald

– die Küste an der S-lichen Halbinsel S-lich der Landzunge bei Burgsviken ist bewaldeter als die W-Seite. Auf Faludden und Heligholmen zu ist die Küste sehr flach

Leuchtturm Gotska Sandön aus N

Leuchtturm När

Leuchtturm Fårö

Leuchtturm Faludden

Bake Rute Misloper

Leuchtturm Heligholmen

Leuchtturm Grauten

Leuchtturm Östergarn aus NO

Strömung
Die allgemeinen Stromverhältnisse werden im Seehandbuch Ostsee II des DHI beschrieben. Örtliche Abweichungen werden bei den Hafenbeschreibungen erwähnt.

Aufsprudeln
Die Wassertemperatur entlang der S-Küste von Schonen kann im Sommer plötzlich unter 5° C sinken. Diese niedrigen Wassertemperaturen erzeugen oft Nebel und können auch unangenehme Konsequenzen haben, wenn jemand über Bord fällt.
Der Temperatursprung wird durch ein Phänomen verursacht, das „Aufsprudeln" genannt wird, und tritt ein, wenn W-liche Winde (parallel zur Küste) mindestens ununterbrochen 12 Stunden geweht haben. Der Wind erzeugt eine Wasserströmung, die durch die Korioliskraft rechts von der Windrichtung gerichtet ist. An der Meeresoberfläche beträgt die Rechtsdrehung etwa 45°, aber sie nimmt mit der Wassertiefe zu und verläuft schon wenige Meter unter ihr rechtwinklig von der Küste weg. Wenn das warme Oberflächenwasser von der Küste weg transportiert wird, „sprudelt" Wasser mit 2° – 6° C aus dem Bodenbereich nach.
Nebel entsteht, wenn die warme, feuchte Sommerluft durch das kalte, aufsprudelnde Wasser abgekühlt wird.

Warnung
Bei der Ansteuerung der kleinen Häfen auf Gotland muß wegen unzuverlässiger Wassertiefen mit besonderer Vorsicht navigiert werden. Die Tiefen, die in der Seekarte und in den Beschreibungen angegeben sind, sind nicht immer zuverlässig, da durch das Eis im Frühjahr große Steine in die Fahrwasserrinne geschoben worden sein können.

Wasserstand
Typischer Wasserstand für Visby:
Höchstes Hochwasser (HHW) .... + 88 cm
Mittelwasser (MW .... ± 0 cm
Niedrigstes Niedrigwasser (LLW) .... - 71 cm

Schutz- und Kontrollgebiete
Wie aus der Karte ersichtlich, gibt es im N-Teil von Gotland und auf Gotska Sandön Schutz- und Kontrollgebiete.

────── Grenze für Schutzgebiete

Innerhalb der Schutzgebiete dürfen sich Ausländer und ausländische Fahrzeuge ohne Genehmigung nicht aufhalten (s. jedoch unten).

────── Grenze für Kontrollgebiete

Innerhalb des Teiles des Kontrollgebietes, der blau schattiert ist, dürfen sich Ausländer und ausländische Fahrzeuge ohne Genehmigung höchstens drei Monate in einem Kalenderjahr aufhalten.

━━━━━ Weg, den Ausländer ────── und Fahrwasser, die Ausländer und ausländische Fahrzeuge ohne Genehmigung zu direkter Fahrt ohne unnötigen Aufenthalt benutzen dürfen.

☐ Aufenthaltsplatz, ⚓ Anker- und Festmacheplatz, wo sich Ausländer und ausländische Fahrzeuge ohne Genehmigung höchstens 72 aufeinanderfolgende Stunden aufhalten dürfen, wobei die Zeit für die Fahrt durch die Schutz- und/oder Kontrollgebiete bis zum Platz mitgerechnet wird.

Das oben beschriebene Aufenthaltsrecht gilt nicht bei zu schützenden Einrichtungen nach § 1-3 des Gesetzes vom 17. Mai 1940.

Innerhalb der Schutz- und Kontrollgebiete ist das Recht, Messungen vorzunehmen, zu fotografieren usw. eingeschränkt. Sprengstoff darf nicht mitgeführt werden.

Nähere Auskünfte werden von den Polizeibehörden oder vom Befehlshaber des Verteidigungsbezirks Gotland erteilt.

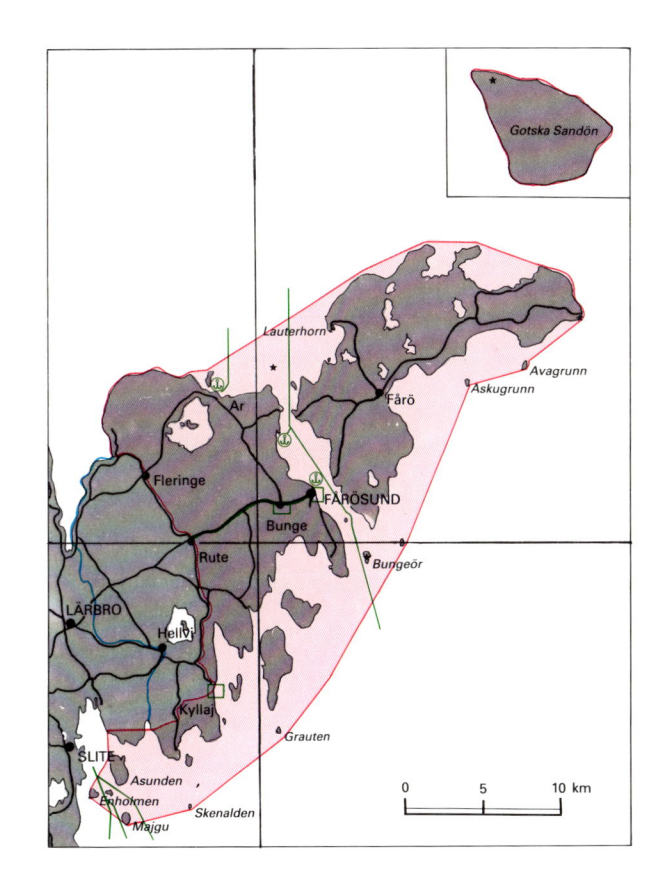

Naturschutz

Naturschutzgebiete

1 Brucebo Küstenstrecke mit Nadelwald, Klippen, Grotten und großen Ameisenhaufen. Das Betreten der vogelreichen Huk Skansudd ist vom 15.3. bis 31.7. verboten.

2 Jungfrun Raukgebiet mit Gotlands höchster Rauk.

3 Hall-Hangvar Großes Nadelwaldgebiet mit Klippen und Ameisenhaufen. Teilweise steilabfallende Felsenküste.

4 Grodde Küste mit Strandwällen und niedrigem Nadelwald.

5 Gamla Hamn Raukgebiet mit schönem Kalksteinportal im Wasser.

6 Digerhuvud Ein 3,5 km langes Raukgebiet. Innerhalb des Strandwalles niedriger Kiefernwald.

7 Langhammarshammaren Raukgebiet.

8 Skalasand Teilweise Sanddünen mit Kiefernwald.

9 Lergravsviken

10 Husken

11 Malms-Kyllaj

12 Lörjeudd

13 Ytterholmen

14 Sankt Olofsholm

15 Hideviken

16 Asunden Raukgebiet.

17 Sandviken Sandstrand.

18 Danbo Relativ unberührter Sandstrand mit altem Waldbestand.

19 Folhammar Raukgebiet.

20 Laus Holmar Drei niedrige, grasbewachsene Inseln mit reichem Vogelbestand, u.a. Nistplätze der Wildgänse. Betreten verboten vom 15.3. bis 31.7. auf Gräsholmen, vom 15.3. bis 30.6. auf Skarpholmen und vom 15.3. bis 15.6. auf Storholmen. Auch die Gewässer um Gräsholmen und Skarpholmen dürfen vom 15.3. bis 30.7. und um Storholmen vom 15.3. bis 15.6. nicht befahren werden.

21 Rone Ytterholme Flache, grasbewachsene Insel mit reichem Vogelleben. Betreten verboten vom 15.3. bis 30.6. und 1.10. bis 15.11.

22 Grötlingboholme Flache, mit Gras bewachsene Insel mit reichem Vogelbestand. Nistplatz für Wildgänse. Betreten verboten vom 15.3. bis 30.6. und vom 1.10. bis 15.11.

23 Husrygg Niedrige, abgerundete Küstenfelsen. Reich an Frühlingsteufelsauge.

24 Ekstakusten Küstengebiet mit Strandwällen und niedrigem Kiefernwald.

25 Stora Karlsö Insel mit steilen Felswänden, Rauken, Grotten, reicher Flora und großem Vogelbestand. Nistplätze der Alken. Betreten nur mit Erlaubnis des Aufsichtspersonals. Betreten verboten vom 15.4. bis 31.7. Das gilt auch für das Seegebiet bis 1000 m vom W- und S-Strand der Insel.

26 Lilla Karlsö Insel mit steilen Felswänden, Rauken, Grotten, reicher Flora und großem Vogelbestand. Nistplätze der Alken. Betreten nur mit Erlaubnis des Aufsichtspersonals. Betreten verboten vom 15.4. bis 31.7. Das gilt auch für das Seegebiet bis 1000 m vom NO-Strand und 200 m vom NW-Strand der Insel.

27 Högklint Hohe, steile Klippen mit schöner Aussicht.

28 Gotska Sandön, s. S. 208

Vogelschutzgebiete

1 Furilden Flache Strandwiesen mit reichem Vogelbestand. Betreten verboten vom 15.3. bis 30.6.

2 Rävlen Kleine, mit Gras bewachsene Schäre. Nistplatz der Leistenschnäbler. Betreten verboten vom 15.3. bis 30.6.

3 Hummelbosholm Niedrige, mit Gras bewachsene Halbinsel. Rastplatz der Wildgänse und Sumpfvögel. Betreten verboten vom 15.3. bis 30.6.

4 Heligholmen Mit Gras bewachsene Insel mit felsigem Strand. Nistplatz für Möwen.
Betreten verboten vom 15.3. bis 30.6.

5 Österudd Inseln vor der Spitze von Näsudden. Nistplatz der Graugans. Aufenthaltsplatz für Robben.
Betreten verboten vom 15.3. bis 30.6.

6 Ugnen Flache, teilweise beweidete Strandwiesen mit sehr großem Vogelbestand.
Betreten verboten vom 15.3. bis 30.6.

7 Västergarns Utholme
Betreten verboten vom 15.3. bis 30.6.

Robbenschutzgebiet

1 Salvorev Betreten verboten das ganze Jahr über.

Gotland

NATURSCHUTZ

- ✳ Naturschutzgebiet
- ● Vogelschutzgebiet
- ● Robbenschutzgebiet

Gotska Sandön

Lauterhorn, Fifang, Bläse, Kappelshamn, Fårösund, Valleviken, Kyllej, Slite, St Olofsholm, Själsö, Visby, Botvaldevik, Gnisvärd, Västergarn, Katthammarsvik, Herrvik, Klintehamn, Sysne, Djauvik, Ljugarn, Stora Karlsö, Närshamn, Ronehamn, Burgsvik, HOBURG, Vändburg

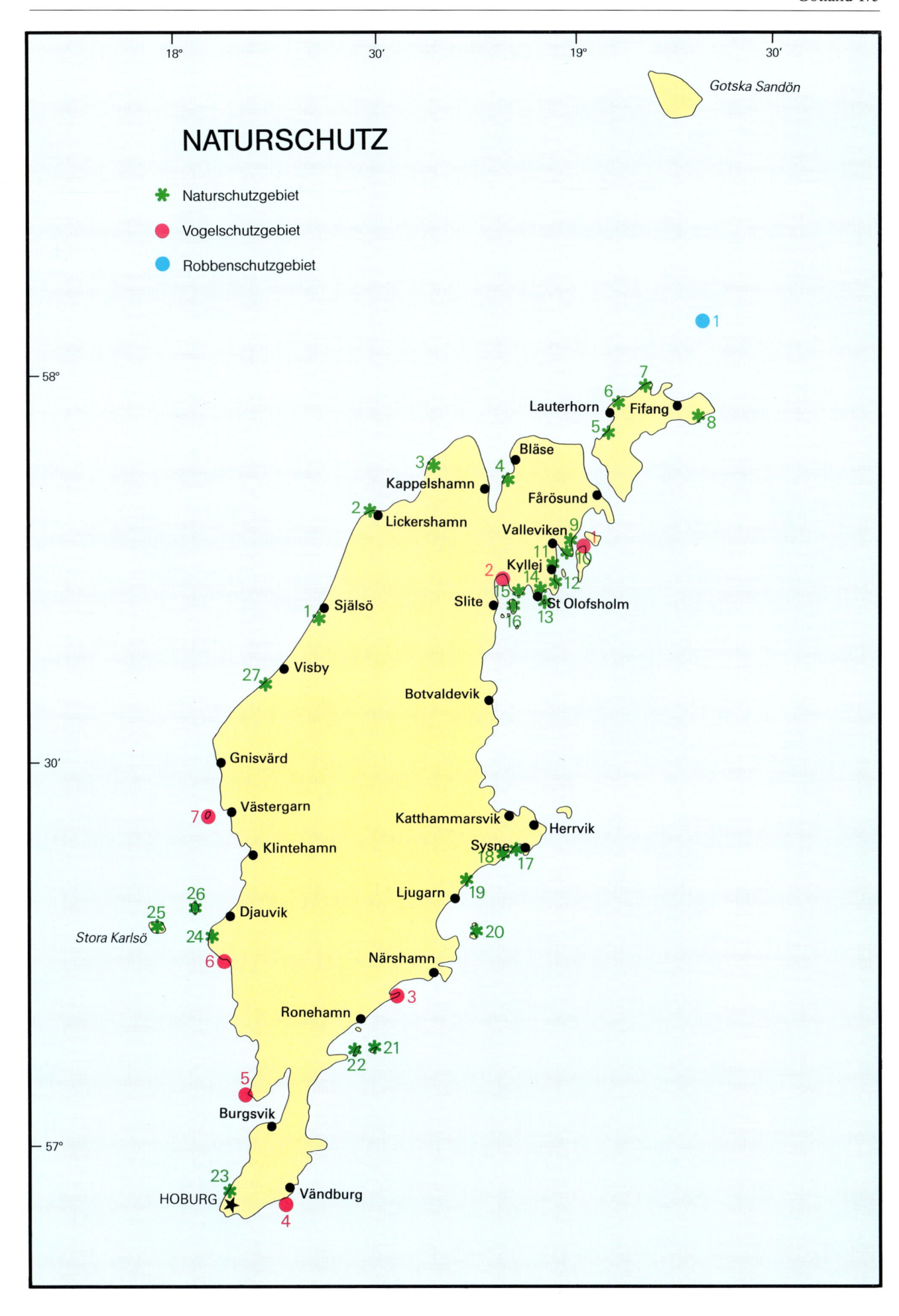

Visby

57°39'N 18°17'E   D 168, S 73, 731

Größter Hafen für Fähr- und Handelsschiffahrt mit großem Sportboothafen

Ansteuerung Sportboote, die mit Funkpeiler ausgerüstet sind, können bei schlechter Sicht die Funkfeuer von Saltholm und Visby benutzen. Bei normaler Sicht sind die hohe Domkirche von Visby, der Wasserturm mit spitzem Dach, Kirchenruinen und Mauern und der Turm NO-lich der Stadt gute Landmarken.

Sportboote dürfen die großen Fähren beim Ein- und Auslaufen nicht behindern.

Schiffahrtsvorschrift In dem verminten Gebiet vor der Einfahrt ist das Ankern verboten, s. Karte.

Gastplätze Im O-Becken des Innenhafens an der langen Pontonbrücke und im SO-Teil des Landkais mit 3 – 4 m Wassertiefe sind eine große Anzahl von Gastplätzen vorhanden. Wenn nötig, werden auch Gastplätze am Kai des N-Wellenbrechers mit 6 m Wassertiefe bereitgestellt.

Festmachen Mit dem Heck an Bojen. An der Pontonbrücke müssen die verankerten Heckleinen aus dem Wasser gefischt werden.

Hafenamt Tel. 04 98 – 6 94 75

Sonstige Einrichtungen Der Gasthafen liegt in der Nähe des Stadtzentrums mit allen Einrichtungen.

Geschichte/Tourismus Gotland ist die an historischen Funden reichste Landschaft Schwedens. Die Insel wurde schon um etwa 5000 vor Chr. durch Einwanderung von Schweden bevölkert. Große Steinhügel aus dem Bronzezeitalter und Steinsetzungen zeigen die Kultureinflüsse aus dem Süden und daß die Gotländer ein Schiffahrtsvolk waren. Reste von etwa 70 Burgen, u.a. der größten Nordeuropas, Torsburgen, zeigen, daß Gotland während der Völkerwanderung eine wichtige Position als Handelsplatz hatte und ein bedeutender Machtfaktor in der Ostsee war.
In der Wikingerzeit und im späten Mittelalter setzte Gotland seine Blüte fort. Visby wurde für die deutschen Kaufleute der wichtigste Handelsplatz in der Ostsee. Im 11. Jahrhundert wurde die Bevölkerung christianisiert und gehörte dann formell zum Stift Linköping. In Wirklichkeit regierte sich Gotland aber selbst durch eigene Gesetze und Gerichte.
Im 13. Jahrhundert brach ein Bürgerkrieg zwischen den Kaufleuten und der Landbevölkerung aus. Die Stadtmauer um die Innenstadt, die auch heute noch vorhanden ist, wurde während dieser Zeit errichtet. Nach der Niederlage der Landbevölkerung nahm die Macht der Kaufleute noch zu.
Die Gegensätze zwischen den Inselbewohnern blieben bestehen, bis Waldemar Atterdag 1361 die Landbewohner vor

der Stadtmauer besiegte, ohne daß die Stadtbewohner in den Kampf eingriffen.

Die Herrschaft über die Insel wechselte zwischen dem 14. und dem 17. Jahrhundert zwischen Schweden, dem Deutschen Ritterorden und Dänemark, und erst nach dem Frieden von Brömsebro 1645 kam Gotland endgültig zu Schweden.

An der Küste von Gotland findet man an vielen Stellen Strandwälle, Pfeiler, Felsformationen und Strandgrotten, die durch Wind und See entstanden sind.

Strandgrotten findet man u.a. auf Fårö, „raukar" (Kalksteinformationen) auf Lilla Karlsö, bei Slite, Ireviken sowie im S-Teil von Gotland (Hoburgsgubben).

Das milde Klima und der kalkreiche Boden Gotlands haben eine Vegetation hervorgebracht, die sich wesentlich von der des Festlandes unterscheidet und am ehesten mit der Südeuropas verglichen werden kann.

Auch die Tierwelt unterscheidet sich vom Festland. Am bekanntesten sind die Tausende von Trottellummen und Tordalken, die auf den Karlsinseln nisten.

Service in der Nähe

178 Gotland

Själsö

57°41,6′N 18°21,5′E   D 168, S 731

Fischer- und Sportboothafen etwa 4 sm NO-lich von Visby

Ansteuerung   Mit Hilfe der beiden Richtfeuer Själsö Yttre und Själsö Innre.

Die Fischerfeuer sind in 99° bzw. 38° in Linie und brennen nur bei Bedarf. Die etwa 3 m tiefe Baggerrinne ist der Versandung ausgesetzt. Bei starken Winden aus W-licher bis N-licher Richtung sollte man den Hafen nicht anlaufen. Der maximale Tiefgang bis zum Kai beträgt 2,7 m.

Warnung   Hafenbecken und Einsteuerungsrinne sind eng. Außerhalb der Rinne liegen viele Untiefen. Bei auflandigem Wind kann im Hafenbecken Schwell stehen. Sportboote können den Hafen nur bei günstigen Wetterbedingungen anlaufen.

Hafenamt   Tel. 04 98 – 7 00 77

Hafenbeschreibung   Der Hafen wird durch einen Wellenbrecher geschützt und hat 66 m Kai mit 2,5 – 3,0 m Wassertiefe.

Gastplätze   Dicht innerhalb des Wellenbrechers sind 2 – 3 Gastplätze mit 2,7 – 3 m Wassertiefe am Kai vorhanden. Man kann auch längsseits der Fischer festmachen.

Geschichte/Tourismus   Etwa 5 km N-lich Själsö liegen die Lummellundgrotten. Durch chemische Reaktionen und unterirdische Wasserläufe ist das berühmte Grottensystem entstanden. Es ist eine der bekanntesten Sehenswürdigkeiten auf Gotland.

Lickershamn

57°49,7'N 18°31'E   D 168, S 731

Fischer- und Sportboothafen im NW-Teil von Gotland, etwa 2 sm NO-lich vom Stenkyrkehuk-Feuer

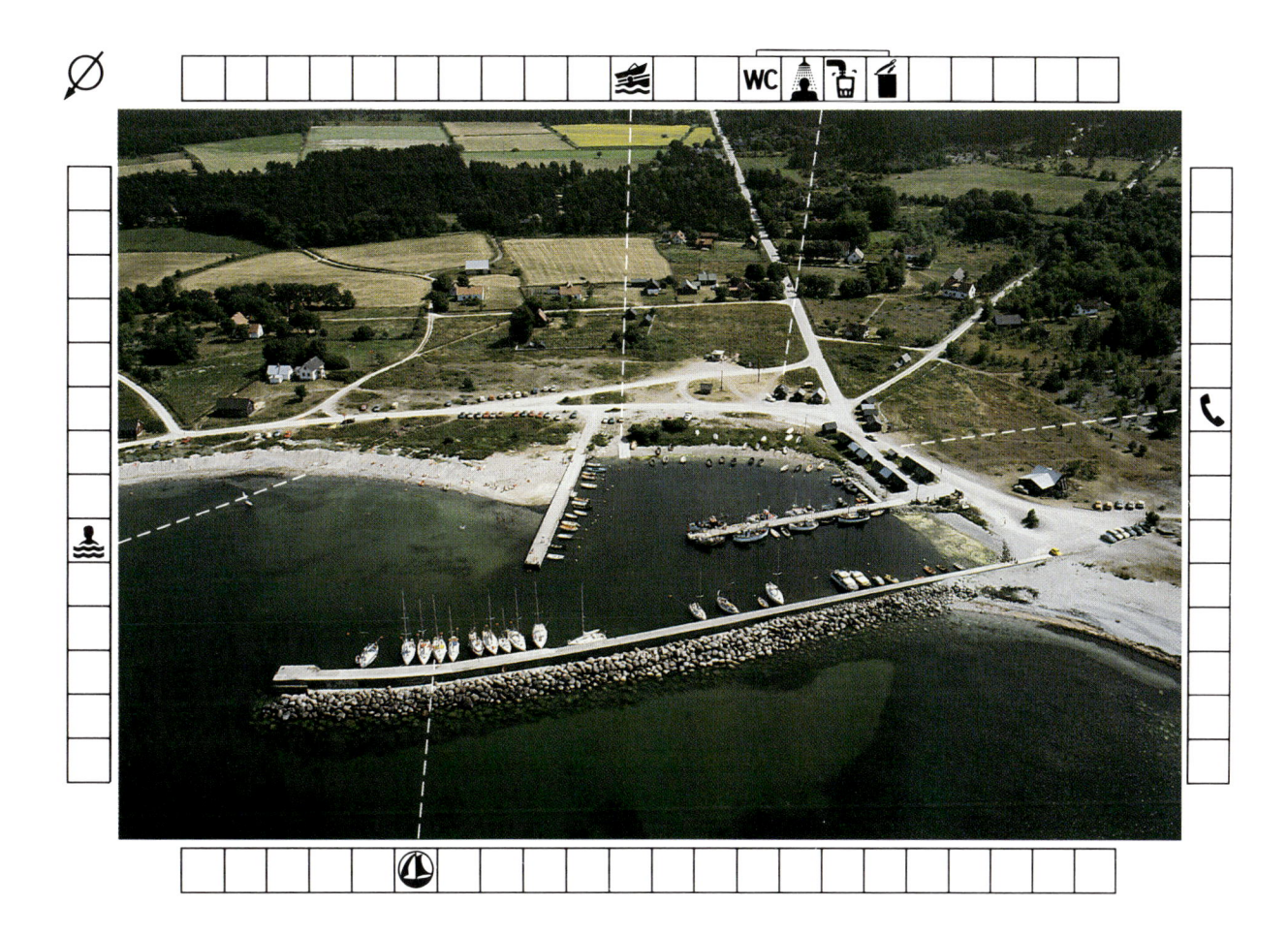

Ansteuerung Eine gute Landmarke bei der Einsteuerung ist das Stenkyrkehuk-Feuer. Das Feuer besteht aus einem 15 m hohen, weißen Turm. Weiter sind die Kirche von Stenkyrka und der hohe Mast des Luftfahrtfeuers gute Landmarken. Die Fischerfeuer mit Richtlinie 148° bestehen aus Laternen auf Pfählen mit roten, dreieckigen Tagmarken. Bis 1 sm vor dem Hafen liegen Untiefen beiderseits der Einfahrtsrinne, die deshalb nicht verlassen werden darf.
Hat man den Wellenbrecherkopf passiert, dreht man hart nach Steuerbord und legt an der Innenseite des Wellenbrechers an. Das Hafenbecken wird schnell flach.

Warnung Im Fahrwasser und im Hafen muß mit Versandung gerechnet werden.

Hafenbeschreibung Lickershamn ist ein gut geschützter Hafen mit ausreichend Platz. Bei starkem auflandigem Wind steht doch Schwell im Hafen. Der Hafen wird durch einen Wellenbrecher mit 2 - 3 m Wassertiefe an der Innenseite geschützt. Im inneren Hafenbecken sind an einer Betonpier 45 m Kai mit 1,5 - 2,5 m Wassertiefe und eine 45 m lange Bootsbrücke mit 2 - 2,5 m Wassertiefe mit Liegeplätzen für die Boote der Einwohner.

Gastplätze An der Innenseite des Wellenbrechers sind 10 Gastplätze mit 2 - 3 m Wassertiefe vorhanden. Vermietete Plätze können vom Hafenmeister angewiesen werden.

Festmachen mit dem Heck an Bojen.

Hafenamt Tel. 04 98 – 1 43 29, 1 82 35.

Sonstige Einrichtungen Lebensmittelgeschäft und Bushaltestelle etwa 3 km vom Hafen. Badestrand beim Hafenbecken.

Geschichte/Tourismus S-lich des Hafens steht die 11,5 m hohe „Jungfrau", Gotlands größte Kalksteinsetzung (Rauk).

Kappelshamn

57°50,9′N 18°47,5′E   D 168, S 73, 731

Fähranleger, Ladeplatz und Sportboothafen in Kappelhamnsviken, an der N-Küste von Gotland

Service in der Nähe

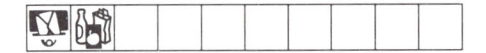

Ansteuerung Mit Hilfe des weißen Leuchtfeuers Hallshuk neben einem weißen Gebäude. Eine gute Landmarke ist auch Norsklint, eine 43 m hohe bewaldete Anhöhe, dicht SW-lich von Hallshuk. Weiter benutzt man das gut bezeichnete Fahrwasser. Querab von Storugns Industriehafen dreht man nach Stb., bis man den Landkai erreicht, wo der Gasthafen liegt. Das Hafengebiet ist während der Dunkelheit gut beleuchtet.

Warnung Der Fähranleger dient als Reserve für den Festlandverkehr und darf nicht belegt werden.

Ankerverbot In dem verminten Gebiet vor dem Hafen darf nicht geankert werden, s. Karte.

Gastplätze Der Gasthafen liegt innerhalb des Fähranlegers am äußersten Ende des Landkais. Er hat 3,5 – 4 m Wassertiefe. Auf Anweisung durch den Hafenmeister können auch vermietete Plätze benutzt werden.

Festmachen Mit dem Heck an Bojen oder längsseits des Kais.

Hafenamt Tel. 04 98 – 6 94 75.

Sonstige Einrichtungen Post und Lebensmittel im 400 m entfernten Ort. Gesundheitsdienst in Lärbro.

Bläse hamn

Früherer Kalkverladeplatz im NO-Teil von Kappelsvik

57°53,5′N 18°50,5′E   D 168, S 731

Bläse hamn liegt im Schutzgebiet und darf von ausländischen Booten nicht angelaufen werden.

Ansteuerung   Mit Hilfe des Leuchtfeuers Hallshuk und der bewaldeten Anhöhe Norsklint und teilweise auch durch den weißen, hohen Kalkberg neben zwei Schornsteinen.

Hafenbeschreibung   Die Einfahrt ist der Versandung ausgesetzt. Man kann nur an der Außenseite der Pier anlegen, wo die Wassertiefe 2,5 – 3,5 m beträgt. Bei stürmischem Wetter bietet der Hafen keinen Schutz.

Gastplätze   An der Außenseite der Pier ist Platz für etwa 15 Gastboote auf 2,5 – 3,5 m Wassertiefe.

Festmachen   Längsseits der Pier. Die Pier ist jedoch hoch und hat teilweise herausragende Bolzen.

Hafenamt   Tel. 04 98 – 2 71 81 (8.00 – 16.00 Uhr).

Sonstige Einrichtungen   Der Hafen befindet sich im Ausbau zu einem modernen Gasthafen (1988).

Geschichte/Tourismus   In den alten Kalkofenanlagen befindet sich ein sehenswertes Industriemuseum.

Lauterhorn

Fischer- und Sportboothafen an der W-Küste von Fårö

57°57,2′N 19°05′E   D 168, S 731

Der Hafen liegt im Schutzgebiet und darf von Ausländern nicht angelaufen werden.

Ansteuerung Die Leuchttürme Svingrund und Aurgrund bilden Ansteuerungsmarken für die Einsteuerung nach Lauterhorn. Ein gefährliches Riff, dicht S-lich des Hafens, ist durch eine rote Spiere ohne Toppzeichen bezeichnet. Eine Richtfeuerlinie ist nicht vorhanden, aber bei Dunkelheit hält man den grünen Sektor des Aurgrund östra-Feuers achteraus. Man beachte, daß die Hafenbeleuchtung nicht als Richtlinie aufgefaßt werden darf.

Hafenbeschreibung Im äußeren Teil des Hafens liegt eine Verladepier mit etwa 3 m Wassertiefe an der Innenseite. Im inneren Teil liegt der Fischerhafen mit 2 - 3 m Wassertiefe. Der Hafen ist gegen Wind und See gut geschützt.

Gastplätze Gastboote machen an freien Plätzen nach Anweisung durch den Hafenmeister fest. Innerhalb des Wellenbrechers gibt es einen festen Liegeplatz für den Rettungskreuzer, der nicht blockiert werden darf.

Festmachen Längsseits des Kais oder vor Heckanker.

Hafenamt Tel. 04 98 - 7 96 76

Geschichte/Tourismus Etwa 1 km vom Hafen entfernt liegt Gotlands größtes „Rauk"-Gebiet. Bei „Lauters gård", etwa 1 km O-lich des Hafens, sind Reste eines Hauses, Gräber und Pflanzstätten aus der Vorgeschichte vorhanden.

Fifang

Kleiner Hafen bei Ajkesviken im N-Teil von Fårö.
Hafen für das Tourenboot nach Gotska Sandön

57°58,4′N 19°16′E   D 168, S 731

Der Hafen liegt im Schutzgebiet und darf von Ausländern nicht angelaufen werden.

Ansteuerung   Mit Hilfe der Seekarte und des Fischerfeuers Norsholm. Der Hafen liegt in Ajkesviken, wo die Richtlinie 155° des Norsholm-Feuers den S-Strand der Bucht schneidet, dicht N-lich des Höhenrückens Ullahau. Man beachte, daß der innere Teil des Hafens sehr flach ist. Außerdem sind Fahrwasser und Hafenbecken der Versandung ausgesetzt. Der Hafen sollte nicht mit mehr als 1,5 m Tiefgang angelaufen werden. Alternativ kann man S-lich des Norsholm-Feuers vor dem früheren Kalkbruch im W-Teil von Ajkesviken vor Anker gehen.

Hafenbeschreibung   Der Hafen wird gebildet und geschützt von einem Wellenbrecher mit einem Kai an der Innenseite. Im äußeren Teil des Kais sind feste Plätze für das Tourenboot nach Gotska Sandön und den Rettungskreuzer reserviert.

Gastplätze   Im inneren Teil des Kais gibt es Plätze für 2 Gastboote mit 1,5 – 2,0 m Wassertiefe.

Festmachen   Längsseits des Kais.

Hafenamt   Tel. 04 98 – 2 34 12.

Sonstige Einrichtungen   Treibstoff, Lebensmittel und Post 3 – 5 km vom Hafen.

Geschichte/Tourismus   Die Landschaft ist karg, aber sehr eindrucksvoll. Das Robbenschutzgebiet Salvorev erstreckt sich von Avanäset bis Gotska Sandön. Gute Badestrände in der Nähe. Das Tourenboot nach Gotska Sandön fährt vom Hafen ab.

Fårösund

57°52′N 19°04′E   D 168, S 731

Fischer- und Handelshafen sowie Sportboothafen. Beide Häfen nehmen Sportboote auf

Fårösund liegt im Schutzgebiet, der Hafen darf aber für 72 Stunden ohne besondere Erlaubnis auch von Ausländern angelaufen werden.

Ansteuerung   Ein gut bezeichnetes Fahrwasser führt durch den Sund, s. Karte. Richtmarken für die Einsteuerung in den Hafen sind nicht vorhanden, da die Wassertiefe groß ist.

Ankerverbot   In dem verminten Gebiet ist das Ankern verboten, Grenzen s. Karte.

Häfen   Der Ort Fårösund hat zwei Häfen, den Fischereihafen und den Sportboothafen. Außerdem gibt es eine Marinewerft und den Fähranleger. Der Fischereihafen bietet wenig Schutz. Der Sportboothafen, etwa 1 km S-lich des Fischereihafens, ist bedeutend besser geschützt.

Fischereihafen

Hafenbeschreibung   Der Hafen hat eine 60 m lange Betonpier mit 2,5 – 6,5 m Wassertiefe. Im Anschluß daran erstreckt sich ein 125 m langer Kai in NNW-liche Richtung mit 3,7 – 4,5 m Wassertiefe.

Gastplätze   Etwa 4 Gastplätze sind an der S-Seite der Steinpier gegenüber dem Fähranleger vorhanden. Der Kai ist Wind und Seegang ausgesetzt. Die Sogwirkung der Fähre ist zu beachten.

Festmachen   Mit Heckanker.

Hafenamt   Tel. 04 98 – 2 16 60. Hafenwache von 16.00 – 17.00 Uhr.

Sportboothafen

Hafenbeschreibung   Der Hafen wird durch einen L-förmigen Wellenbrecher gebildet und geschützt. Da die Wassertiefen nach Land schnell abnehmen, passiere man den Wellenbrecher in geringem Abstand und halte sich dann parallel zum Wellenbrecher, um den Gasthafen anzusteuern.

Gastplätze   Acht Gastplätze mit etwa 2 m Wassertiefe sind vorhanden.

Festmachen   Entweder mit dem Heck an Bojen oder vor Heckanker.

Hafenamt   Der Sportboothafen wird vom Bootsklub verwaltet, Tel. 04 98 – 2 10 75. Hafenwache im Sommer jeden Abend.

Sonstige Einrichtungen   Die Häfen liegen in unmittelbarer Nähe des Ortes mit seinen Einrichtungen. Die Marinewerft liegt im militärischen Teil, es bestehen aber auch Reparaturmöglichkeiten für zivile Fahrzeuge.

Geschichte/Tourismus   Die Kirche von Bunge und das Kulturhistorische Museum liegen in etwa 3 km Entfernung von Fårösund.

Gotland 185

GRUNT VATTEN

SMÅBÅTSHAMNEN

Service in der Nähe

Feuer Svingrund

Feuer Aurgrund aus N

Feuer Haurevlar

Feuer Bungeör und Bake

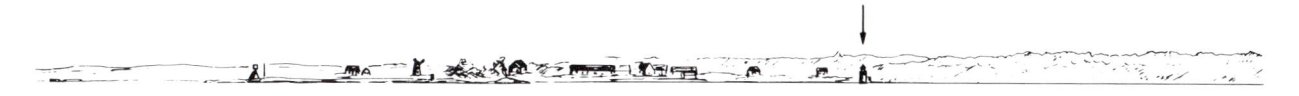

Feuer Fårösund S aus SSO

Valleviken

Früherer Handelshafen, heute in privatem Eigentum

58°47,3′N 18°57′E   D 168, S 731

Service in der Nähe

Der Hafen liegt im Schutzgebiet und darf von Ausländern nicht angelaufen werden.

Ansteuerung Von dicht N-lich Fjaugens norra udde in der Richtlinie 324° von zwei roten Richtbaken. Die Baken sind klein und schwer auszumachen. Man beachte die gefährliche Untiefe vor der Landzunge gegenüber Fjaugens norra udde. Für ein sicheres Anlaufen darf der Tiefgang nicht mehr als 2,2 m betragen.
Das Fahrwasser in den Hafen ist durch private Tonnen bezeichnet.

Hafenbeschreibung Der Hafen liegt bei einem früheren Kalkbruch und hat ein großes, gut geschütztes Becken. Der S-Kai dient zum Anlegen von Schleppern und Arbeitsfahrzeugen. Die Wassertiefen betragen 2,2 – 3,2 m.

Gastplätze Am N-Kai nach Anweisung durch den Hafeneigentümer. Es sind 8 feste Gastplätze vorhanden.

Festmachen Mit dem Heck an Bojen (N-Kai) oder längsseits des Kais. Es ist auch möglich, längsseits der Arbeitsfahrzeuge festzumachen.

Hafenamt Hafeneigentümer Tel. 04 98 – 2 30 00. Hafenwache unregelmäßig.

Geschichte/Tourismus Ein Raukfeld und Reste früherer Kalkbrennereien befinden sich in der Nähe von Lergrav, Husken, Kyllaj und St. Olofsholm. Kinderfreundlicher Strand beim Hafen.

Kyllaj

57°45,3′N 18°57′E   D 168, S 731

Ehemaliger Hafen eines Kalkbruchs in Valleviken, etwa 5 sm NO-lich von Slite

Der Hafen liegt im Schutzgebiet und darf von Ausländern nicht angelaufen werden.

Ansteuerung In Kyllaj sind der Kalkofen und einige Häuser von See aus gut sichtbar. Sobald Lärgeholmen passiert ist, müssen die Richtfeuer dicht rechts des hervortretenden Schornsteins zu sehen sein. Die Fischerfeuer bestehen aus Lampen auf Pfählen mit weißen, dreieckigen Tagmarken und sind in 331° in Linie. Sie führen in den S-Teil des Hafens. Der Hafen wird durch vier Steinpontons begrenzt. Innerhalb der Grenze liegen eine freistehende Pier und ein Landkai. Flaches Wasser ist zu beachten. Das Fahrwasser zum Hafen hat etwa 2 m Wassertiefe. Der Hafen sollte nicht mit mehr als 1,5 m Tiefgang angelaufen werden. Bei starkem S-lichem Wind und See ist der Hafen schlecht geschützt.

Hafenbeschreibung Der Hafen besteht aus einer Pier, dem Landkai und vier Steinpontons (unbeleuchtet). Die Tiefe an der Pier beträgt etwa 2 m, am Landkai etwa 1,6 m. Parallel zum Landkai befindet sich eine langgestreckte, nicht bezeichnete Untiefe.

Gastplätze An der Nock der Pier mit etwa 2 m Wassertiefe, und für Boote mit geringem Tiefgang im N-Teil des Landkais. Die Untiefe ist zu beachten.

Festmachen Längsseits oder vor Heckanker.

Hafenamt Tel. 04 98 – 2 05 83.

Sonstige Einrichtungen Es sind keine Versorgungseinrichtungen vorhanden.

Geschichte/Tourismus Interessantes Dorfmilieu aus der Zeit des Kalkbruchs. Raukfeld bei Strandridaregård. Wanderwege bei Valka.

188 Gotland

St. Olofsholm

Früherer Ladeplatz, heute Sportboothafen

57°43,2′N 18°55′E   D 168, S 731

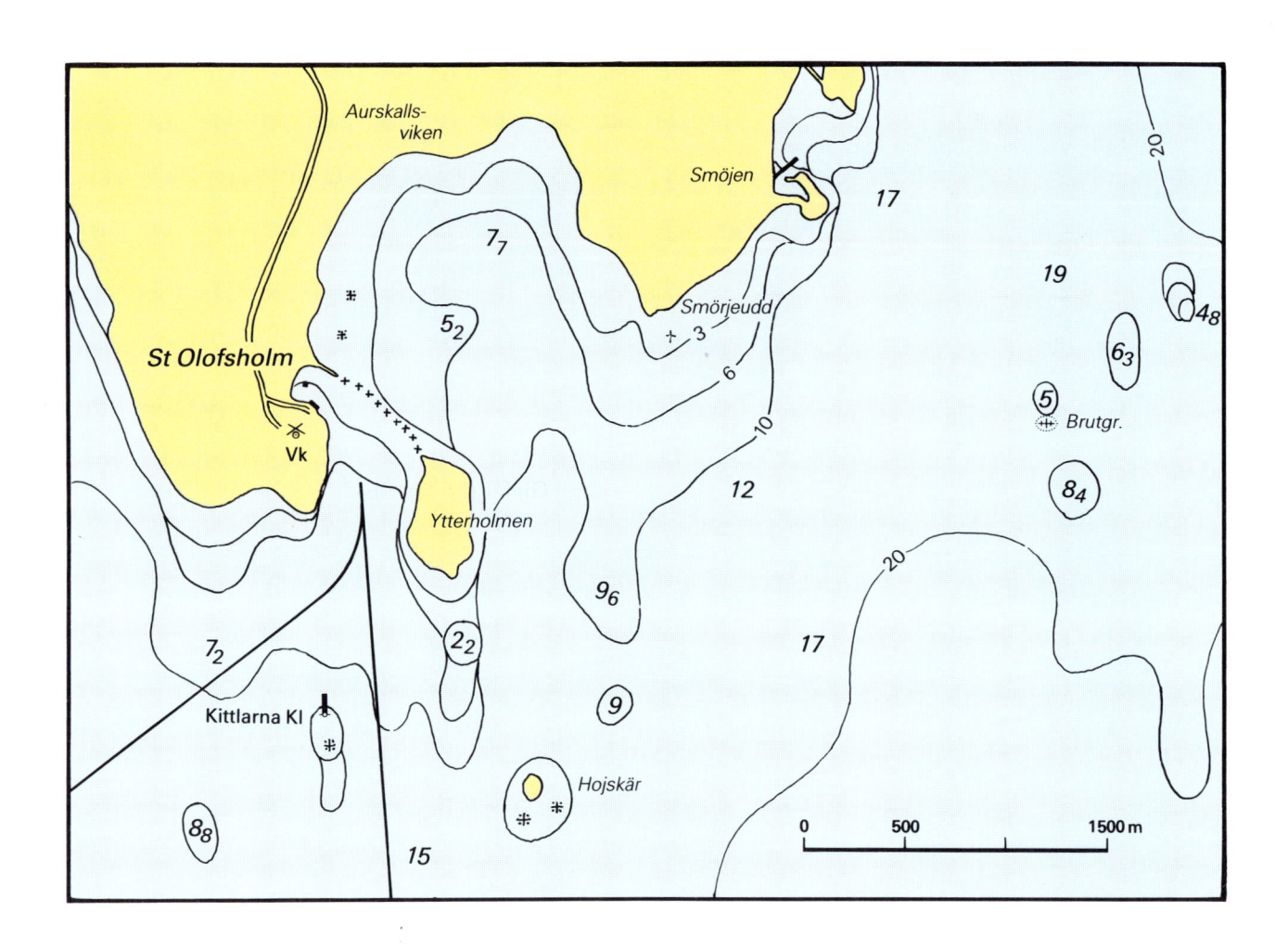

Der Hafen liegt im Schutzgebiet und darf von Ausländern nicht angelaufen werden.

Ansteuerung   Von Süden zwischen Ytterholmen und der Spitze von St. Olofsholm hindurch. Die Wassertiefe im Fahrwasser bis zum Kai beträgt etwa 6 m.

Warnung   Ein unbezeichnetes Riff liegt zwischen Ytterholmen und dem inneren Teil des Hafens und behindert die Einsteuerung von Osten. Das Riff schützt jedoch den Hafen gegen Seegang aus Nord und Ost.

Ankerverbot   Im verminten Gebiet besteht Ankerverbot, Grenzen s. Karte.

Hafenbeschreibung   Der Hafen besteht aus einem Betonkai an der O-Seite der Landzunge und hat etwa 6 m Wassertiefe. Innerhalb des Kais hat eine Bootsbrücke vermietete Plätze.

Gastplätze   Der Hafen hat etwa 5 Gastplätze am Kai.

Festmachen   Längsseits des Kais oder vor Heckanker

Hafenamt   Tel. 04 98 – 2 81 00.

Geschichte/Tourismus   Im Jahre 1029 landete Olof Haraldson bei St. Olofsholm, um mit Waffengewalt die Goten zum Christentum zu bekehren. Eine Gedenkkapelle befindet sich auf der Landzunge. Besondere Pflanzenwelt im Naturschutzgebiet.

Slite

57°44′N 18°40′E   D 168, S 731

Slite hat drei Häfen: Lanthamnen (Handelshafen), Industriehafen und Sportboothafen. Gastboote sollten den Handelshafen benutzen.

Ansteuerung Die Schornsteine, Silogebäude und der Wasserturm in Slite sind die Landmarken, die man am besten im N-Teil der O-Küste Gotlands sehen kann. Das Fahrwasser nach Slite ist gut bezeichnet und befeuert.
Ankerverbot besteht im verminten Gebiet, Grenzen s. Karte.

Geschichte/Tourismus Etwa 6 km W-lich von Slite befindet sich ein großes, zusammenhängendes Gebiet mit vielen Ameisenhügeln und Feuchtgebieten, wo seltene Pflanzen vorkommen. Im Gebiet um Slite gibt es gute Badeplätze, Tennisplätze und Joggingbahnen.

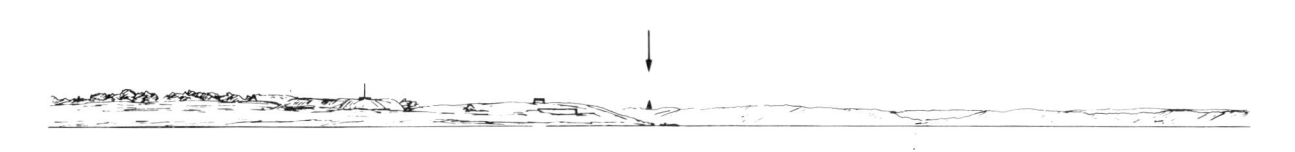

Enholmens O-Spitze in Linie mit der Kirche von Lärbro

Feuer Magö und Bake

Länna – Bake unter der Kirche von Othem

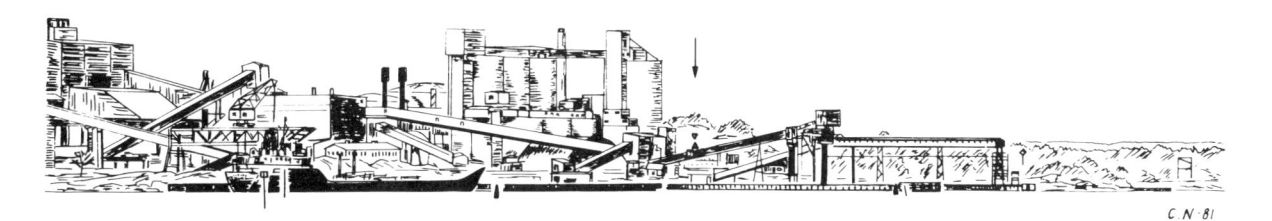

Richtfeuer Slite in Linie

190 Gotland

Lanthamnen

Service in der Nähe

Hafenbeschreibung Der Hafen wird durch zwei Pieranlagen gebildet. Die N-liche Kaipier, Apotekskajen, hat an der Außenseite einen 110 m langen Kai mit 7 m Wassertiefe und einer Ro-Ro-Rampe. An der Innenseite liegt ein 140 m langer Kai mit 3,5 – 5,8 m Wassertiefe.
Apotekskajen ist für die Handelsschiffahrt vorgesehen. Der winklige Kai, södra hamnpieren, dient der Fischerei als Anleger. Pontonbrücken im Hafenbecken haben 2,5 – 3,5 m Wassertiefe.

Gastplätze Sechs feste Gastplätze sind an der O-Seite der Pontonbrücke vorhanden. Weitere Plätze können vom Hafenmeister angewiesen werden.

Festmachen Mit dem Heck an Bojen.

Hafenamt Tel. 04 98 – 2 05 83, 2 08 53

Lännahamnen

Hafenbeschreibung Sportboothafen mit vermieteten Plätzen N-lich des Industriehafens. Der Hafen ist sehr gut geschützt. Der äußere Teil hat 2,5 m Wassertiefe, während der innere Teil flach ist.

Gastplätze In Lännahamn gibt es keine Gastplätze. Der Hafenmeister kann jedoch freie, vermietete Plätze anweisen.

Festmachen Mit dem Heck an Bojen.

Botvaldevik

57°35,1'N 18°48,5'E   D 168, S 731

Kleiner, lebhafter Fischerhafen. Begrenzter Platz für Gastboote

Ansteuerung N-lich der Insel Sildungen. Eine sehr gute Landmarke bildet die Kirche von Gothem, die eine viereckige Silhouette bildet und weit nach See zu sehen ist. Bei der Ansteuerung hält man die Kirche in 253°, bis die weißen, dreieckigen Tagmarken auf den Botvaldevik-Fischerfeuern hervortreten. Die Richtfeuer führen in 255° in Linie bis zum N-Wellenbrecher. Rechtzeitig drehe man nach Backbord, um die Untiefe S-lich der Hafeneinfahrt zu meiden, und steuert in der Mitte der Einfahrt in den Hafen.

Hafenbeschreibung Die Wassertiefe zwischen den Pieranlagen beträgt etwa 3,5 m. Im Hafenbecken hat ein Anleger 2,5 – 3,0 m Wassertiefe. Die anderen Teile des Hafens sind flach und eng.

Gastplätze Am äußeren Ende der Betonbrücke sind zwei Gastplätze mit 2,6 m Wassertiefe vorhanden. Auch andere Plätze können vom Hafenmeister angewiesen werden.

Festmachen Längsseits des Anlegers oder vor Heckanker.

Hafenamt Tel. 04 98 – 3 41 71.

Sonstige Einrichtungen Kran mit 3t Hebevermögen auf dem Anleger. Apotheke, Bank, Arzt, Restaurant. Alkoholladen in Slite in etwa 17 km Entfernung.

Geschichte/Tourismus Ein sehenswerter See mit vielen Wasservögeln befindet sich etwa 2 km vom Hafen entfernt. Schöne Spazierwege in N-liche Richtung bis Aminne.
Die Kirche von Gothem, etwa 5 km W-lich des Hafens, gehört zu Gotlands schönsten aus dem 14. Jahrhundert. Sie hat hohe Mauern und guterhaltene Türen und Portale aus dem Mittelalter.

Katthammarsvik

57°26,2′N 18°51,4′E   D 168, S 731

Alter Handelshafen an der O-Küste Gotlands innerhalb Östergarnsholm. Der Hafen wird heute nur als Gasthafen benutzt

Ansteuerung   Von Süden ist es relativ einfach, den Hafen anzusteuern. Man muß sich jedoch gut von den Untiefen vor Grogarns Huvud freihalten, wenn man die Landzunge umrundet.
Von Norden setzt man bei der Spiere bei Anesbadar (mit O-Toppzeichen) Kurs 203° ab, der direkt auf den Kai zuführt. Der größte empfohlene Tiefgang für den Hafen beträgt 3 m. Man beachte, daß der Hafen gegen NO-lichen Wind und Seegang aus gleicher Richtung ungeschützt ist.

Hafenbeschreibung   Im äußeren Teil der Steinpier sind 70 m Kai mit 3 – 3,5 m Wassertiefe. Weiter innerhalb an der W-Seite liegt die Gastbrücke. Dicht SW-lich der Steinpier befindet sich ein sehr enger, flacher Sportboothafen mit vermieteten Plätzen.

Gastplätze   An der Bootsbrücke sind 12 Gastplätze mit etwa 2,7 m Wassertiefe vorhanden.

Festmachen   Mit dem Heck an Bojen.

Hafenamt   Tel. 04 98 – 5 20 51.

Sonstige Einrichtungen   Fischräucherei in etwa 200 m Entfernung. Lebensmittelgeschäft in 1 km Entfernung. Werft und Bootsausrüster im 5 km entfernten Herrvik.

Geschichte/Tourismus   Museum „Albatross". Altes Handelshaus, Borgvik, und Gut Katthamra, beide aus dem 18. Jahrhundert und heute Pension bzw. Jugendherberge.

Herrvik

Großer Fischerhafen innerhalb Östergarnsholm an der O-Küste von Gotland

57°25,4′N 18°55,1′E   D 168, S 731

Ansteuerung Nach Herrvik aus NW-licher Richtung mit Kurs 210° im weißen Sektor des Leitfeuers. Das Fahrwasser erlaubt durchgehend 4 m Tiefgang.

Warnung Zwischen Östergarnsholm und Gotland findet jährlich vom 15.3. bis 15.6. Lachsfischerei statt. Besonders bei Dunkelheit sollte man deshalb während dieser Zeit das Gebiet nicht befahren.

Ankerverbot In dem verminten Gebiet ist das Ankern verboten, Grenzen s. Karte.

Hafenbeschreibung Der Hafen wird von zwei Pierarmen geschützt. Das äußere Becken hat keine Kaianlagen und schützt das innere Becken vor Wind und Seegang.
Innerhalb der O-lichen inneren Pier liegt der neue Fischereihafen mit 98 m Kai und 3,5 – 4,5 m Wassertiefe. An der Innenseite ist ein Platz für den Rettungskreuzer reserviert.

Der Sportboothafen im inneren Teil des Beckens hat 1,5 – 2,0 m Wassertiefe. N-lich davon befinden sich eine moderne Bootswerft und der alte Fischereihafen mit einer Eisfabrik und etwa 3m Wassertiefe.

Gastplätze An Holzbrücken im Sportboothafen mit 1,5 – 2,0 m Wassertiefe. Der Hafenmeister weist weitere Plätze an, besonders im alten Fischereihafen mit 3 m Wassertiefe.

Festmachen Mit dem Heck an Bojen.

Hafenamt Geöffnet von 7.00 – 16.00. Tel. 04 98 – 5 20 83.

Geschichte/Tourismus In 3 km Entfernung N-Lich von Herrvik liegt Grogarnshuvud, das aus einem 30 m hohen Felsen mit Grotten und Überhängen besteht. Auf dem Plateau Felszeichnungen sowie eine Burgruine.
Der beste Badeplatz liegt etwa 3 km SO-lich in Sandviken innerhalb von Sysneudd.

Herrvik

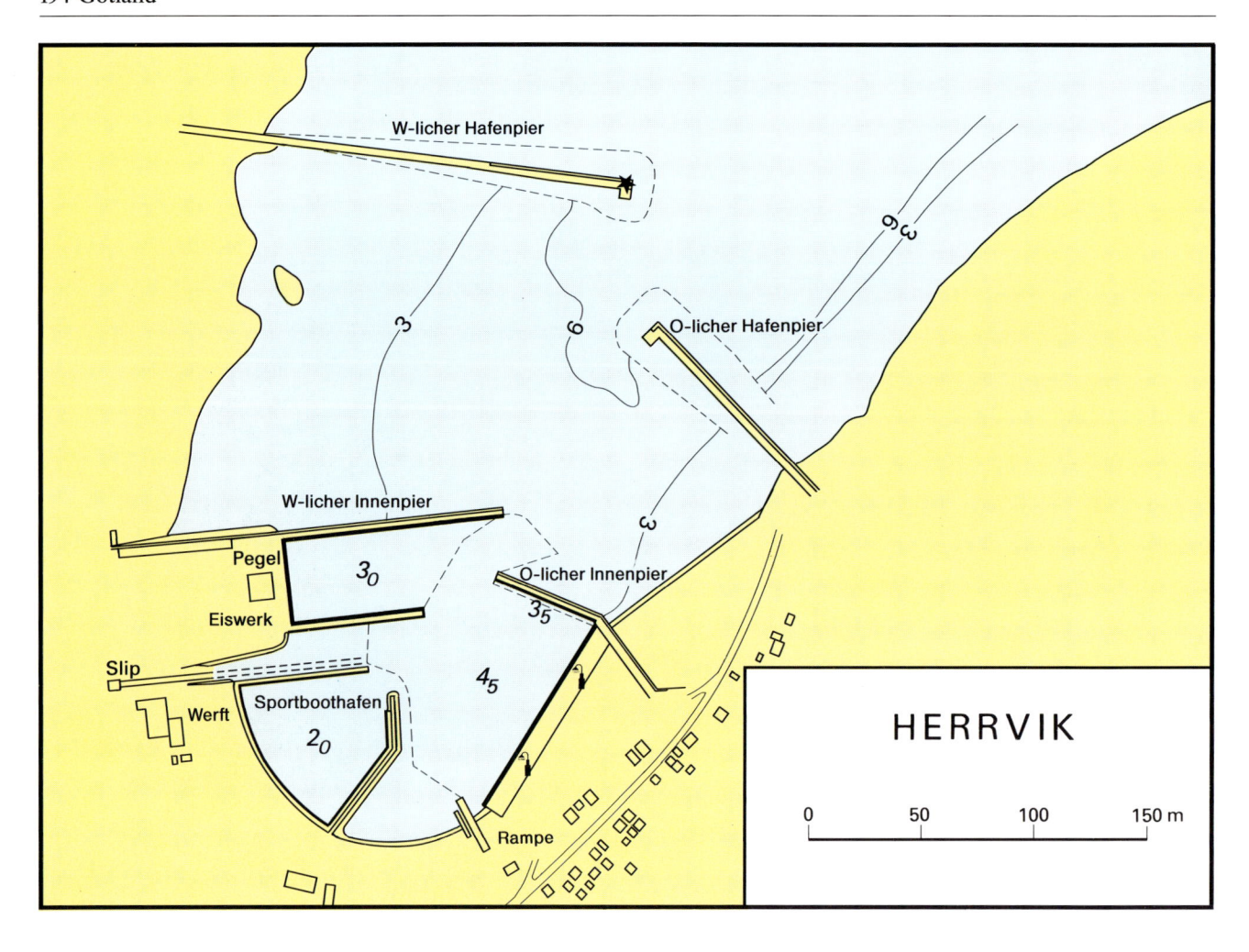

Sysne

57°23,4′N 18°52,9′E D 168, S 73

Fischereihafen etwa 5 sm SW-lich von Östergarn an der O-Küste von Gotland

Ansteuerung Der Hafen liegt an der W-Seite von Sysneudd. Man steuert das Fahrwasser zum Hafen an, indem man die Ruinen des Kalkofens von Skak am N-Strand der Bucht in 356° voraus hält. Man passiert dabei die unbezeichneten 7,3 m- und 5,5 m-Untiefen O-lich.

Hafenbeschreibung Der Hafen ist durch Wellenbrecher geschützt und hat 220 m Kai mit 1,5 – 4,0 m Wassertiefe. Der Hafen befindet sich in privatem Eigentum, und alle Liegeplätze sind der Fischerei vorbehalten.

Gastplätze Der Hafen hat keine Gastplätze und darf nur als Nothafen von der Sportschiffahrt angelaufen werden.

Sonstige Einrichtungen Es sind keine Versorgungseinrichtungen vorhanden. Der nächste Lebensmittelhändler befindet sich in 6 km Entfernung.

Ljugarn

57°19,3′N 18°43′E   D 167, S 73

Handelshafen (Stenpiren) und Fischerhafen an der O-Küste Gotlands, etwa 11 sm SO-lich von Östergarnsholm

Service in der Nähe

Ansteuerung Der Hafen sollte bei starkem O-lichem bis SO-lichem Wind und Seegang nicht angelaufen werden. Wenn man in diesen Fahrwassern von starken O-lichen Winden überrascht wird, sollte man innerhalb der flachen, mit Gras bewachsenen Insel Laus holmar auf 5 – 9 m Wassertiefe über guthaltendem Grund aus Sand und Lehm ankern. Die Steinbake Ljugarn, in der Nähe des Strandes, etwa 1,5 sm SW-lich des Hafens, ist weiß mit Stange und Tafel auf der Spitze und 3,6 m hoch. Der Hafen liegt im S-Teil des Ortes. Die Einsteuerung in den Handelshafen von See kann mit bis zu 2,7 m Tiefgang geschehen. Man macht dann an der W-Seite der Anlegebrücke im äußeren Teil fest. Den Fischerhafen steuert man mit W-lichem Kurs an, bis etwa 1 Kbl S-lich der Steinpier. Man dreht dann in die etwa 1,8 m tiefe Baggerrinne, die durch die Richtlinie 34° der Fischerfeuer bezeichnet wird.

Ankerverbot In dem verminten Gebiet vor dem Hafen ist das Ankern verboten, Grenzen s. Karte.

Hafen Ljugarn

196 Gotland

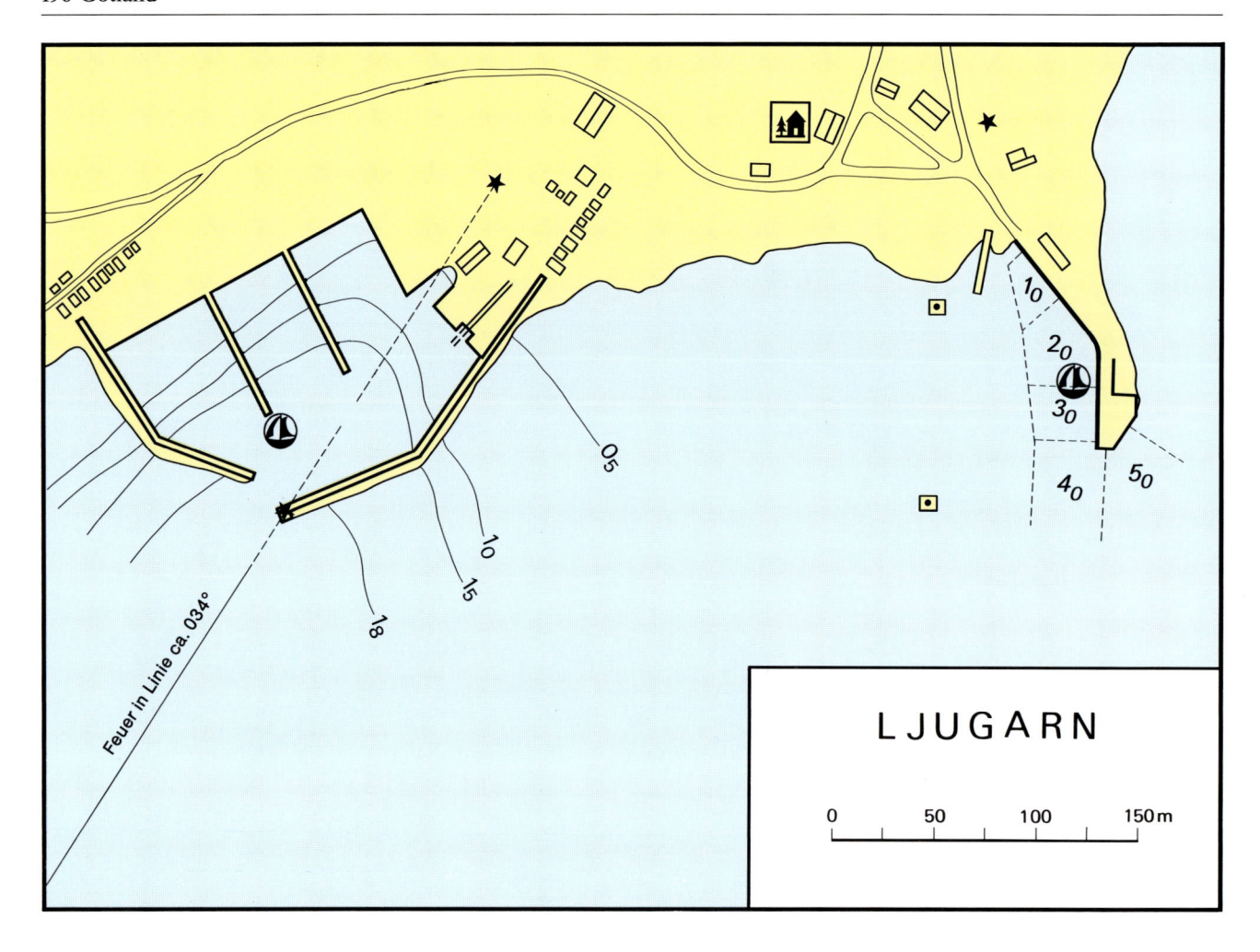

Hafenbeschreibung Der Handelshafen, der offen und ungeschützt ist, besteht aus einer langen Pier mit etwa 50 m Kai und 2,7 - 3,0 m Wassertiefe. Man beachte jedoch, daß die Pier baufällig ist und mit Steinschlag gerechnet werden muß. Der Fischerhafen ist gegen Wind und See geschützt, aber flach und eng.
Die Wassertiefe in der Baggerrinne beträgt etwa 1,8 m und an der Gastbrücke 1,5 - 1,7 m.

Gastplätze An der W-Seite des Landhafens mit 3 m Wassertiefe im äußeren Teil, sowie im Fischerhafen an der ersten freiliegenden Brücke mit etwa 1,5 m Wassertiefe.

Festmachen Längsseite des Kais im Handelshafen und mit dem Heck an Bojen im Fischerhafen.

Hafenamt Tel. 04 98 - 9 30 46.

Sonstige Einrichtungen Treibstoff, Lebensmittel, Post, Bank, Gesundheitsdienst, Restaurant, Fremdenpension und Jugendherberge in 0,5 - 2 km Entfernung vom Hafen.

Geschichte/Tourismus Sehr guter Badestrand N-lich des Landhafens. Vitvär, im N-Teil des Ortes, ist ein alter Fischerort u. a. mit Fischerschuppen aus Kalkstein, mit Dächern aus Holzschindeln. Im gleichen Gebiet liegt Folhammars Naturschutzgebiet mit Raukfeldern und Dünen.

Närshamn

57°13,6′N 18°40′E   D 167, S 73

Großer Fischerhafen mit ausreichendem Platz an der SO-Küste von Gotland (für Gastboote steht nur ein begrenzter Platz zur Verfügung)

Ansteuerung Aus SO mit etwa 0,4 sm Abstand von dem Riff, das sich SW-wärts von Närsudde erstreckt. Weiter steuert man in der Richtlinie, S-Molenkopf mit der Windmühle von Austerviken in Linie 350°, in den Hafen. Der Hafen ist sehr gut geschützt und bietet ausreichend Platz.

Ankerverbot In dem verminten Gebiet ist das Ankern verboten, Grenzen s. Karte.

Hafenbeschreibung Der Hafen wird gebildet und geschützt von zwei Wellenbrechern, mit etwa 25 m breiter Durchfahrtsöffnung. Bis zum Kai führt eine mindestens 30 m breite und 4 m tiefe Baggerrinne. Der 100 m lange Betonkai mit 4 m Wassertiefe längsseits ist für die Fischerei reserviert. O-lich des Kais liegen weitere Kaianlagen mit 1,6 – 3 m Wassertiefe für kleinere Fischkutter und Sportboote.

Gastplätze Der Hafen hat keine Gastplätze. Nach Erlaubnis durch den Hafenmeister kann man aber an der Außenseite der Pier im O-Teil des Hafens mit 3 m Wassertiefe festmachen.

Festmachen Längsseits der Pier oder vor Heckanker.

Hafenamt Tel. 04 98 – 9 22 01.

Sonstige Einrichtungen Närshamn ist ein verhältnismäßig neu erbauter Fischerhafen mit modernen Einrichtungen für den Fischumschlag. In der Nähe des Hafens gibt es keine Bebauung. Das nächste Lebensmittelgeschäft liegt in etwa 5,5 km Entfernung.

Geschichte/Tourismus Schöne Naturlandschaft beim Leuchtturm När auf Närsholm. Idyllischer, alter Fischerort bei Kapellet, 2 km SW-lich des Hafens.

198 Gotland

Ronehamn

Handels-, Fischer- und Sportboothafen an der O-Küste Gotlands, etwa 18 sm NO-lich von Hoburg

57°10,4′N 18°29,6′E   D 167, S 73

Service in der Nähe

Ansteuerung Von See führen zwei Fahrwasser nach Ronehamn. Das N-liche Fahrwasser ist befeuert und erlaubt 4,3 m Tiefgang, während das S-liche Fahrwasser ein Tagfahrwasser für bis zu 3 m Tiefgang ist. Das S-liche Fahrwasser ist bei schlechter Sicht schwierig zu befahren, da das umliegende Land niedrig ist und keine Landmarken vorhanden sind. Während der Dunkelheit muß das N-liche Fahrwasser benutzt werden.

Ankerverbot In dem verminten Gebiet ist das Ankern verboten, Grenzen s. Karte.

Hafenbeschreibung Der Hafen wird gebildet und geschützt durch einen Wellenbrecher und eine Pier. Der innere Teil der Pier dient vor allem der Handelsschiffahrt, während die sonstigen Teile des Hafens von der Fischerei benutzt werden. Die Wassertiefen betragen zwischen 2,4 und 5,0 m. Gastboote finden Liegeplätze im äußeren Teil der Pier auf 4,3 – 5,0 m Wassertiefe.

Gastplätze Im äußeren Teil der Pier an der W- und O-Seite des Kais. Auch im Sportboothafen, NO-lich des Handelshafens, können durch den Hafenmeister freie Plätze angewiesen werden. Die Wassertiefe in der Rinne zum Sportboothafen beträgt 1,7 m. An den Anlegern ist 1,6 m Wassertiefe vorhanden.

Steinbake Austergrund

Steinbake Grötlingboholm

Gotland 199

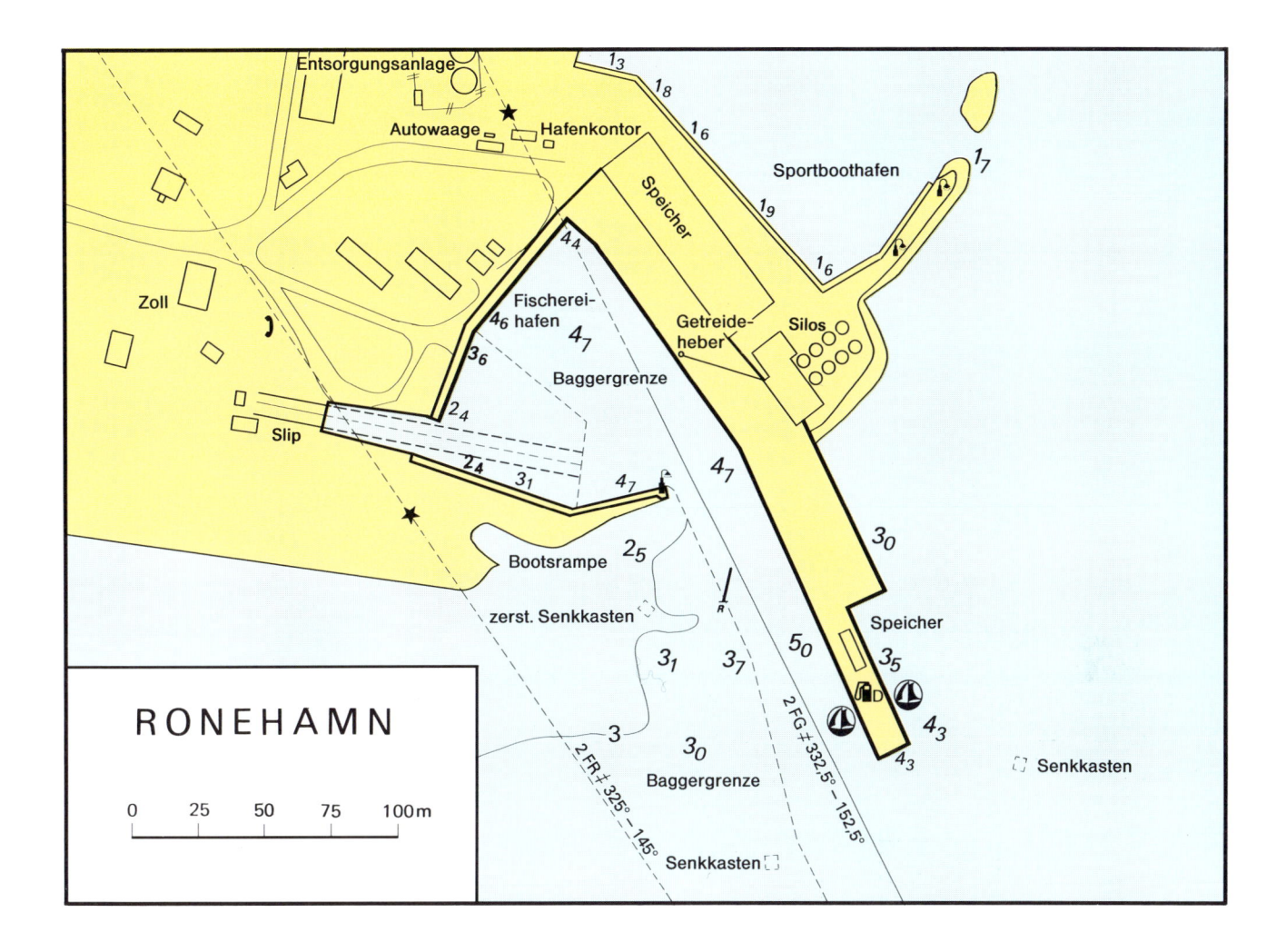

Festmachen Längsseits der Innenseite und mit dem Heck an Bojen an der Außenseite der Pier. Im Sportboothafen macht man mit Heckanker fest.

Hafenamt Tel. 04 98 – 8 21 07, 8 22 36.

Sonstige Einrichtungen Der Hafen liegt in der Nähe des Ortszentrums mit guten Versorgungsmöglichkeiten. Gesundheitsdienst und Hotel im 10 km entfernten Hemse.

Geschichte/Tourismus Guter Badeplatz S-lich des Hafens. Etwa 3 km W-lich des Hafens liegt der historische Platz „Uggarderojr i Rone" mit einer Anzahl großer Steinhügel aus dem Bronzezeitalter.

Steinbake Getorskär

Ronehamn Richtfeuer in Linie

Vändburg

56°56,8′N 18°19′E   D 167, S 73

Zwei Fischereihäfen, alter und neuer Hafen, an der O-Küste Gotlands, etwa 7 sm NO-lich von Hoburg

Ansteuerung Der alte Hafen, etwa 400 m N-lich des neuen, ist starker Versandung ausgesetzt und kann nur mit einem Tiefgang bis 1,3 m angelaufen werden.
Der Leuchtturm Helingholmen ist weiß und etwa 9,5 m hoch. Die Vändburg-Richtfeuer bestehen aus Lampen auf Gittermasten mit weißen, dreieckigen Tagmarken und sind in 322° in Linie. Die Richtfeuer Vändburgs Nya Hamn haben auch weiße, dreieckige Tagmarken und sind in 222° in Linie.
Man beachte, daß man die Feuer schon aus großer Entfernung sehen kann, sie aber nur im Fahrwasser zum neuen Hafen benutzt werden dürfen. Die Einfahrt in den neuen Hafen hat 4,6 m Wassertiefe.

Hafenbeschreibung Der *neue Hafen* besteht aus drei Becken, die durch Wellenbrecher geschützt sind. Die Fahrwasserrinne und die Hafenbecken sind in den Kalkstein gesprengt. Der Hafen dient der Fischerei und ist meistens von Fischereifahrzeugen belegt.
Will man dort anlegen, so muß man sich einen Liegeplatz vom Hafenmeister anweisen lassen.

Der *alte Hafen* ist gut geschützt, aber flach und der Versandung ausgesetzt.

Festmachen Längsseits des Kais in beiden Häfen.

Hafenamt Tel. 04 98 – 9 90 04 (alter Hafen), 9 90 75 (neuer Hafen).

Sonstige Einrichtungen Die Entfernung zum nächsten Lebensmittelgeschäft beträgt etwa 3,5 km. Zur Bushaltestelle sind es 500 m, und in 2 km Entfernung liegen Fremdenpension und Jugendherberge.

Geschichte/Tourismus In der Umgebung gibt es viel Landwirtschaft, Raukfelder S-lich des Hafens und Strandwiesen N-lich davon. Etwa 6 km W-lich des Hafens liegt „Husryggs"-Naturschutzgebiet mit den bekannten Rauken „Hoburgsgubben" an der S-Spitze Gotlands.

Gotland 201

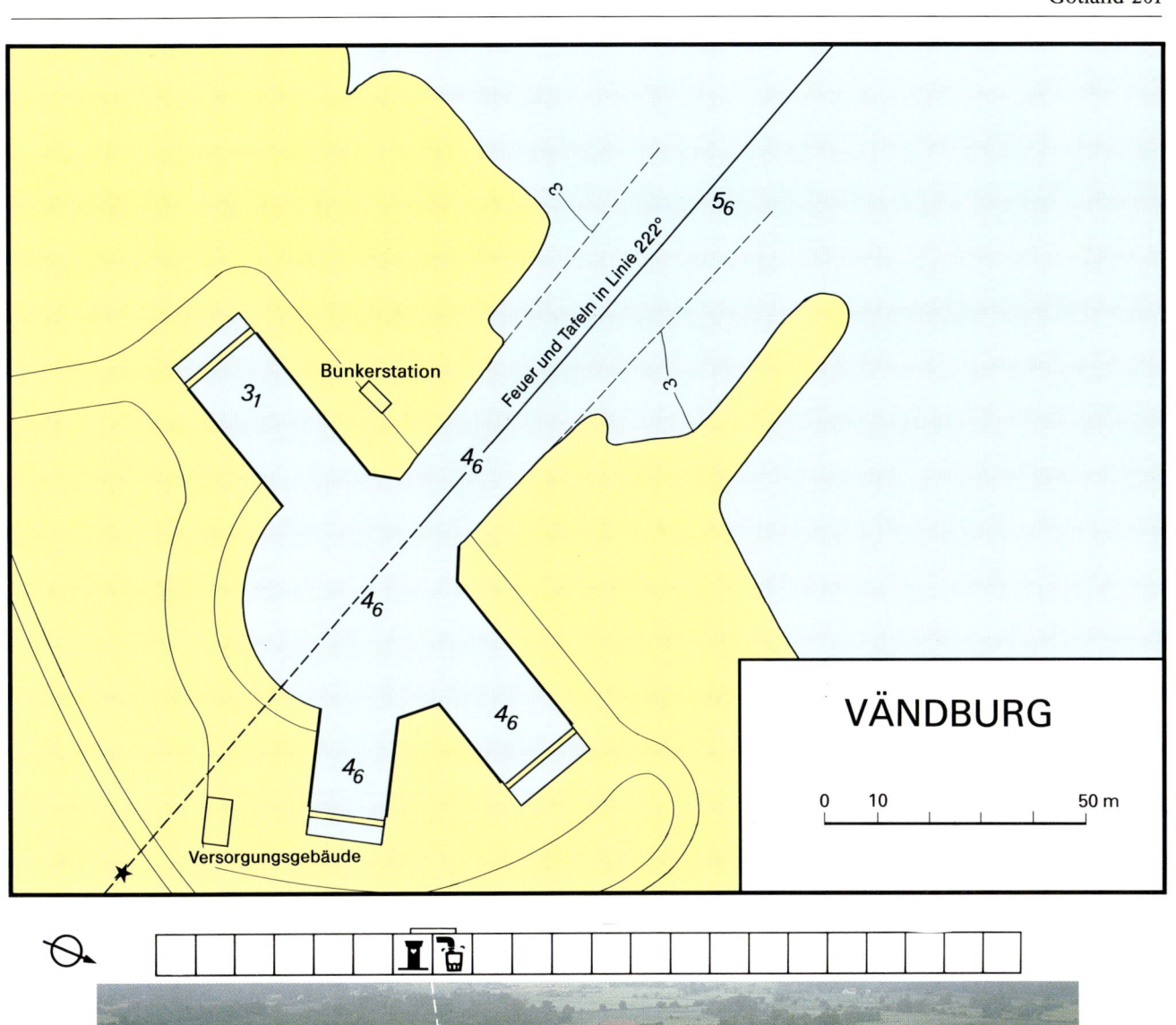

VÄNDBURG

Bunkerstation
Feuer und Tafeln in Linie 222°
Versorgungsgebäude

0 10 50 m

GAMLA HAMNEN

Burgsvik

57°02′N 18°15,8′E   D 167, S 73

Fischer- und Sportboothafen an der SW-Küste Gotlands, etwa 9 sm N-lich von Hoburg

Service in der Nähe

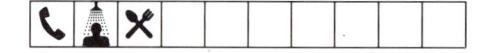

Ansteuerung Mit Hilfe des Leuchtturms Valar und des Windkraftwerkes auf Näsudden. Die Kardinalspiere (mit S-Toppzeichen), die vor Mäsrevet schützt, liegt weiter draußen, als man zuerst annimmt. In diesem Gebiet den Abstand zu bestimmen ist schwer wegen der niedrigen Küste. Weiter steuert man in der Richtlinie 73° des Burgsvik-Richtfeuers und querab der Hafenpier in der Richtlinie 175° der Burgsviks hamn-Richtfeuer.
Gute Landmarken sind die 147 m hohen Masten auf Näsudden und etwa 200 m davon ein 78 m hohes Windkraftwerk. Der Leuchtturm Näsrevet ist 8,9 m hoch, oben weiß, unten rot, mit grauem Sockel. Der Leuchtturm Valar ist weiß und 6 m hoch. Den Kai kann man mit einem Tiefgang bis 3,5 m erreichen.

Ankerverbot In dem verminten Gebiet ist das Ankern verboten, Grenzen s. Karte.

Hafenbeschreibung An der Innenseite der Betonpier gibt es einen winkelförmigen Kai von 50 + 60 m Länge und 3,0 – 3,6 m Wassertiefe. Ein Gasthafen liegt im äußeren Teil und ein Fischereihafen im inneren Teil.

Dicht S-lich des Kais liegt ein Sportboothafen mit vermieteten Plätzen und 0,9 – 3,0 m Wassertiefe. Der Hafen ist geräumig und ziemlich geschützt. Bei starken Winden aus Nord kann jedoch Schwell stehen.

Gastplätze Es sind 15 feste Gastplätze mit 3,2 – 3,6 m Wassertiefe am äußeren Teil der Betonpier vorhanden. Vom Hafenmeister können auch andere Plätze angewiesen werden.

Festmachen Mit dem Heck an Bojen.

Hafenamt Tel. 04 98 – 9 90 75.

Sonstige Einrichtungen Etwa 1 km vom Hafen liegt der Ort mit Lebensmittelgeschäft, Tankstelle, Bank, Post usw. Busverbindung mit Visby.

Geschichte/Tourismus Kinderfreundlicher Badeplatz in unmittelbarer Nähe des Hafens. Dicht S-lich von Burgsvik liegt Mjölhatte träsk, ein kleiner Binnensee mit vielen besonderen Vogelarten.
Die Kirche von Öja, 2 km O-lich, ist berühmt wegen ihres schönen und wertvollen Kruzifixes. Neben der Kirche Reste eines mittelalterlichen Verteidigungsturmes.

Djupvik (Djauvik)

57°18,5′N 18°09,3′E   D 167, S 73

Kleiner Fischerhafen an der SW-Küste Gotlands. Hafen für das Ausflugsboot nach Lilla Karlsö

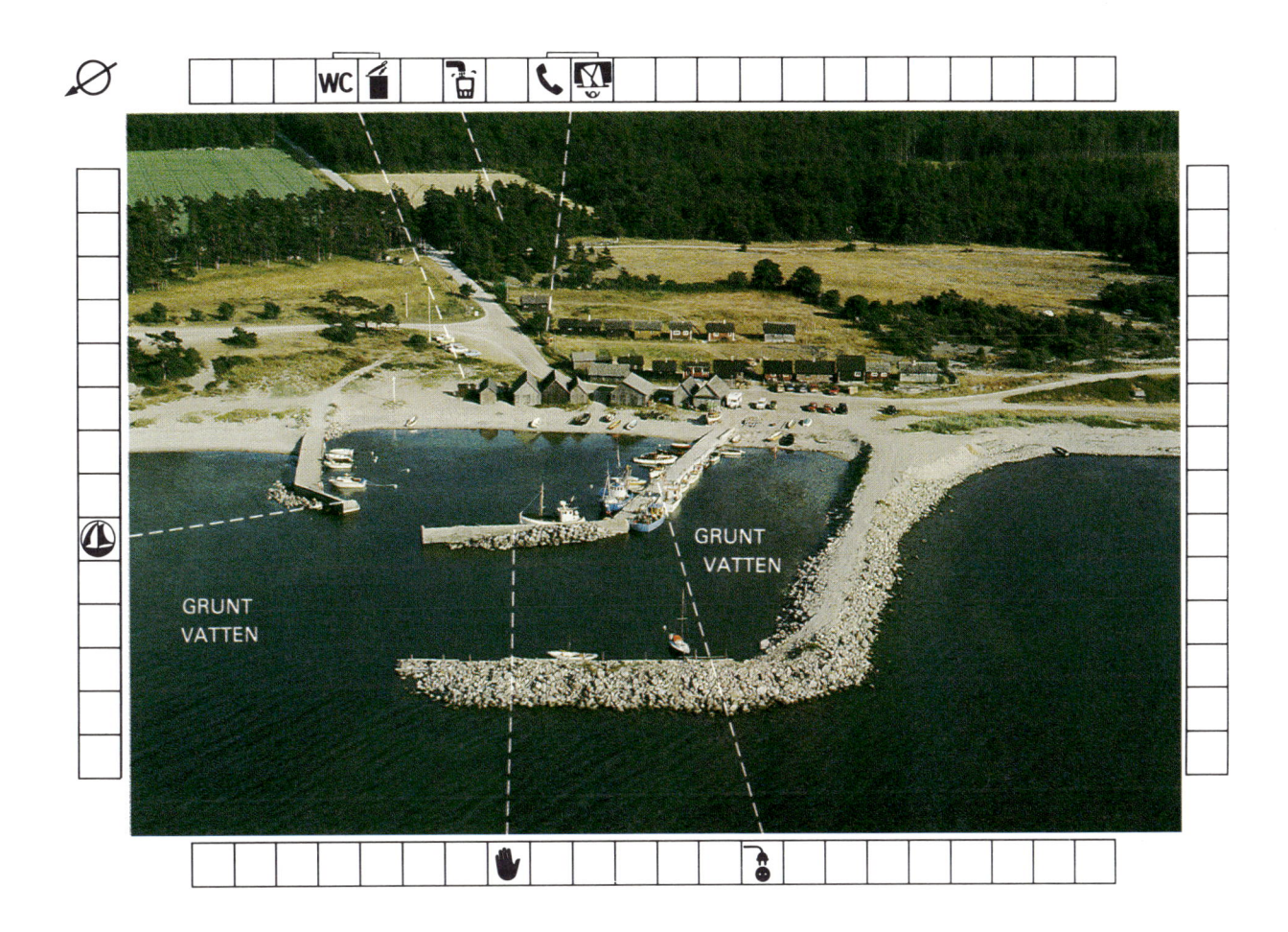

Service in der Nähe

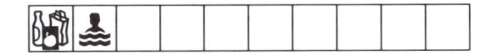

Ansteuerung Der Hafen liegt O-lich von Lilla Karlsö. Die Ansteuerung geschieht in der Richtlinie 137° der Fischerfeuer, Laternen auf Pfählen mit weißen, dreieckigen Tagmarken. Bei der Hafeneinfahrt gibt es Sandbänke dicht N-lich der Richtlinie. Der Hafen sollte nicht mit größerem Tiefgang als 1,7 m angelaufen werden. Zeitweilig kann kräftiger Strom die Einsteuerung erschweren.

Hafenbeschreibung Der Hafen ist klein, eng und schlecht geschützt gegen Wind und See aus N-licher bis NW-licher Richtung. An der S-Pier gibt es reservierte Plätze für die Ausflugsboote nach Lilla Karlsö sowie für Fischkutter der örtlichen Bevölkerung mit 1,7 - 2,2 m Wassertiefe. An der Innenseite der N-Pier liegen vermietete Plätze und ein Gastplatz mit 1,3 - 1,7 m Wassertiefe.

Gastplätze Im äußeren Teil der N-Pier gibt es einen Gastplatz. Andere freie Plätze werden vom Hafenmeister angewiesen.

Festmachen Längsseits oder vor Heckanker. Auf Anfrage kann auch längsseits der Fischkutter oder an anderen Plätzen festgemacht werden.

Hafenamt Tel. 04 98 – 4 11 51.

Geschichte/Tourismus Beim Hafen gibt es einen kinderfreundlichen Strand. Etwa 3 km NO-wärts liegen die Kirche und der Verteidigungsturm von Fröjel mit schöner Aussicht über die See und die Karlsinseln. O-lich der Kirche liegt der historische Ort Vallhagar mit 24 Grundstücken und Grabstätten.

Klintehamn

57°23,4′N 18°11,6′E D 167, 168, S 73

Handelshafen an der W-Küste Gotlands mit gutgeschütztem Gast- und Sportboothafen. Hafen für die Ausflugsboote nach Stora Karlsö

Ansteuerung Gute Landmarken sind die Karlsinseln im Südwesten oder die Insel Utholmen im Norden. Stora und Lilla Karlsö mit ihren hohen, hellen Seiten sieht man aus großer Entfernung. Die Insel Utholmen ist sehr niedrig und kahl mit einem Haus und einer Baumgruppe in der Mitte. Zum Handelshafen führt ein befeuertes Fahrwasser für bis zu 4,7 m Tiefgang.
Sportboote dürfen nicht im Handelshafen festmachen, sondern sollen weiter zum Fischer- oder Sportboothafen laufen. Der empfohlene Tiefgang zum Gastanleger beträgt 2 m.

Ankerverbot Es ist verboten, innerhalb des verminten Gebietes zu ankern, Grenzen s. Karte.

Hafenbeschreibung Das große Hafenbecken hat einen Fähranleger sowie 330 m Kai mit 5 m Wassertiefe. Der Fischer-, Gast- und Sportboothafen liegt an der N-Seite der N-Pier. Die Wassertiefe beträgt 2,0 – 3,5 m in der Nähe der Pier. Außerhalb der roten Spieren ist der Hafen sehr untief.

Gastplätze Im äußeren Teil der N-Seite der Hafenpier sind Plätze für 6 Gastboote vorhanden.

Festmachen Längsseits oder vor Heckanker. Der Hafenmeister kann auch freie, vermietete Plätze anweisen. Im Ausnahmefall kann man auch einen Platz im großen Becken erhalten. Dieser Hafenteil ist jedoch gegen W-lichen Wind und See ungeschützt.

Hafenamt Tel. 04 98 – 4 00 76.

Sonstige Einrichtungen Im Ort, etwa 1 km vom Hafen, gibt es Lebensmittelgeschäfte, Werkstatt, Gesundheitsdienst, Apotheke, Bank und Post. Busverbindung mit Visby. Im Sommer täglich Bootsverbindung mit Stora Karlsö.

Geschichte/Tourismus Etwa 2 km N-lich des Ortes liegt Koviks Fischereimuseum, beim früheren Fischerort Korumpu, mit Fischerschuppen, Fanggeräten, alten Booten und einer Kapelle. In Klintehamn gibt es Gebäude aus der Blütezeit des Handels im 18. Jahrhundert, u.a. das Handelshaus Donner. S-lich des Ortes liegt Värsändes Baumuseum aus dem 18. Jahrhundert.

Gotland 205

Västergarn

57°27′N 18°09′E   D 168, S 731

Fischer- und Sportboothafen im versandeten früheren Handelshafen an der W-Küste von Gotland, etwa 13 sm S-lich von Visby

Service in der Nähe

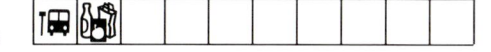

Ansteuerung Das Gebiet vor dem Hafen ist untief und der Versandung ausgesetzt. Die Einsteuerung muß unter großer Vorsicht geschehen.

Warnung Der Hafen kann nur von Motorbooten mit geringem Tiefgang angelaufen werden.

Hafenbeschreibung Im äußeren, S-lichen Teil des Hafenbeckens gibt es einen 30 m langen Betonkai mit etwa 2 m Wassertiefe längsseits im äußeren Teil. An der Innenseite des N-Wellenbrechers sind Sportbootplätze mit 1,0 – 1,5 m Wassertiefe vorhanden.

Gastplätze Am äußeren Teil der Pier gibt es zwei Gastplätze mit 1,6 – 2,0 m Wassertiefe.

Festmachen Längsseits oder vor Heckanker.

Hafenamt Tel. 04 98 – 4 08 30.

Sonstige Einrichtungen Lebensmittelgeschäft und Bushaltestelle im Ort, etwa 400 m vom Hafen. Werkstatt, Tankstelle, Gesundheitsdienst, Apotheke, Bank und Post in Klintehamn, 8 km von Västergarn entfernt.

Geschichte/Tourismus Koviks Fischereimuseum liegt 4 km S-lich des Hafens. Etwa 2 km N-lich des Hafens, am S-Teil des Sees Paviken, liegen Reste eines alten Hafen- und Handelsplatzes aus der Wikingerzeit.

206 Gotland

Gnisvärd

57°30,2′N 18°07′E   D 168, S 731

Kleiner, flacher Fischerhafen an der W-Küste Gotlands, etwa 10 sm SW-lich von Visby

Service in der Nähe

Ansteuerung Mit Hilfe der Gnisvärd-Richtfeuer in Linie 100°, Laternen auf Pfählen mit weißen, dreieckigen Tagmarken. Die Einsteuerung soll 1,8 m Wassertiefe auf 20 m Bodenbreite haben. Wegen Versandungsgefahr sollte der Tiefgang zum Anlaufen des Hafens nicht mehr als 1,3 m betragen.

Warnung Wegen Versandungsgefahr kann das Anlaufen des Hafens nur flachgehenden Motoryachten empfohlen werden. Für Boote mit größerem Tiefgang sind gute Ortskenntnisse erforderlich. Bei SW-Sturm kann schwieriger Strom vor der Einfahrt laufen.

Hafenbeschreibung Der Hafen wird gebildet und geschützt durch zwei Wellenbrecher. Entlang des N-lichen Wellenbrechers sowie am Landkai sind zusammen 120 m Kai mit etwa 1,5 m Wassertiefe vorhanden. Die Holzbrücke im S-Teil des Hafens hat 1,3 m – 1,5 m und die Bootsbrücke etwa 1,5 m Wassertiefe. Der Hafen bietet guten Schutz gegen Wind aus allen Richtungen, außer starkem SW-Wind.

Gastplätze Im äußeren Teil der Bootsbrücke gibt es zwei Gastplätze. Vom Hafenmeister können weitere Plätze angewiesen werden.

Festmachen Mit dem Heck an Bojen.

Hafenamt Tel. 04 98 – 101 96.

Sonstige Einrichtungen Lebensmittelgeschäft und Bushaltestelle in etwa 2,5 km Entfernung vom Hafen.

Geschichte/Tourismus Badestrand Toftastranden in der Nähe des Hafens. Steinsetzung in 2 km Entfernung.

Gnisvärd-Richtfeuer zum Einsteuern

Stora und Lilla Karlsö

57°18′N 18°00′E   D 168, S 73

Hohe Inseln aus Kalkstein, etwa 3 bzw. 1,5 sm vor der W-Küste Gotlands

Stora Karlsö Bei guten Wetterverhältnissen kann man Norderhamn-Anlegebrücke an der N-Seite der Insel anlaufen. Der feste Liegeplatz des Ausflugsboots darf nicht blockiert werden, und der Rest des Anlegers bietet wenig Platz. Der Anleger ist gegen Wind und See aus NO völlig ungeschützt.

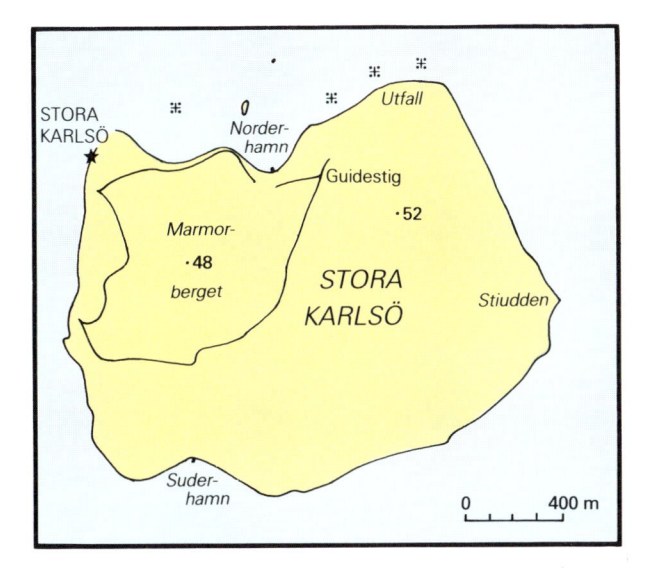

Besuchern wird empfohlen, in Klintehamn anzulegen und von dort das regelmäßig verkehrende Ausflugsboot nach Stora Karlsö zu benutzen. Wenn man Stora Karlsö mit dem Boot anläuft, muß man sich beim Aufsichtspersonal melden. Das Fahrwasser in der Umgebung von Norderhamn ist untief. Viele Sportbootfahrer unterschätzen den Abstand zur Insel und erleben plötzlich, daß die Untiefen weiter draußen liegen, als sie angenommen haben.

Auf Stora Karlsö nisten Tausende von Trottellummen und Tordalken. Die ganze Insel ist Naturschutzgebiet. Die Insel wird nicht beweidet, und es gibt große, prachtvoll blühende Orchideenfelder. Fremdenführer zeigen Besuchern die Insel und berichten über Natur und Geschichte. Ein Restaurant ist auch vorhanden, und man kann in einer Jugendherberge übernachten.

In der Zeit vom 15.04. – 31.07. eines jeden Jahres ist es verboten, sich dem S- und W-Strand der Insel auf weniger als 1000 m zu nähern, Grenzen s. Karte.

Lilla Karlsö Die Insel ist Naturschutzgebiet und darf nicht von Sportbooten angelaufen werden. Im Sommer besteht regelmäßige Bootsverbindung von Djupvik zur Insel. Auch hier gibt es ein reiches Vogelleben mit Kolonien von Trottellummen und Tordalken. Auf dem großen Kalksteinplateau weiden das ganze Jahr über Schafe. Eine große Anzahl von Grotten und Rauken gibt es entlang der Strände der Insel.

In der Zeit vom 15.04. – 31.07. eines jeden Jahres ist es verboten, sich dem NO-Strand auf weniger als 100 m und dem NW-Strand auf weniger als 200 m zu nähern, Grenzen s. Karte.

Gotska Sandön

58°22'N 19°15'E   D 168, S 73

Bewaldete, sandige Insel etwa 4,6 sm SO-lich von Landsort und 22 sm N-lich von Fårö

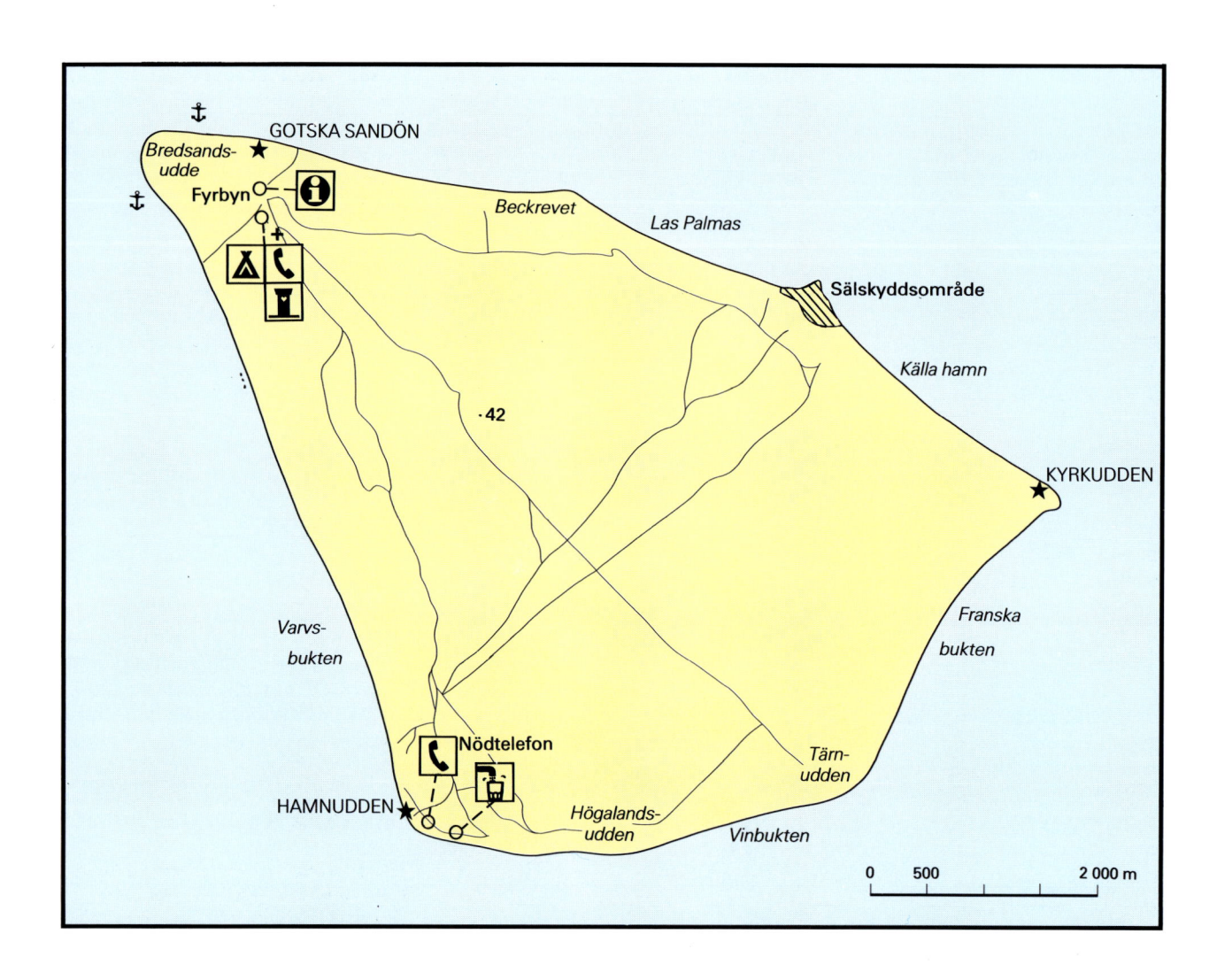

Gotska Sandön liegt im Schutzgebiet und darf von Ausländern nicht angelaufen werden.

Die Insel ist ein beliebtes Ziel für Sportbootfahrer. Sie hat jedoch keinen Hafen und ist nur mit dem Beiboot zu erreichen. Gotska Sandön ist Nationalpark, Naturschutzgebiet und militärisches Schutzgebiet. Nur an der N-Spitze darf man landen. Es besteht die Verpflichtung, sich beim Aufsichtspersonal im Ort beim Leuchtturm anzumelden.
Der Sandboden bietet keinen sicheren Ankergrund. Man muß jederzeit bereit sein, Anker auf zu gehen.
Auf der Insel gibt es Übernachtungsmöglichkeiten in Hütten und einen Zeltplatz mit allen Einrichtungen. Weitere Versorgungsmöglichkeiten gibt es nicht.

Geschichte/Tourismus Wann Gotska Sandön bevölkert wurde, ist nicht mit Sicherheit bekannt. An der O- und S-Seite wurden Gräber aus der Steinzeit und anderen Kulturepochen gefunden. Man hat auch die verschiedensten Gerätschaften aus der Eisen- und der Bronzezeit an vielen Stellen der Insel ausgegraben.

Die Bewohner von Fårö sind seit altersher zur Robbenjagd auf die Insel gesegelt. Man ging auch der Land- und Waldwirtschaft, dem Schiffbau und der Schafzucht nach.
Zwischen 1780 und 1860 wohnten etwa 40 Personen auf der Insel. Die Eichen und Kiefern wurden ohne einen Gedanken an Wiederaufforstung abgeholzt. Dieser Raubbau verursachte Ende des 19. Jahrhunderts die Entstehung und Wanderung von Sanddünen, die auch den 1859 errichteten Leuchtturm bedrohten.
Der Staat kaufte die Insel 1860 und ließ Bäume und Gras pflanzen, um den Sand zu halten. Seit dieser Zeit wohnt nur noch das Personal für das Leuchtfeuer auf der Insel. Gotska Sandön wurde 1963 Nationalpark.

Hafenregister

Abbekås	66	Kappelshamn	180	Stenshamn	128
Åhus	77	Kårehamn	151	Stora Rör	158
Ålabodarna	38	Karlshamn	105	Svanhalla	139
Åslätten	118	Karlskrona	121	Sysne	194
		Karlsö	207		
Bäckviken	42	Karön	110	Tallebryggan	121
Barsebäckshamn	45	Kåseberga	68	Tallholmen	117
Baskemölla	73	Katthammarsvik	192	Timmernabben	161
Bergkvara	141	Kivik	75	Tjärö	107
Blå Jungfrun	167	Klagshamn	50	Torhamn	126
Bläse	181	Klintehamn	204	Torsö	96
Bläsinge	150	Kristianopel	140	Tosteberga	92
Böda	153	Krokås	102	Tromtö Nabb	116
Borgholm	157	Kyllaj	187		
Borstahusen	43	Kyrkbacken	41	Ungskär	127
Botvaldevik	191			Utklippan	129
Brantevik	71	Lagunen	48		
Burgsvik	202	Lauterhorn	182	Väggahamnen	106
Byxelkrok	155	Lerberget	34	Vändburg	200
		Lerhamn	31	Västergarn	205
Degerhamn	146	Lickershamn	170	Valleviken	186
Djupvik	203	Limhamn	49	Varvet	162
Domsten	36	Ljugarn	195	Vik	74
Dragsö	119	Lomma	47	Viken	35
Drottningskär	122	Lundåkrahamnen	44	Vikhög	46
				Visby	176
Edenryd	93	Mölle	30	Vitemölla	76
Ekenabben	123	Mönsterås	163		
Ekenäs	111	Mörbylånga	145	Ystad	67
Färjestaden	144	Närshamn	197		
Falsterbokanal	51	Nogersund	98		
Fårösund	184	Norreborg	40		
Fifang	183	Nyhamn	32		
Figeholm	166				
		Oskarshamn	165		
Garpahamnen	115				
Gislövsläge	63	Påskallavik	164		
Gnisvärd	206	Pukavik	103		
Göholm	113				
Gotska Sandön	208	Råå	37		
Gräsgård	148	Revsudden	159		
Grankullavik	154	Ronehamn	198		
Grönhögen	147	Ronnebyhamn	112		
Gunnön	104				
		Saltö	120		
Hällevik	97	Saltor	160		
Hallarna	114	Sanda	125		
Hanö	99	Sandhamn	138		
Hermans Heja	94	Sandvik	156		
Herrvik	193	Sankt Olofsholm	188		
Höganäs	33	Simrishamn	72		
Höllviken	53	Själsö	178		
Hörte	65	Skärlöv	149		
Hörvik	101	Skanör	54		
		Skåre	62		
Järnavik	109	Skillinge	69		
		Slite	189		
Källa hamn	152	Smygehamn	64		
Kalmar	142	Sölvesborg	95		

Impressum

CIP-Titelaufnahme der Deutschen Bibliothek
Küstenhandbuch Schweden: Luftbilder und Hafenbeschreibungen / [Fotos: Folke Petersson. Kt. u. Zeichn.: Anita Hallberg u. Christina Nordström]. – Hamburg: Ed. Maritim.
Einheitssacht.: Svensk kusthandbok <dt.> Aus d. Schwed. übers. NE: Petersson, Folke [Ill.]; EST
2. Kullen – Kråkelund, Öland, Gotland /–1989
ISBN 3-89225-166-5

© für die deutsche Ausgabe: DK Edition Maritim GmbH, Stubbenhuk 10, D-2000 Hamburg 11

Titel der schwedischen Originalausgabe: Svensk Kusthandbok. Hamnar och leder för mindre fartyg. Del. 2 Kullen – Kråkelund, Gotland
© SJÖFARTSVERKET, Sjökarteavdelningen 1987

Schutzumschlag: Jan Buchholz und Reni Hinsch, Hamburg
Satz: Appelt, Grafik-Design & Fotosatz, Hamburg
Druck: Hermann F.R. Stumme, Hamburg
Bindearbeiten: Klemme, Bielefeld

Fotos: Folke Petersson
Karten und Zeichnungen: Anita Hallberg und Chirstina Nordström

Printed in Germany 1989